La Magie du fer à cheval, avec d'autres notes folkloriques

Robert veut dire Lawrence

Writat

Cette édition parue en 2023

ISBN : 9789358811674

Publié par
Writat
email : info@writat.com

Contenu

PRÉFACE

L'étude de l'origine et de l'histoire des coutumes et croyances populaires offre un aperçu, autrement inaccessible, des opérations de l'esprit humain dans les premiers temps. Les superstitions, si insignifiantes soient-elles en elles-mêmes, si reliques du paganisme qu'elles soient, et souvent comparables à de la mauvaise herbe funeste, sont désormais considérées comme des sujets appropriés pour la recherche scientifique. Alors que le sauvage ignorant est l'esclave de nombreuses fantaisies superstitieuses qui dominent chacune de ses actions, l'homme instruit s'efforce de se libérer d'un tel esclavage, tout en reconnaissant comme profitable l'étude de ces mêmes croyances. Le caractère hétérogène des matériaux provenant de tant de sources a rendu difficile, voire impossible, le suivi d'un traitement distinctement systématique du sujet. Cependant, le développement, ces dernières années, d'un intérêt généralisé pour toutes les branches du folklore permet d'espérer que tout volume consacré à ce sujet, et représentant une recherche quelque peu assidue, puisse [iv] avoir une certaine valeur, malgré ses imperfections . Le folkloriste expert trouvera peut-être beaucoup à critiquer ; mais ce livre, traitant des croyances populaires, est destiné à une lecture populaire. L'auteur s'est efforcé de rendre le chapitre sur le fer à cheval aussi exhaustif que possible, car ce joli symbole de superstition ne semble pas avoir reçu jusqu'à présent l'attention qu'il mérite. Ce chapitre est le résultat d'un article lu lors de la septième réunion annuelle de l'American Folk-Lore Society, à Philadelphie, le 28 décembre 1895, dont un résumé a paru dans le Journal de la Société de décembre 1896.

Les citations étendues sont indiquées par des caractères plus petits.

RML

BOSTON , 1er septembre 1898.

LA MAGIE DU FER À CHEVAL

Et il y a encore beaucoup de portes voisines

Elle vit le charme courbé du fer à cheval.

WHITTIER , *la fille de la sorcière* .

Heureux es-tu, comme si chaque jour tu avais ramassé un fer à cheval.

LONGFELLOW , *Évangéline* .

I. HISTOIRE DU FER À CHEVAL

L'évolution du fer à cheval moderne à partir des chaussures primitives utilisées dans l'Antiquité pour les animaux de trait constitue un sujet d'investigation intéressant. Xénophon et d'autres historiens recommandèrent divers procédés pour durcir et renforcer les sabots des chevaux et des mulets, [1] et de ces preuves négatives, certains auteurs ont déduit que les anciens ignoraient la maréchalerie. Il semble en effet certain que la pratique consistant à protéger les pieds des chevaux n'était pas universelle chez les Grecs et les Romains. Fabretti, un antiquaire italien, a examiné avec soin les représentations de chevaux sur de nombreuses colonnes et marbres anciens, et n'a trouvé qu'un seul exemple dans lequel le cheval semblait ferré ; [2] et dans la plupart des spécimens d'art ancien, le fer à cheval en fer brille par son absence. Mais dans la mosaïque représentant la bataille d'Issus, découverte à Pompéi en 1831 et qui se trouve aujourd'hui au musée de Naples, se trouve la figure d'un cheval dont les pieds semblent chaussés de fers semblables à ceux en usage moderne ; [3] et dans une ancienne incantation finlandaise contre la peste, citée dans « Magie et sorcellerie chaldéenne » de Lenormant, apparaissent ces lignes :

Ô Fléau, pars ; Peste, prends ta fuite… Je te donnerai un cheval pour t'échapper, dont les fers ne glisseront pas sur la glace, ni dont les pieds ne glisseront sur les rochers.

Aucune allusion au fer à cheval n'est faite par les premiers auteurs sur des sujets vétérinaires. Mais, d'un autre côté, il existe de nombreux témoignages selon lesquels les anciens protégeaient parfois les pieds de leurs bêtes de somme. Winckelmann, l'historien de l'art prussien, décrit une pierre gravée antique représentant un homme tenant un pied de cheval, tandis qu'un assistant, agenouillé, attache un fer à repasser. [4] Dans les œuvres du poète romain Catulle apparaît la comparaison du sabot de fer d'un mulet coincé dans la fange. [5] Les historiens contemporains racontent que l'empereur Néron faisait chausser ses mules avec de l'argent, [6] tandis que des souliers d'or ornaient les pieds des mules appartenant à la célèbre impératrice Poppée.

[7] La mention d'un fer à cheval en fer est faite par Appian, [8] un écrivain pas vraiment remarquable par son exactitude ; mais l'expression « coursiers aux pieds d'airain », qui apparaît dans l'Iliade d'Homère, est considérée par les commentateurs comme une expression métaphorique de la force et de l'endurance. Des bandes de fibres tressées, comme du chanvre ou du balai, étaient utilisées par les anciens pour protéger les pieds des chevaux. [9] Mais la forme la plus courante de couvre-pieds pour les animaux semble avoir été une sorte de chaussette ou de sandale en cuir, parfois munie d'une semelle de fer. Cette couverture était fixée autour des boulets au moyen de lanières et pouvait être facilement retirée. [dix]

Les fers à cheval en fer de forme particulière, qui ont été exhumés ces dernières années en Grande-Bretagne, ont été des objets d'un grand intérêt pour les archéologues. En 1878, un certain nombre de ces reliques en forme de sabot et percées de clous furent trouvées dans un endroit appelé César's Camp, près de Folkstone, en Angleterre. [11] Dans le sud de l'Écosse, on a également trouvé d'anciens fers à cheval, constitués d'une solide pièce de fer faite pour couvrir tout le sabot et très lourde. En 1653, un morceau de fer ressemblant à un fer à cheval et comportant neuf trous de clous fut trouvé dans la tombe de Childéric Ier, roi des Francs, décédé en 481 après JC. Le professeur NS Shaler estime que le cheval DE fer- La chaussure a été inventée au quatrième siècle, et du fait qu'elle a d'abord été appelée *séléné* , la lune, à cause de sa forme en forme de croissant, il conclut qu'elle est originaire de Grèce. [12] Mais même au IXe siècle, en France, les chevaux n'étaient ferrés avec du fer que lors d'occasions spéciales, [13] et les premiers Britanniques, Saxons et Danois ne semblent pas avoir eu beaucoup de connaissances en maréchal-ferrant. On pense que l'art moderne du ferrage des chevaux a été introduit en Angleterre par les Normands sous Guillaume le Conquérant. [14] Henri de Ferrars, qui accompagnait ce monarque, aurait reçu son nom de famille parce qu'il était chargé de l'inspection des maréchaux-ferrants ; et les armoiries de ses descendants portent encore six fers à cheval. [15]

Sur la porte du château d'Oakham, une ancienne demeure normande du Rutlandshire, bâtie par Wakelin de Ferrars, fils du premier comte de ce nom, on voyait autrefois une série de fers à cheval de différents motifs.

Le domaine est célèbre en raison du mandat des barons qui l'occupent. Tout noble qui parcourait son enceinte était obligé, en guise d'hommage, de renoncer au fer du cheval sur lequel il montait, ou bien de le racheter contre une somme d'argent ; et les fers à cheval ainsi obtenus furent cloués sur la porte, mais se trouvent maintenant à l'intérieur des murs du château.

Ces murs sont recouverts de monuments commémoratifs de personnages royaux et de pairs, qui ont ainsi rendu hommage à la coutume du comté. [16]

On pense que la reine Elizabeth a initié cette pratique, bien que cette opinion soit incorrecte. Selon la tradition, elle était autrefois en voyage pour rendre visite à son grand trésorier, William Cecil, le célèbre Lord Burleigh, dans sa résidence près de Stamford. En passant par Oakham, son cheval aurait perdu un fer et, en souvenir de cet accident, la reine ordonna qu'un grand fer soit fabriqué et accroché dans le château, et que chaque noble voyageant à travers la ville suive son exemple.

Un usage similaire prévaut aujourd'hui, de nouvelles chaussures étant fournies dans des formes et des tailles choisies par les donateurs. [17]

Tandis que Jean de Gand (1339-99), fils d'Édouard III. d'Angleterre, traversait la ville de Lancaster, son cheval fondit un fer que les habitants gardaient en souvenir et attachaient au milieu de la rue. Et conformément à une coutume séculaire, un nouveau fer est placé au même endroit tous les sept ans par les résidents de Horse-Shoe Corner. [18]

La valeur pratique du fer à cheval est exprimée de manière laconique dans le vieux dicton allemand : « Un clou préserve un pays » ; car le clou maintient le fer à cheval, le fer protège le pied du cheval, le cheval porte le chevalier, le chevalier tient le château et le château défend le pays.

L'histoire suivante tirée des « Contes de famille » de Grimm (vol. ii, p. 303) peut être appropriée ici, car elle illustre la même idée, en plus d'indiquer une morale.

Le clou.

Un marchand avait fait de bonnes affaires à la foire ; il avait vendu ses marchandises et garni ses sacs d'argent d'or et d'argent. Puis il voulut rentrer chez lui et être chez lui avant la nuit. Alors il a rempli sa malle avec l'argent sur son cheval et est parti. A midi, il se reposait dans une ville, et quand il voulait aller plus loin, le palefrenier sortait son cheval et disait : « Il manque, monsieur, un clou au fer de sa patte arrière gauche. « Qu'il en manque, » répondit le marchand ; « la chaussure restera certainement en place pendant les six milles qu'il me reste à parcourir ; Je suis pressé." Dans l'après-midi, alors qu'il descendait de nouveau et faisait nourrir son cheval, le garçon d'écurie s'approcha de lui et lui dit : « Monsieur, il manque un fer à l'arrière-pied gauche de votre cheval ; dois-je l'emmener chez le forgeron ? « Même s'il manque encore, répondit l'homme, le cheval peut très bien tenir pendant les deux milles qui restent ; Je suis pressé. Il partit, mais peu de temps après, le cheval commença à boiter. Il n'avait pas longtemps boité avant de commencer à trébucher, et il n'avait pas trébuché longtemps avant de tomber et de se casser la jambe. Le marchand fut obligé de laisser le cheval là où il était, de déboucler la malle, de le prendre sur son dos et de rentrer chez lui à pied. Et il n'y arriva que très tard dans la nuit. « Et ce malheureux clou, se dit-il, a causé tout ce désastre. Hâtez-vous lentement.

II. LE FER À CHEVAL COMME SAUVEGARDE

Ta femme est une sorcière, mec ; vous devriez clouer un fer à cheval sur la porte de votre chambre. — SIR WALTER SCOTT, *Redgauntlet* .

En tant que dispositif pratique pour la protection des pieds des chevaux, l'utilité du fer à cheval en fer est depuis longtemps généralement reconnue ; et pendant des siècles, dans des pays très éloignés les uns des autres, il a également été couramment utilisé comme talisman pour préserver les bâtiments ou les locaux des ruses des sorcières et des démons.

Pour celui qui étudie le folklore, une superstition comme celle-ci, qui a exercé une si grande influence sur les esprits des hommes dans le passé, et qui est également universellement répandue à notre époque, doit avoir un intérêt particulier. Quelles ont donc été les raisons de l'adoption généralisée du fer à cheval comme talisman ? Notre objectif est d'examiner *successivement les différentes théories* .

Chez les Romains, il y avait une coutume consistant à enfoncer des clous dans les murs des maisons comme antidote contre la peste. Certains pensent que cette pratique, ainsi que celle qui consiste à clouer les fers à cheval, proviennent du rite de la Pâque. Le sang répandu sur les montants et le linteau des portes au moment de la grande fête juive formait les points principaux d'un arc, et il se peut que c'est dans cet esprit que les gens ont adopté le fer à cheval comme talisman en forme d'arc, et il est ainsi devenu généralement emblématique de la bonne chance.

La même pensée peut être à l'origine de la pratique des paysans de l'ouest de l'Écosse, qui dressent les branches du sorbier ou du sorbier en forme d'arche au-dessus de la porte d'une ferme pour protéger leur bétail du mal.

III. CORNES ET AUTRES OBJETS À DEUX BROCHES

On a supposé que les qualités surnaturelles du fer à cheval en tant que conservateur contre les démons imaginaires étaient dues à sa forme bifurquée, car tout objet ayant deux dents ou fourchettes était autrefois considéré comme efficace à cette fin. Comme pour le croissant, la source de cette croyance est sans doute l'apparition de la lune dans certaines de ses phases.

D'où, selon certaines autorités, l'efficacité prétendue des fers à cheval, des cornes et des défenses d'animaux, des serres d'oiseaux et des griffes des bêtes sauvages, des homards et des crabes comme amulettes. D'où également l'importance des vers souvent cités des « Hespérides » de Robert Herrick :

Accrochez des crochets et des voilages pour effrayer

D'où la sorcière qui monte la jument.

La corne de la fabuleuse licorne, en réalité celle du rhinocéros, est très appréciée comme amulette, et en Afrique de l'Ouest, où les cornes des animaux sauvages sont très appréciées pour effrayer les démons, une grande corne remplie de boue et de avoir trois petites cornes attachées à son extrémité inférieure est utilisé comme protection pour empêcher les esclaves de s'enfuir. [19]

Dans les environs de Mirzapur, dans le centre de l'Hindostan, les Horwas attachent au cou de leurs enfants les racines des plantes de la jungle comme amulette protectrice ; leur efficacité dépendrait de leur ressemblance avec les cornes de certaines bêtes sauvages.

Les mahométans du nord de l'Inde utilisent une amulette complexe, composée en partie d'une griffe de tigre et de deux griffes de hibou à grandes cornes dont les pointes sont tournées vers l'extérieur, [20] tandis qu'en Europe du sud on trouve des cous de mules ornés de deux défenses de sanglier. ou avec des cornes d'antilope.

Les amulettes en forme de cornes et de croissants sont très appréciées des Napolitains. [21] Elworthy cite assez longuement la « Mimica degli antichi » d'Andrea de Jorio (Napoli, 1832), pour illustrer ce fait. De cette source nous apprenons que les cornes des bœufs et des bœufs siciliens sont appréciées de la noblesse et de l'aristocratie comme protection contre le mauvais œil, et qu'on les voit fréquemment sur leurs maisons et dans leurs jardins ; les bois de cerf sont les favoris des épiciers et des pharmaciens, tandis que les classes populaires se contentent des cornes de béliers et de chèvres. Les Siciliens ont l'habitude d'attacher des morceaux de ruban rouge aux petites cornes qu'ils portent en guise de charmes, et cela est censé augmenter considérablement leur efficacité.

Dans le sud de l'Espagne, notamment en Andalousie, la corne de cerf est un talisman très apprécié. Les enfants indigènes portent une corne à pointe d'argent suspendue au cou par une corde tressée faite de poils de queue de jument noire. On croit qu'un mauvais regard dirigé vers l'enfant est reçu par la corne, qui se brise alors, et l'influence malveillante est ainsi dissipée. [22]

Chez les Arabes, l'amulette en corne est censée rendre inerte le regard maléfique d'un ennemi, et dans les oasis du désert, les têtes de bétail cornues sont visibles au-dessus des portes des habitations arabes comme des talismans. [23]

À Lesbos, les crânes de bœufs ou d'autres créatures à cornes sont fixés sur des arbres ou des bâtons pour détourner le mauvais œil des récoltes et des fruits. [24]

En Mongolie, les cornes des antilopes sont prisées en raison de leurs prétendues propriétés magiques ; les diseurs de bonne aventure et les devins affectent de tirer une connaissance de l'avenir par l'observation des anneaux qui les entourent. Les Mongols accordaient une grande valeur aux manches de fouet fabriqués à partir de ces cornes et affirmaient que leur utilisation par les cavaliers favorisait l'endurance de leurs chevaux. [25]

Dans la mesure où les cornes des animaux servent à la fois d'armes d'attaque et de défense, elles ont été très tôt associées dans l'esprit des hommes à l'idée de pouvoir. Ainsi, dans l'Antiquité, les coins des autels étaient façonnés en forme de cornes, sans doute pour symboliser la majesté et la puissance de l'Être en l'honneur duquel les sacrifices étaient offerts. [26]

À propos des cornes comme symboles de force, les paysans de Bannú, un district du Pendjab, croient que Dieu a placé le monde nouvellement créé sur une corne de vache, la vache sur le dos d'un poisson et le poisson sur une pierre ; mais sur quoi repose la pierre, ils n'osent pas le deviner. Selon leur théorie, chaque fois que la vache secoue la tête, un tremblement de terre se produit naturellement. [27]

Les Siamois attribuent des qualités thérapeutiques aux cornes et aux défenses de certains animaux, et leur pharmacopée contient une prescription assez complexe utilisée comme fébrifuge, dont les principaux ingrédients sont la poudre de cornes de rhinocéros, de bison et de cerf, les défenses d'éléphant et de tigre. , et les dents d'un ours et d'un crocodile. Ceux-ci sont mélangés avec de l'eau, et la moitié du composé obtenu doit être avalée, le reste doit être frotté sur le corps. [28]

La *mano cornuta* ou geste anti-sorcière est utilisée de manière très générale dans le sud et le centre de l'Italie. Son antiquité est attestée par sa représentation dans les peintures anciennes découvertes à Pompéi. [29] Elle consiste à fléchir les deux majeurs, tandis que les autres sont étendus en imitation de cornes. Lorsque la main dans cette position est pointée vers un individu odieux, on croit que la malignité de son regard est rendue inerte. [30]

Dans le roman « Pietro Ghisleri » de F. Marion Crawford, l'un des personnages, Laura Arden, était considérée dans la société romaine comme une *jettatrice* , c'est-à-dire quelqu'un qui avait le mauvais œil. Une telle réputation, une fois fixée sur une personne, entraîne l'ostracisme social. En présence de la malheureuse, toutes les mains étaient cachées pour faire le geste talismanique, et à la simple mention de son nom, toute Rome « faisait des cornes ». Personne ne l'abordait jamais sans avoir les doigts fléchis de la manière approuvée, à moins qu'ils n'aient sur eux quelque amulette puissante.

Il est curieux que la possession du mauvais œil puisse être imputée à n'importe qui, quels que soient son caractère ou sa position. Le pape Pie IX. On croyait qu'il possédait ce pouvoir malveillant, et de nombreux chrétiens dévots, alors qu'ils attendaient sa bénédiction à genoux, avaient l'habitude de lui tendre sournoisement la main dans la position mentionnée ci-dessus. [31]

Dans un article sur le « Symbolisme asiatique » dans « Indian Antiquary » (vol. xv. 1886), M. HGM Murray-Aynsley dit, à propos des amulettes napolitaines contre le mauvais œil, qu'elles ont probablement été introduites dans le sud de l'Italie par des colons grecs . d'ascendance asiatique, qui s'installèrent à Cumæ et dans d'autres endroits de ce quartier. Qu'ils soient en forme de cornes ou de croissants, ils sont les survivances d'un ancien symbole chaldéen. On a dit que rien, sauf peut-être une croyance superstitieuse, n'est plus facilement transmissible qu'un symbole ; et les peuples de l'Antiquité attribuaient à chaque symbole une valeur talismanique. [32]

Les Grecs modernes, tout comme les Italiens, portent des petits charms représentant la main effectuant ce geste. [33]

Mais ce n'est pas seulement dans le sud de l'Europe qu'existe la croyance aux vertus particulières des objets à deux volets, car en Norvège, des cornes de renne sont placées sur les portes des fermes pour chasser les démons ; [34] et les beaux bois qui ornent les maisons des chasseurs prospères dans notre propre pays sont sans doute souvent considérés par leurs propriétaires comme ayant plus de valeur que de simples trophées de chasse, dans la mesure où la fantaisie traditionnelle les investit de vertus si extraordinaires.

En France, un morceau de corne de cerf est considéré comme un préservatif contre la sorcellerie et les maladies, tandis qu'au Portugal, des cornes de bœuf fixées sur des perches sont placées dans des parcelles de melon pour protéger le fruit des regards flétris.

Chez les Ossètes, tribu du Caucase, les femmes disposent leurs cheveux en forme de corne de chamois, recourbées en avant sur le front, formant ainsi une coiffure talismanique ; et lorsqu'un musulman emmène son enfant en voyage, il lui peint un croissant entre les yeux ou lui tatoue le même dessin sur le corps. Le Grec moderne, lui aussi, prend la précaution d'attacher une pince de crabe à la tête de l'enfant. [35] En Afrique du Nord, les cornes d'animaux sont très généralement utilisées comme amulettes, l'idée dominante étant partout la même, à savoir que les objets pointus repoussent les démons et les mauvais regards.

Les cornes sont utilisées dans les pays de l'Est comme ornements sur les coiffures et servent en outre de symboles de rang. Ils sont souvent constitués de métaux précieux, parfois de bois. La *tantura* , portée par les Druzes du Mont-Liban en Syrie, a cette forme. [36]

Dans les villages bulgares de Macédoine et de Thrace, la femme dite sage, qui cumule les métiers de sorcière et de sage-femme, est un personnage important. Dès la naissance d'un enfant, ce personnage place une faucheuse dans un coin de la pièce pour éloigner les esprits hostiles ; l'efficacité du talisman étant sans doute due en partie à sa forme, qui ressemble beaucoup à un fer à cheval.

Et en Albanie, une faucille, avec laquelle on vient de couper de la paille, est posée quelques secondes sur le ventre d'un nouveau-né pour empêcher les démons responsables des coliques d'exercer leurs fonctions. [37]

La vertu mystique de la forme fourchue ne se limite cependant pas à sa faculté de détourner le regard d'un mauvais œil ou d'autres influences malignes, car on pense que le bâton divinatoire tire de cette même particularité de forme son pouvoir magique de détecter la présence. d'eau ou de métaux lorsqu'il est manipulé par une main expérimentée.

IV. LE SYMBOLE DE LA MAIN OUVERTE

Il est à noter que le symbole d'une main ouverte avec les doigts étendus était un talisman favori dans les temps anciens et qu'on pouvait voir, par exemple, à l'entrée des habitations de l'ancienne Carthage. On le retrouve également sur les tombes lybiennes et phéniciennes, ainsi que sur les monuments celtiques de Bretagne française. [38] Le Dr HC Trumbull cite des témoignages de divers auteurs démontrant que ce symbole est actuellement d'usage courant dans plusieurs pays de l'Est. Dans la région de l'ancienne Babylonie, la figure d'une main rouge tendue est encore affichée sur les maisons et les animaux ; et à Jérusalem, le même signe est fréquemment placé au-dessus de la porte ou sur le linteau en raison de ses vertus réputées pour détourner les mauvais regards. Les Juifs espagnols de Jérusalem dessinent la figure d'une main rouge sur les portes de leurs maisons ; et ils placent également sur la tête de leurs enfants des charmes en argent en forme de main, qu'ils croient être particulièrement odieux aux individus hostiles désireux de faire du mal soit aux enfants eux-mêmes, soit aux autres membres de la maison.

Dans différentes régions de Palestine, le symbole de la main ouverte apparaît de la même manière sur les maisons des chrétiens, des juifs et des musulmans, généralement peint en bleu sur ou au-dessus de la porte. [39] Claude Reignier Conder, RE, dans « Heth et Moab », remarque l'ancienneté de cet emblème païen, qui figure sur les étendards romains et sur le sceptre de Siva en Inde. Il est d'avis que la figure de la main rouge, qu'elle soit sculptée sur des croix irlandaises, exposée dans des temples indiens ou sur des édifices mexicains, est toujours un exemple de la même idée originale, celle d'un symbole protecteur.

Une empreinte de main blanche est couramment vue sur les portes et les volets des maisons juives et musulmanes à Beyrout et dans d'autres villes syriennes ; et même les habitants chrétiens de ces villes marquent parfois de cet emblème les fenêtres et les boîtes à farine, après avoir trempé la main dans de la chaux, afin de « détourner les vents glacials de février des personnes âgées et de porter chance à la poubelle ». [40]

En Allemagne, une grossière amulette en forme de main ouverte est fabriquée avec des tiges de plantes grossières et est considérée comme une protection suffisante contre divers malheurs et sorcelleries. On l'appelle « la main de Saint Jean » ou « la main de la Fortune ».

Les matrones juives d'Algérie attachent de petites mains d'or aux bonnets de leurs enfants ou à leurs colliers de perles de verre, et elles portent elles-mêmes sur elles des gages de chance semblables.

Dans le nord-ouest de l'Écosse, quiconque entre dans une maison où l'on fabrique du beurre doit poser la main sur la baratte, signifiant ainsi qu'il n'a pas de mauvais desseins contre le fabricant de beurre et dissipant tout effet possible d'un mauvais œil. [41]

Pour se prémunir contre les influences malveillantes, les Arabes d'Algérie se servent de dessins grossiers représentant une main ouverte, placée soit au-dessus des entrées de leurs habitations, soit à l'intérieur des portes, traduction symbolique de la célèbre imprécation arabe : « Cinq doigts dans ta œil!" Souvent, la même signification est véhiculée par cinq lignes, une plus courte

que les autres pour indiquer le pouce, ainsi ⃞. [42]

V. CROISSANTS ET AMULETTES EN FORME DE DEMI-LUNE

L'influence présumée prédominante des phases de croissance et de déclin de la lune sur la croissance et le bien-être de la végétation était autrefois généralement reconnue. Ainsi dans un almanach de l'année 1661 il est dit que :

Si du maïs, des graines ou des plantes sont plantés ou semés dans les six heures avant ou après la pleine Lune en été, ou avant la nouvelle Lune en hiver, après avoir rejoint le lever cosmique d'Arcturus et d'Orion, des Hædi et des Siculi , il est sujet au dynamitage et au chancre. [43]

Le bois était toujours coupé au déclin de la lune, et cette superstition était si fermement ancrée que des instructions étaient données en conséquence dans le Code forestier de France.

Un ancien almanach anglais conseillait aux agriculteurs de tuer les porcs lorsque la lune grandissait, car ainsi « le bacon s'avérerait meilleur en bouillant ».

Même à l'heure actuelle, une foule de crédulités concernant la Lune prévaut parmi les classes ignorantes des différents pays. Ainsi, par exemple, les nègres des environs de Washington DC croient que les pommes de terre doivent être plantées avant la nouvelle lune pour prospérer, et parmi les nègres et les Indiens de l'État du Missouri, le moment approprié pour sevrer un bébé ou le veau est déterminé par les phases lunaires.

Le culte de la Lune était l'une des formes d'idolâtrie les plus anciennes et existe encore parmi certaines nations orientales. Une relique de cette pratique est visible dans certaines régions de Grande-Bretagne, dans la coutume de s'incliner devant la nouvelle lune.

Les astrologues considéraient la Lune comme exerçant une puissante influence sur la santé et le sort des êtres humains, selon son aspect et sa position au moment de leur naissance. Ainsi, dans un « Manuel d'astrologie » de Raphael (Londres, 1828), elle est décrite comme une « planète froide, humide, aqueuse, flegmatique, partageant le bien ou le mal selon qu'elle est aspectée par des étoiles bonnes ou mauvaises ». [44]

On pensait que la lune cornue en croissance exerçait une mystérieuse influence bénéfique non seulement sur de nombreuses opérations agricoles, mais également sur les affaires de la vie quotidienne. De là est sans doute née la croyance dans la valeur des objets en forme de croissant et de cornute comme amulettes et charmes ; parmi ceux-ci, le fer à cheval est celui le plus couramment disponible, et donc le plus généralement utilisé.

En astrologie, la Lune a en effet toujours été considérée comme le corps céleste le plus influent en raison de son mouvement rapide et de sa proximité avec la terre ; et les astrologues d'autrefois, que ce soit pour prévoir les événements futurs ou pour donner des conseils sur les moments et les saisons appropriés pour la transaction des affaires, vérifiaient d'abord si la lune était ou non bien aspectée. C'était également un point cardinal chez les magiciens astucieux des siècles suivants. Et si quelqu'un a besoin d'une preuve de l'existence d'une croyance moderne aux influences lunaires, qu'il consulte l'Almanach de Zadkiel pour l'année 1898. Il y trouvera qu'il est dit que lorsque le soleil est en aspect bénéfique avec la lune, c'est un jour convenable. pour demander des faveurs, chercher un emploi et voyager pour des raisons de santé.

Vénus en aspect bénéfique avec la Lune est favorable pour faire la cour, se marier, rendre visite à des amis, engager des servantes et chercher à s'amuser.

Mars, pour consulter des chirurgiens et traiter avec des ingénieurs et des soldats.

Jupiter, pour ouvrir des bureaux et des places d'affaires et pour démarrer de nouvelles entreprises.

Saturne, pour s'occuper des agriculteurs, des mineurs et des personnes âgées, pour acheter des biens immobiliers et pour planter et semer.

Car, dit l'oracle de l'almanach, les astrologues ont découvert par expérience que si les instructions ci-dessus sont suivies, les affaires humaines se déroulent sans problème.

Dans son ouvrage intitulé « The Evil-Eye » (Londres, 1895), M. Frederick Thomas Elworthy attire l'attention sur le fait que la demi-lune était souvent placée sur la tête de certaines des divinités égyptiennes les plus puissantes, et donc lorsqu'elle était portée est devenu un symbole de leur culte. En effet, le croissant est courant dans le symbolisme religieux non seulement de l'Égypte ancienne, mais aussi de l'Assyrie et de l'Inde. Les jeunes filles hébraïques du temps du prophète Isaïe portaient sur la tête des ornements en forme de croissant. [45]

Le croissant est le symbole bien connu de la religion turque. Selon la tradition, Philippe de Macédoine (382-336 AV. J.-C.), le père d'Alexandre le Grand, tenta de saper les murs de Byzance lors d'un siège de la ville, mais la tentative fut révélée aux habitants à la lumière d'un croissant de lune. . Sur quoi ils érigèrent une statue à Diane et adoptèrent le croissant comme symbole.

Lorsque l'empire byzantin fut renversé par Mohammed II, en 1453, les Turcs considérèrent le croissant, qu'on voyait partout, comme d'une portée favorable. Ils en ont donc fait leur propre emblème, et il est depuis resté un symbole typiquement mahométan.

Dans l'esprit musulman, la nouvelle lune est intimement associée aux actes de dévotion. Son apparition est très attendue et

Au moment où l'œil éclaire le léger fil d'argent dans le crépuscule occidental, il reste fixé là, tandis que des prières d'action de grâce et de louange sont offertes, les mains étant levées par le visage, les paumes vers le haut et ouvertes, et ensuite passées trois fois. sur le visage, le regard restant toujours immobile. [46]

Les croissants dorés de différentes tailles faisaient partie des formes de monnaie les plus primitives. Les pièces de monnaie anciennes portaient fréquemment des ressemblances avec des divinités populaires ou leurs symboles, et parmi ces dernières, le croissant semble avoir été le plus couramment utilisé. [47] C'était la marque d'atelier habituelle des monnaies de Thespia au début du IVe siècle avant JC ; [48] se voit sur les monnaies des règnes d'Auguste, de Néron et d'autres empereurs romains ; et sur les pièces d'argent du temps d'Hadrien se trouve le *croissant de lune* à sept étoiles. [49]

Un croissant ornait la tête de la déesse Diane dans son personnage d'Hécate, ou souveraine des régions infernales.

Hécate était censée présider aux enchantements et était également la gardienne et la protectrice spéciale des maisons et des portes. [50] Les Grecs portaient non seulement des amulettes en forme de demi-lune, mais les plaçaient sur les murs de leurs maisons comme talismans ; [51] et les Romains utilisaient *des phalĕræ* , disques et croissants métalliques, pour décorer le front et la poitrine de leurs chevaux.

De tels ornements peuvent être vus sur les caparaçons des chevaux de la colonne Trajane et sur d'autres monuments antiques, dans la collection d'antiquités romaines du British Museum, ainsi que dans les peintures et tapisseries médiévales. [52]

Dans les représentations des combats entre Romains et Daces sur l'Arc de Constantin, les harnais des chevaux des deux armées sont décorés de ces emblèmes [53], ainsi que les rênes de bride d'un cheval montrées dans un manuscrit français du XVe siècle. siècle représentant « une réunion de gentlemen à cheval ». [54]

Des amulettes de forme similaire, constituées de dents de loup et de défenses de sanglier, ont été trouvées dans des tumuli de différentes régions de Grande-Bretagne.

Une pierre sépulcrale, conservée parmi d'autres reliques gallo-romaines au sein du château de Chinon, en France, porte l'effigie d'un homme debout et vêtu d'une grande tunique à larges manches. Au-dessus de la figure se trouve un talisman en forme de croissant, symbole fréquemment retrouvé dans les monuments de cette époque. [55]

Mais l'usage de ces symboles, bien que si ancien, n'est en aucun cas obsolète ; le croissant de laiton, charme avoué contre le mauvais œil, est très communément attaché aux harnais richement décorés des chevaux de trait napolitains, et est utilisé en Orient pour embellir les atours des éléphants. Il est également encore employé de la même manière dans diverses parties de l'Europe et dans l'Angleterre d'aujourd'hui. En Allemagne, de petites amulettes en forme de demi-lune, semblables aux anciennes μηνίσχοι ou *lunulæ*, sont encore utilisées contre le mauvais œil.

En Suède et en Frise, les ornements de mariée pour la tête et le cou représentent souvent le disque de la lune dans son premier quartier ; et il est d'usage de crier après un couple nouvellement marié : « Augmente, ô Lune ». [56]

Elworthy remarque que le fer à cheval, partout où il est utilisé comme amulette, est le représentant conventionnel et pratique du croissant, et que l'emblème du croissant bouddhiste est un fer à cheval avec la courbe pointue comme un arc gothique.

que la fougère anglaise appelée moonwort (*Botrychium lunaria*) doit ses pouvoirs magiques réputés à la forme en croissant des segments de sa fronde. Certains auteurs la considèrent comme identique au martagon, une herbe autrefois très utilisée par les sorciers ; et aussi avec le *sferracavallo italien* .

Selon le célèbre astrologue et herboriste Nicholas Culpepper, l'herbe de lune possédait certaines vertus occultes et était dotée d'attributs extraordinaires, le principal étant son pouvoir de déferrer les serrures et de déferrer les chevaux. Le même auteur a fait remarquer que, même si certaines personnes intelligentes considéraient ces notions avec mépris, le nom populaire donné à l'herbe de lune parmi les gens de la campagne était « déferrer le cheval ». [57]

Du Bartas, dans ses « Divine Weekes », dit à propos de cette plante :

Les chevaux qui, se nourrissant des collines herbeuses, marchent sur l'herbe de lune avec leurs talons creux, bien que récemment ferrés, rentrent la nuit pieds nus chez eux, leur maître réfléchissant à l'endroit où seront leurs chaussures. Ô Moonwort! dis-moi où tu as caché le forgeron, le marteau et les tenailles, tu les as déferrés.

Le fer à cheval a parfois été identifié à la croix, et on a supposé qu'il tirait son pouvoir amulétique d'une ressemblance imaginaire avec le symbole chrétien sacré. Mais dans la mesure où il est difficile de trouver une similitude marquée dans la forme entre le croissant et la croix, cette théorie ne semble pas justifier une considération sérieuse.

VI. LE FER COMME CHARME DE PROTECTION

Certains auteurs ont soutenu que la chance associée au fer à cheval était due principalement au métal, quelle que soit sa forme, le fer et l'acier étant des charmes traditionnels contre les esprits malveillants et les lutins. Selon eux, un fer à cheval est simplement un morceau de fer de forme gracieuse et pratique, généralement percé de sept trous de clous (un nombre mystique), et donc un talisman tout à fait approprié pour être apposé sur la porte d'une habitation ou d'une écurie. conformément à une vénérable coutume sanctionnée par des siècles d'usage. L'ancienneté de la croyance aux propriétés surnaturelles du fer ne fait aucun doute.

Chez les anciens Gaulois, ce métal était considéré comme consacré au Principe du Mal, et, selon un fragment des écrits de l'historien égyptien Manéthon (environ 275 avant JC), le fer était appelé en Égypte l'os de Typhon, ou os du Diable, car Typhon dans la mythologie égyptienne était la personnification du mal. [58]

Pline, dans son « Histoire naturelle », déclare que des clous de cercueil en fer fixés sur le linteau de la porte protègent les habitants de la demeure des visites des esprits nocturnes.

Selon le même auteur, le fer possède des propriétés précieuses en tant que conservateur contre les sorcelleries et les sorcelleries nuisibles, et peut donc être utilisé avec avantage aussi bien par les adultes que par les enfants. Pour cela, il suffisait de tracer un cercle autour de soi avec un morceau de métal, ou de passer trois fois une épée autour de son corps. De plus, les coups doux d'une épée avec lesquels un homme a été blessé étaient réputés pour soulager divers maux et douleurs, et même la rouille du fer avait ses propres pouvoirs de guérison :

Si un cheval est ferré avec des fers faits d'une épée avec laquelle un homme a été tué, il sera très rapide et léger, et ne se fatiguera jamais, bien qu'il ne soit jamais monté aussi durement. [59]

La croyance séculaire dans le pouvoir magique du fer et de l'acier se retrouve dans de nombreuses traditions du Nord.

Une jeune berger s'occupait autrefois du bétail dans une forêt du Vermaland en Suède ; et le temps étant froid et humide, elle emportait son amadou avec du silex et de l'acier, comme il est d'usage dans ce pays. Bientôt arriva une géante portant un cercueil qu'elle demanda à la jeune fille de garder pendant qu'elle partait inviter des amis à assister au mariage de sa fille. Sans réfléchir, la jeune fille posa son acier à feu sur le cercueil, et lorsque la géante revint chercher la propriété, elle ne put y toucher, car l'acier repousse les trolls, petits et grands. La berger rapporta donc chez elle le coffre au trésor, qui contenait une couronne d'or et d'autres objets de valeur. [60]

Les païens du Nord croyaient à l'existence d'une race d'artisans nains, experts dans le travail des métaux et fabriquant des instruments de guerre dans leurs ateliers souterrains. On pensait également que ces nains habitaient des roches isolées ; et selon une idée populaire, si un homme rencontrait par hasard l'un d'eux et jetait rapidement un morceau d'acier entre lui et son habitation, il pouvait ainsi empêcher le nain de rentrer chez lui et exiger de lui tout ce qu'il désirait. [61]

Chez les Canadiens français, les lucioles sont considérées avec des yeux superstitieux comme des diablotins lumineux du mal, et le fer et l'acier sont les plus puissants garde-fous contre elles ; on pense qu'un couteau ou une aiguille plantée dans la clôture la plus proche protège amplement le voyageur en retard contre ces insectes, car soit ils se blesseront eux-mêmes, soit ils seront si épuisés en s'efforçant de passer par le chas de l'aiguille qu'ils les rendront temporairement inutilisables. inoffensif. [62] De tels abandons et égarements de la crédulité populaire peuvent sembler des plus insignifiants, mais ils servent à illustrer la croyance ancienne et largement répandue dans les qualités traditionnelles attribuées à certains métaux.

Une théorie largement répandue attribuait au fer une origine météorique, mais les différentes nations de l'Antiquité avaient l'habitude d'attribuer sa découverte ou son invention à une divinité ou à un personnage mythologique préféré ; Osiris était ainsi honoré par les Égyptiens, Vulcain par les Romains et Wodan ou Odin par les Teutons.

Dans les premiers temps, l'emploi du fer dans les arts était très limité en raison de son extérieur terne et de sa fragilité. Il existait d'ailleurs chez les Romains un certain préjugé religieux contre le métal, dont l'usage dans de nombreuses cérémonies était entièrement proscrit. Ce préjugé semble être dû au fait que les armes de fer étaient tenues pour solidairement responsables, avec ceux qui les maniaient, de l'effusion du sang humain ; dans la mesure où les épées, les couteaux, les haches de combat, les pointes de lances et de lances et autres instruments de guerre étaient en fer. [63]

que ces démons mythiques des terres orientales connus sous le nom de *Jinns* sont exorcisés par le simple nom de fer ; [64] et les Arabes, lorsqu'ils sont rattrapés par un simoom dans le désert, s'efforcent de charmer ces esprits du mal en criant : « Fer, fer ! » [65]

Les *djinns* étant des créatures légendaires de l'âge de pierre, le métal relativement moderne est censé leur être odieux. En Scandinavie et dans les pays du Nord en général, le fer est un charme historique contre les ruses des sorciers.

Les Chinois portent quelquefois en dehors de leurs vêtements un morceau d'une vieille pointe de charrue en fer, comme un charme ; [66] et ils ont aussi l'habitude d'enfoncer de longs clous de fer dans certaines espèces d'arbres pour exorciser quelques démons femelles particulièrement dangereux qui les hantent. [67] Les anciens Irlandais avaient l'habitude d'accrocher des clous de fer à cheval tordus au cou de leurs enfants comme charmes ; [68] et dans le folklore teutonique, nous trouvons la vénérable superstition selon laquelle un clou de fer à cheval trouvé par hasard et enfoncé dans la cheminée effectuera la restitution des biens volés au propriétaire. En Irlande, à l'heure actuelle, le fer est considéré comme un métal sacré et porteur de chance que les voleurs hésitent à voler. [69]

Une légende celtique raconte que le nom *Terre de Fer* ou *Irlande* trouve son origine de la façon suivante : L'île d'Émeraude était autrefois entièrement submergée, sauf pendant une brève période tous les sept ans, et à ces époques des tentatives répétées étaient faites par des étrangers pour débarquer sur son sol, mais sans succès, car les vagues qui avançaient engloutissaient toujours les audacieux envahisseurs. Finalement, une révélation céleste déclara que l'île ne pouvait être sauvée de la mer qu'en jetant dessus un morceau de fer lors de sa brève apparition au-dessus des eaux. Profitant des renseignements ainsi garantis, un aventurier audacieux jeta son épée sur la terre à l'heure indiquée, dissolvant ainsi le sortilège, et l'Irlande est depuis restée hors de l'eau. En raison de cette tradition, la découverte du fer est toujours considérée comme une chance par les Irlandais ; et lorsque le trésor a la forme d'un fer à cheval, il est cloué sur la porte de la maison. Ainsi, on pense que le fer a récupéré l'Irlande de la mer, et le symbole talismanique de sa récupération est le fer à cheval en fer. [70]

Il était une fois, selon une tradition en Ukraine, région frontalière entre la Russie et la Pologne, des hommes qui trouvèrent un morceau de fer. Après avoir vainement tenté de le manger, ils essayèrent de le ramollir en le faisant bouillir dans l'eau ; puis ils le rôtissaient, puis le frappaient avec des pierres. Pendant qu'ils étaient ainsi occupés, le Diable, qui les surveillait, demanda : « Qu'est-ce que tu fais là ? » et les hommes répondirent : « Un marteau pour battre le diable. » Là-dessus, Satan demanda où ils avaient obtenu le sable requis ; et dès lors les hommes comprirent que le sable était indispensable à l'usage des forgerons ; et c'est ainsi que commença la fabrication d'outils en fer. [71]

Chez les pêcheurs écossais, le fer est également investi d'attributs magiques. Ainsi, si, dans l'exercice de leur métier, l'un d'entre eux a l'occasion de se livrer à des grossièretés, les autres crient aussitôt : « Cauld airn ! et chacun saisit un morceau de métal à portée de main pour contrer le malheur qui autrement les poursuivrait tout au long de la journée. [72] Même de nos jours, en Angleterre, à défaut de fer à cheval, on voit parfois les plaques de fer des lourds souliers portés par les ouvriers agricoles, fixées aux portes de leurs chaumières. [73]

Autrefois, la croyance en l'existence d'elfes espiègles était courante dans les districts des Highlands d'Écosse, le fer et l'acier étaient très réputés comme garde-fous populaires contre les visites de ces fées ; car ils avaient parfois l'audace d'enlever de jeunes mères, qu'ils obligeaient à servir de nourrices à leur propre progéniture. Un soir, il y a de nombreuses années, un fermier nommé Ewen Macdonald, de Duldreggan, a laissé sa femme et son jeune enfant à la maison pendant qu'il faisait une course ; et la tradition raconte qu'en traversant un ruisseau, appelé depuis en langue gaélique « le ruisseau du couteau », il entendit un étrange bruit de précipitation accompagné d'un soupir, et comprit aussitôt que des fées enlevaient sa femme. Jetant instantanément un couteau en l'air au nom de la Trinité, le pouvoir des fées fut annulé et sa femme tomba devant lui. [74]

Dans le folklore scandinave et écossais, il existe une affinité marquée entre le fer et le silex. La pointe de flèche en forme d'elfe ou en silex était autrefois très réputée comme un charme contre diverses influences maléfiques, qu'elle soit transportée comme une amulette, utilisée comme purificateur magique de l'eau de boisson pour le bétail ou pour conjurer la méchanceté des fées. Il semble possible que le fer et l'acier, en remplaçant le silex, qui était un matériau si utile dans les arts bruts des peuples primitifs, aient hérité de ses anciennes qualités magiques.

Dans les Hébrides, un charme populaire contre les ruses des sorciers consistait à placer des morceaux de silex et d'acier non trempé dans le lait de vaches prétendument ensorcelées. Le lait était ensuite bouilli, et on pensait que ce processus déjouait les machinations de la sorcière ou de l'enchanteresse. [75] Les fées des plaines écossaises étaient censées utiliser des flèches à pointe de silex blanc, avec lesquelles elles tiraient sur le bétail des personnes qui leur étaient odieuses, les blessures ainsi infligées étant invisibles sauf pour certains personnages doués d'une vue surnaturelle. [76]

Selon une croyance de Cornouailles, le fer est puissant pour contrôler les démons de l'eau et, lorsqu'il est jeté par-dessus bord, il permet aux marins d'atterrir en toute sécurité sur une côte rocheuse, même dans une mer agitée. [77] Une superstition similaire existe dans les îles Orcades en référence à un certain rocher sur la côte de Westray. On pense que lorsque quelqu'un portant un morceau de fer sur lui marche sur ce rocher, la mer devient immédiatement turbulente et ne se calme que lorsque la substance magique est jetée dans l'eau. [78]

Les habitants de l'île rocheuse de Timor, dans l'archipel indien, portent sur eux des morceaux de fer pour se préserver de toutes sortes de malheurs, de même que le cockney de Londres chérit avec soin son penny porte-bonheur, son six pence tordu ou son shilling perforé ; tandis que dans l'Hindostan, des clous de fer sont fréquemment enfoncés au-dessus d'une porte ou dans les pieds d'un lit, comme protection. C'était une coutume médiévale en France pour les mariages de placer au doigt de la mariée une bague faite d'un clou de fer à cheval, [79] une tentative superstitieuse, pour ainsi dire, d'heureux auspices.

En Sicile, les amulettes en fer sont couramment utilisées contre le mauvais œil ; en effet, le fer sous toutes ses formes, en particulier sous forme de fer à cheval, est considéré comme efficace, et en fait, des propriétés talismaniques sont attribuées à tous les métaux. Ainsi, lorsqu'un Sicilien se sent « négligé », il touche instantanément le premier objet métallique disponible, comme sa chaîne de montre, ses clés ou ses pièces de monnaie. [80] Dans l'ancienne Babylone et l'Assyrie, on croyait que des démons invisibles pouvaient pénétrer dans le corps pendant les actes de manger et de boire et ainsi provoquer des maladies, et la doctrine de la possession démoniaque comme cause de la maladie est encore largement répandue dans les communautés non civilisées de l'époque. aujourd'hui. Partout donc de telles notions existent, les talismans sont naturellement employés pour rendre inertes les machinations de ces petits démons ; et de toutes ces garanties, le fer et l'acier sont peut-être les plus puissants. Assez couramment en Allemagne, parmi les classes inférieures, les articles tels que les couteaux, les hachettes et les instruments coupants en général, ainsi que les fers à feu, les herses, les clés et les aiguilles, sont considérés comme des moyens de protection contre la maladie s'ils sont placés à proximité ou autour de la personne malade. [81]

Au Maroc, il est d'usage de placer un poignard sous l'oreiller du patient [82] et en Grèce, un couteau à manche noir est également utilisé pour éloigner le cauchemar.

En Allemagne, les instruments de fer posés en croix sont considérés comme de puissants garde-fous anti-sorcières pour les nourrissons ; et en Suisse, deux couteaux, ou un couteau et une fourchette, sont placés dans le berceau sous l'oreiller. En Bohême, on utilise de même un couteau sur lequel est marquée une croix, et en Bavière une paire de ciseaux ouverts. En Westphalie, une hache et un balai sont posés en croix sur le seuil, la nourrice de l'enfant étant censée enjamber ces objets en entrant dans la chambre. [83]

La valeur thérapeutique du fer et son utilisation comme médicament n'appartiennent pas proprement à notre sujet ; et, en effet, ni le fer à cheval en fer ni son symbole contrefait n'ont généralement été beaucoup employés dans la médecine populaire. Le professeur Sepp, dans son ouvrage sur la religion des premiers Allemands, mentionne cependant un remède populaire contre la coqueluche, qui consistait à faire manger au malade un plat de bois marqué d'une figure de fer à cheval.

En France aussi, une panacée favorite contre les maladies des enfants consiste à poser sur l'enfant un fer à cheval trouvé par hasard, dans lequel les clous restent dedans ; et dans le Mecklembourg, on pense que les affections gastriques peuvent être traitées avec succès en buvant de la bière versée sur un fer à cheval chauffé au rouge. [84]

Pline attribuait un pouvoir de guérison à un vieux fer à cheval trouvé sur la route. Il fut recommandé au découvreur de conserver soigneusement un tel fer à cheval ; et si, dans l'avenir, il était atteint du hoquet, le simple souvenir de l'endroit exact où la chaussure avait été placée servirait de remède à cette affection parfois obstinée. [85]

En Bavière, un remède populaire contre la hernie chez les enfants est le suivant : d'un fer à cheval où sont restés tous les clous et qui a été coulé par un cheval, on prend un clou ; et quand vient ensuite une nouvelle lune un vendredi, il faut se rendre dans un champ ou un verger avant le lever du soleil et enfoncer le clou à trois coups dans un chêne ou un poirier, selon le sexe de l'enfant, et invoquer trois fois le nom du Christ; après quoi il faut s'agenouiller à terre devant l'arbre et répéter un *Paternoster* . Ceci est un exemple d'une sorte de mesure thérapeutique assez courante chez les paysans de différentes régions d'Allemagne, mélange de l'usage d'un charme superstitieux et d'exercices religieux. [86]

Une théorie ingénieuse attribue l'origine de la croyance aux propriétés magiques du fer à l'emploi précoce du cautère proprement dit et à l'emploi de la lancette en chirurgie. [87] Dans les deux cas, les effets curatifs du métal, qu'il soit chaud ou sous la forme d'un couteau, ont été attribués par des esprits superstitieux aux propriétés magiques des instruments, grâce auxquelles les démons responsables de la maladie étaient mis en fuite. Dans le nord de l'Inde, les indigènes croient que les mauvais esprits sont si simples d'esprit qu'ils se heurtent au tranchant d'un couteau et se font ainsi du mal ; et ils se servent également d'anneaux de fer pour effrayer les démons, ces talismans ayant la double efficacité du fer et du cercle sacré. [88]

A Bombay, à la naissance d'un enfant, les indigènes placent une barre de fer le long du seuil de la chambre de confinement pour empêcher l'entrée des démons. [89] Cette pratique est dérivée de la superstition hindoue selon laquelle les mauvais esprits se tiennent à l'écart du fer ; et même aujourd'hui, on voit des morceaux de fers à cheval cloués au bas des appuis des portes des maisons indigènes. [90] En Botnie orientale, lorsque les vaches quittent pour la première fois leurs quartiers d'hiver, une barre de fer est posée devant le seuil de la porte par laquelle doivent passer les animaux, et les agriculteurs croient que, si cette précaution était omise, le les vaches s'avéreraient gênantes tout au long de l'été. [91] De même, dans la région de Saalfield, en Allemagne centrale, il est d'usage de placer des haches, des scies et d'autres instruments en fer et en acier devant la porte de l'écurie pour empêcher le bétail d'être envoûté.

Les paysans Scandinaves, lorsqu'ils s'aventurent sur l'eau, ont coutume de se protéger contre la puissance du *Neck* , ou esprit de la rivière, en plaçant un couteau dans le fond du bateau, ou en fixant un clou de fer dans un roseau. Voici la traduction d'un charme utilisé en Norvège à cet effet :

Cou, Cou, clou dans l'eau, la Vierge Marie jette l'acier dans l'eau. Tu coules, je vole.

En Finlande, il existe une fée maléfique connue sous le nom de Cauchemar des Alpes. Son nom en langue vernaculaire est *Painajainen* , qui signifie en anglais « Presser ». Cet être désagréable fait crier et fait plisser les yeux des jeunes enfants ; et la protection populaire est l'acier ou un balai placé sous l'oreiller. [92]

Friedrich remarque que les musulmans considèrent le fer comme un don divin et que les Finlandais ont leurs dieux tutélaires de ce métal.

Parmi les Juifs, prévaut une croyance populaire selon laquelle il ne faut jamais se servir d'un couteau ou d'un autre instrument en acier dans le but de suivre plus facilement des yeux les pages de la Bible, du Talmud ou d'un autre livre sacré. Le fer ne devrait jamais être autorisé à toucher aucun livre traitant de religion, car les deux sont incompatibles par nature, l'un détruisant la vie humaine et l'autre la prolongeant. [93] Les Highlanders d'Écosse ont une coutume séculaire de prêter serment sur du fer ou de l'acier froid. Le poignard, qui était autrefois un complément indispensable au costume des Highlands, est un objet préféré et pratique à cet effet. La foi dans le pouvoir magique de l'acier et du fer contre les fées et les fantômes mal intentionnés était universelle, et cette forme de serment était plus solennelle et contraignante que toute autre. [94]

Chez les paysans bavarois, les clous et les aiguilles ont une réputation inverse de celle du fer à cheval. Un clou en fer à cheval planté dans la porte d'entrée d'une maison entraînera une grave maladie chez le propriétaire. Une aiguille, lorsqu'elle est donnée à un ami, est sûre de piquer à mort l'amitié existante, même si cette amitié est rompue par le don d'un couteau ou d'une paire de ciseaux. Un tel résultat fâcheux peut cependant être évité si le destinataire sourit agréablement lorsque le cadeau est fait. Une curieuse superstition sur les serrures en fer prévaut en Styrie et au Tyrol. Si vous achetez chez un serrurier une serrure toute neuve et que vous la portez à l'église lors d'une cérémonie de mariage, et si, pendant la bénédiction, vous fermez la serrure d'un tour de clé, alors l'amour des jeunes mariés et le bonheur est détruit. L'aversion mutuelle supplantera l'affection jusqu'à ce que vous ouvriez à nouveau la serrure. [95]

VII. DES FORGERONS CRÉDITÉS D'ATTRIBUTS SURNATURELS

Vulcain, le dieu romain du feu, l'Héphaïstos de la mythologie grecque, était également le patron des forgerons et des ouvriers métallurgistes. Il était le grand artisan de l'univers et, dans son atelier de l'Olympe, il fabriquait des armures pour les guerriers de l'époque héroïque. Sur terre, les volcans étaient ses forges et sa résidence préférée était l'île de Lemnos dans la mer Égée. Sous l'Etna, avec l'aide de ces artisans célèbres, les Cyclopes, il forgea les foudres de Jupiter ; et là aussi, selon la tradition, furent fabriqués le trident de Neptune, le casque de Pluton et le bouclier d'Hercule. Héphaïstos était donc un contrôleur et un maître du feu.

Les anciens croyaient que les Cyclopes avaient inventé l'art de forger ; et la découverte des qualités particulières du fer fut attribuée à certains êtres mythiques appelés les Dactyles, qui habitaient en Phrygie, et qui, croyait-on, avaient acquis cette connaissance par l'observation de la fusion des métaux lors du fabuleux incendie du mont Ida. Les Dactyles avaient la réputation d'être des sorciers, dont les noms mêmes possédaient un mystérieux pouvoir protecteur lorsqu'ils étaient prononcés par des personnes exposées à des dangers soudains.

Certaines tribus semi-fabuleuses de l'Asie centrale, ouvriers en métallurgie, gardaient secrets les mystères de leur métier et avaient l'habitude de se livrer à des orgies et à des festivités sauvages, qui inspiraient la crainte aux non-initiés. À ces moments-là, ils dansaient jusqu'à devenir frénétiques, au son des cymbales et des tambourins et du fracas des armes. Les habitants des tribus voisines craignaient de s'approcher d'eux, croyant qu'ils possédaient un pouvoir magique qui leur permettait de transformer un métal en un autre et de forger la foudre. Ils étaient réputés maîtres du feu et des éléments, et leurs forges, comme celle de Vulcain, étaient des volcans. [96]

Ces peuples barbares étaient parfois confondus avec les Dactyles, les Corybantes, les Cabiri et les Curètes, métallurgistes traditionnels dotés d'une habileté surnaturelle, et donc communément considérés comme des magiciens, voire des divinités. Pendant longtemps, ils furent censés détenir le savoir exclusif du travail des métaux, un savoir entouré de mystère.

Dans le « Kalevalla », ou ancien poème épique de Finlande, le forgeron Ilmarinen est représenté comme le pionnier et le plus compétent des artisans, qui fabriquait à la fois les instruments de guerre et les ustensiles domestiques. Ce héros

Venu sur terre pour travailler le métal ;

Il est né sur le mont charbonnier,

Qualifié et nourri dans les champs de charbon ;

Dans une main un marteau en cuivre,

Dans les autres pinces de fer ;

Dans la nuit est né le forgeron,

Le matin, il construisit sa forge ;

Cherchait avec soin une butte privilégiée,

Où les vents pourraient remplir son soufflet ;

J'ai trouvé une butte dans les marais,

Où le fer se cachait en abondance,

Il y construisit son four de fusion. [97]

Dans la mythologie teutonique, les forgerons étaient des artisans magiques ; et même au Moyen Âge, ils étaient considérés comme supérieurs aux autres artisans, en raison de leur faculté de jouer avec le feu, de soumettre l'élément dangereux à leur volonté et, grâce à son aide, de manipuler le fer avec aisance et dextérité. En Allemagne, leurs ateliers étaient connus sous le nom de « maisons de Wieland », en souvenir du plus rusé des forgerons de la tradition mythique du Nord.

Comme, dans les premiers temps, l'origine du travail du métal était attribuée à des êtres divins, il était naturel que, dans la tradition populaire, les forgerons acquièrent leurs merveilleuses compétences techniques grâce à l'aide de tels êtres et soient donc exaltés au-dessus du plan des mortels ordinaires parce qu'ils avaient reçu instruction surnaturelle....

La légende médiévale suivante sert à montrer que les souvenirs des anciennes traditions païennes sont restés dans l'esprit des Scandinaves longtemps après l'établissement du christianisme parmi eux. Un soir de l'année 1208, un cavalier se rendit à la maison d'un forgeron nommé Thord Vettir, qui vivait dans le sud de la Norvège à Nesjar, près de la ville de Laurvig sur le Skager-Rack, et demanda un hébergement pour la nuit et du ferrage pour son cheval. . Le forgeron acquiesça et, le lendemain matin, il commença le travail de bonne heure, tout en causant avec son hôte. "Où étais-tu hier soir?" il s'enquit de ce dernier. «À Medaldal», fut la réponse. « Et où étais-tu la nuit précédente ? demanda le forgeron. «À Jardal», répondit l'étranger. « Vous devez être un terrible menteur », dit le forgeron avec une grande franchise. Puis il s'appliqua sérieusement à sa tâche et forgea les plus grands fers à cheval qu'il ait jamais vu, mais qui s'ajustèrent parfaitement aux pieds du cheval. Au cours d'une conversation ultérieure, le voyageur remarqua qu'il avait longtemps habité dans le nord de la Norvège et qu'il se dirigeait vers la Suède. Lorsqu'il fut prêt à continuer son voyage et qu'il fut monté sur son cheval, le forgeron lui demanda son nom. "Avez-vous déjà entendu parler d'Odin?" fut la réplique.

«J'ai entendu son nom», dit le forgeron. "Alors vous pouvez le voir maintenant", remarqua le cavalier, "et, si vous ne croyez pas ce que je vous ai dit, regardez comme je saute mon cheval par-dessus la clôture." Là-dessus, il éperonna l'animal et se dirigea droit vers la clôture de la cour, haute de sept aunes. Le vaillant destrier franchit facilement la clôture, et ni lui ni son cavalier ne furent revus par le digne forgeron. [98]

La dignité et l'importance de l'art du forgeron au début du Moyen Âge en Angleterre sont illustrées par le conte suivant tiré des « Légendes et curiosités des métiers » de Paul Sébillot, « L'art ». « Forgerons : » –

Le roi Alfred le Grand, qui régna à la fin du IXe siècle, réunit un jour sept de ses principaux mécaniciens et artisans, et annonça qu'il nommerait comme chef celui qui pourrait le plus longtemps se passer de l'aide des autres. ; et il les invita également tous à un banquet, à condition que chacun apporte avec lui un spécimen de son ouvrage et les outils avec lesquels il était fabriqué. A l'heure dite, ils parurent tous : le forgeron apporta son marteau et un fer à cheval ; le tailleur ses ciseaux et un vêtement nouvellement confectionné ; le boulanger sa pelle à pain en bois à long manche et une miche de pain ; le cordonnier son poinçon et une paire de chaussures neuves ; le charpentier sa scie et une planche équarrie ; le boucher son couteau à découper et un gros morceau de viande ; et le maçon sa truelle et une pierre angulaire. Après mûre réflexion, l'entreprise décida que le travail du tailleur était le meilleur et il fut donc choisi pour être le chef des artisans.

Le forgeron était contrarié de ce choix et jura de ne plus travailler tant que le tailleur serait chef ; il ferma donc sa boutique et partit.

Mais son absence se fit vite sentir ; le cheval du roi perdit un fer, les six camarades brisèrent tour à tour leurs outils, et, quoique le tailleur continuât à exercer son métier plus longtemps que les autres, lui aussi fut bientôt obligé de cesser son travail. Sur ce, le roi et ses commerçants décidèrent de s'essayer à la forge, mais rencontrèrent peu de succès ; car le cheval du roi marchait sur son maître royal, le tailleur lui brûlait les doigts, et les autres rencontraient divers malheurs. Enfin ils commencèrent à se quereller entre eux, jusqu'à en venir aux mains, et dans la mêlée l'enclume fut renversée avec fracas. C'est à ce moment-là que Saint Clément entre en scène, bras dessus bras dessous avec le forgeron. Le roi salua respectueusement les nouveaux venus et leur dit : « J'ai commis une grave erreur, mes amis, en me laissant séduire par le beau drap du tailleur et son ouvrage habile ; en toute justice, le forgeron, sans l'aide duquel les autres ouvriers ne peuvent rien accomplir, devrait être proclamé artisan en chef. Tous les artisans, à l'exception du tailleur, prièrent alors le digne forgeron de leur fabriquer de nouveaux outils, ce qu'il fit aussitôt, y compris même une toute nouvelle paire de ciseaux pour le tailleur.

Puis le roi réorganisa la société des artisans et proclama comme chef le forgeron, que tous saluèrent avec des vœux de bonne santé et de bonheur.

Après cela, le roi appela chacun pour une chanson, et le nouveau chef entonna à son tour une chanson intitulée « The Merry Blacksmith », qu'on entend encore aujourd'hui parfois lors des festivités des guildes de commerçants en Angleterre.

Saint Clément, qui figure dans le conte ci-dessus, était le saint patron des maréchaux-ferrants. Il s'agissait d'un évêque romain décédé en 100 APRÈS JC. Dans la tradition ecclésiastique, il comptait parmi les martyrs, ayant été attaché à une ancre et jeté à la mer le 23 novembre de la même année. Sa fête était encore célébrée ces derniers temps par les forgerons anglais, qui le considéraient comme le créateur de l'art de la maréchalerie pratique et organisaient un festival annuel en son honneur.

Les apprentis forgerons du chantier naval de Woolwich avaient l'habitude de former une procession le soir de la Saint-Clément, l'un d'entre eux incarnant le « vieux Clem », avec un visage masqué, une perruque en chêne et une longue barbe blanche.

Pendant les festivités, ce digne prononça un discours, en partie comme suit :

Je suis le vrai Saint Clément, le premier fondateur du laiton, du fer et de l'acier du minerai. Je suis allé au mont Ætna, où le dieu Vulcain a construit sa forge pour la première fois et a forgé l'armure et la foudre du dieu Jupiter. [99]

Saint Eloy, ou Saint Eligius, est parfois représenté comme le gardien des maréchaux-ferrants et des forgerons. Il prospéra au septième siècle et servit dans sa jeunesse comme apprenti chez un orfèvre à Limoges, où il devint très compétent dans l'art du travail des métaux précieux. Sa fête a lieu le 1er décembre.

Selon une légende bien connue, Saint Eloy ferrait autrefois un cheval démoniaque qui refusait de rester immobile ; il coupa donc la patte de l'animal et lui enfila le fer. Puis, faisant le signe de croix, il remplaça la jambe, le cheval ne subissant aucun séquelle de l'opération.

Ce saint est mentionné dans « Popish Kingdome » de Barnaby Googe comme suit :

Et Loye, le forgeron, s'intéresse aux chevaux et aux forgerons de tout grade ;

S'ils se mêlent du fer ici, ou s'ils sont des orfèvres.

Dans certains pays, les forgerons et les maréchaux-ferrants ont toujours été crédités de facultés surnaturelles, et il semble donc raisonnable d'expliquer ainsi l'origine d'une partie des prétendues vertus mystiques de leur ouvrage, le fer à cheval en fer, bien qu'en réalité ce point de vue ne semblent avoir été avancés jusqu'à présent.

Chez nous et dans certains des principaux pays européens, les forgerons sont des membres très respectables de la société, bien qu'ils ne s'occupent généralement pas de sciences occultes. Mais dans certaines parties de l'empire russe, comme dans la province de Mingrélie, dans le Caucase et dans les régions voisines, les forgerons jouissent d'une certaine réputation de magiciens. Les serments solennels sont prêtés sur l'enclume plutôt que sur la Bible. En Abyssinie et au Congo, tous les forgerons ont la réputation de sorciers, et chez les Tibbous de l'Afrique centrale, ils sont traités avec une grande déférence. Lorsqu'un habitant des îles Orcades désire se procurer une amulette, il s'adresse soit à un maréchal-ferrant, soit à son fils ou petit-fils ; et les bohémiens roumains sont pour la plupart des forgerons, leurs femmes vivant de la mendicité, de la pratique de la divination et de l'interprétation des rêves ; tandis que les hommes et les femmes auraient la faculté d'invoquer à leur aide de puissants esprits de l'air. [100]

Au Maroc, il existe encore aujourd'hui une communauté d'artisans nains, ouvriers en métallurgie, magiciens et adeptes de l'art de guérir, qui fabriquent de petits livres qui servent d'amulettes portatives ; et les Haratin, qui habitent la vallée du Drah, considèrent comme un péché le simple fait de mentionner par leur nom ces nains, qu'ils considèrent comme ayant droit à un respect extraordinaire.

On dit que chaque membre de cette mystérieuse tribu de forgerons pygmées porte un *haïk* , ou vêtement de dessus, ayant sur le dos une représentation d'un œil, symbole évocateur des Cyclopes d'autrefois. [101]

Il y avait en effet, comme nous l'avons vu, une opinion commune dans une grande partie de l'Europe, selon laquelle les premiers forgerons étaient des êtres surnaturels ; car on pensait que le merveilleux processus de fonte et de façonnage du fer ne pouvait pas avoir été conçu par l'homme, mais devait avoir son origine par des agents magiques.

En Allemagne, les forges étaient souvent situées sur des routes éloignées des agglomérations et étaient le lieu de villégiature des voyageurs et des camionneurs qui s'arrêtaient soit pour faire ferrer leurs chevaux, soit pour obtenir des conseils vétérinaires. Tout naturellement ces forges, comme les magasins de carrefour modernes, sont devenues de petits centres de sociabilité et de ragots, voire de convivialité. De plus, des personnages douteux fréquentaient parfois ces lieux, et leur réputation n'était donc pas toujours de bonne humeur. Mais le forgeron lui-même, en vertu de sa profession, était considéré avec respect, même après que son métier avait cessé d'inspirer au vulgaire une crainte mystérieuse. [102]

Dans le sud de l'Allemagne et au Tyrol, lorsqu'un forgeron se repose de son travail un samedi soir, il donne trois coups de marteau sur l'enclume, enchaînant ainsi le diable pour la semaine suivante. De même, lorsqu'il façonne un fer à cheval, il frappe l'enclume au lieu du fer tous les quatre ou cinq coups, et ainsi sécurise doublement la chaîne avec laquelle Satan est lié. [103]

Les forgerons sont généralement assez intelligents pour reconnaître le diable, même déguisés en gentleman.

Il était une fois le Malin qui se présentait à la porte d'un forgeron du village de Gossensass, sur la route du Brenner, au Tyrol, et souhaitait faire ferrer ses deux chevaux. Une fois le travail terminé, il demanda combien il devait payer ; mais l'astucieux forgeron refusa de prendre de l'argent et stipula seulement que son client ne rentrerait plus jamais dans la boutique, ce que le diable promit et s'en alla. [104]

Les magiciens de l'Hindostan, lorsqu'ils traitent des cas de prétendue possession démoniaque, après l'accomplissement d'autres rites mystiques, ont l'habitude d'asperger le patient avec de l'eau provenant d'une forge, l'eau ayant été dotée d'une vertu supplémentaire par l'immersion répétée du fer. [105]

Dans le nord-est de l'Écosse, un remède contre le rachitisme consiste à faire laver l'enfant par un forgeron dans l'abreuvoir de la forge. Ensuite, il est posé sur l'enclume et des instruments de fer sont passés sur lui, l'usage de chacun étant demandé, et la cérémonie est suivie d'un deuxième bain. Pour assurer l'efficacité de ce procédé, trois forgerons du même nom doivent y participer. [106]

Dans « Folk-Lore of the Northern Countries of England » de Henderson, p. 187, il est fait mention d'une remarquable méthode de traitement destinée au développement d'enfants maladifs et chétifs que l'on croit sous l'influence d'un mauvais sort qui retarde leur croissance, - un exemple notable de survivance de l'ancienne croyance dans le travail du forgeron. pouvoirs magiques. Très tôt le matin, le petit malade est amené chez un forgeron de la septième génération, s'il en est, et déposé tout nu sur l'enclume. Le forgeron lève son marteau trois fois comme pour frapper un fer à cheval rougeoyant, le laissant chaque fois tomber doucement sur le corps de l'enfant, cérémonie simple, mais grandement favorable au bien-être physique de l'enfant, dans l'esprit de ses parents rustiques.

Les maréchaux-ferrants des Arabes habitant les oasis du grand désert du Sahara sont exonérés d'impôts et jouissent de nombreux privilèges. Parmi ceux-ci, le plus important et le plus frappant, comme montrant l'honneur accordé aux hommes de ce métier, est le suivant :

Lorsque, sur le champ de bataille, un maréchal-ferrant à cheval est pressé par les ennemis, il court le risque d'être tué tant qu'il reste sur son cheval, les armes à la main. Mais s'il descend, s'agenouille et imite avec les coins de son manteau à capuche ou de son *burnous* les mouvements d'un soufflet, révélant ainsi son métier, sa vie est épargnée. [107]

Les Baralongs d'Afrique du Sud considèrent l'art de fondre et de forger comme sacré et, lorsque le métal commence à couler, nul n'est autorisé à s'approcher des fourneaux, sauf ceux qui sont initiés aux mystères de l'artisanat. [108]

En Finlande également, les forgerons sont profondément respectés et les plus grands luxes ne leur conviennent pas. On leur présente du cognac pour les garder de bonne humeur ; et un proverbe finlandais dit : « Du bon pain toujours pour le forgeron et des morceaux délicats pour le marteau ». [109]

Chez certaines tribus de la côte occidentale de l'Afrique équatoriale, le forgeron officie également comme prêtre ou guérisseur, et est un personnage principal de la communauté, qui embrasse souvent plusieurs villages adjacents. En fait, il semble exister dans différentes parties de l'Afrique une croyance assez générale selon laquelle les métallurgistes en tant que classe sont des êtres supérieurs, d'origine plus élevée que les membres de leur tribu. Lorsqu'un peuple sauvage, sans aucune connaissance de la maréchalerie, acquérait par la conquête un nouveau territoire et y trouvait des forgerons exerçant leur vocation, il regardait naturellement ces artisans avec un émerveillement non dénué de crainte. [110]

De plus, l'association ancienne, dans la mythologie et la tradition, du travail du métal et de la sorcellerie, semble expliquer dans une certaine mesure, comme nous l'avons déjà suggéré, la raison des propriétés magiques communément attribuées aux fers à cheval et aux articles en fer en général.

VIII. LE FEU COMME ÉLÉMENT EFFRAYANT

Le fer à cheval est un produit du savoir-faire de l'artisan à l'aide du feu.

Cet élément a toujours été considéré comme le grand purificateur et un puissant ennemi des mauvais esprits. [111]

Les Chaldéens vénéraient le feu et le considéraient comme une divinité, et parmi les nations primitives du monde entier, il a toujours été considéré comme sacré. Les Perses avaient des temples du feu, appelés *Pyræa* , consacrés uniquement à la conservation du feu sacré. [112]

Dans le Rig-Veda, le principal livre sacré des Hindous, le crépitement des fagots enflammés était entendu comme la voix des dieux, et la même superstition prévaut encore parmi les indigènes de Bornéo. [113]

Dans un fragment des écrits de Ménandre Protecteur, un historien grec du VIe siècle, il est raconté que lorsqu'une ambassade envoyée par l'empereur Justin atteignit Sogdiane, l'ancienne Boukhara, elle fut accueillie par un groupe de Turcs, qui entreprirent d'exorciser leurs bagages en battant des tambours et en sonnant des cloches dessus. Ils couraient alors autour des bagages, brandissant en l'air des feuilles flamboyantes, tout en cherchant, par leurs gestes et leurs mouvements, à repousser les mauvais esprits ; après quoi certains membres du groupe passèrent eux-mêmes par le feu comme moyen de purification. [114]

Le feu est particulièrement puissant contre les démons nocturnes, ainsi que contre les mauvais esprits qui causent des maladies chez le bétail. D'où l'utilité des anciens « feux de besoin », produits par le frottement de deux morceaux de bois, que l'on croyait être un antidote contre le murrain et les épizooties en général, coutume jusqu'à récemment en vogue dans les Highlands écossais et autrefois en usage. pratiquée dans de nombreuses autres régions.

Les feux d'été allumés la veille de la Saint-Jean, conformément à une ancienne coutume britannique, étaient considérés comme des purificateurs de l'air. De plus, toute la zone éclairée par ces incendies était censée être libérée de la sorcellerie pendant un an, et, en sautant à travers les flammes, les hommes et le bétail étaient assurés d'être à l'abri des démons pendant une période similaire. [115]

En Irlande, il était d'usage que les gens courent dans les rues la veille de la Saint-Jean en portant de longues perches sur lesquelles étaient attachées des bottes de paille enflammées, afin de purifier l'air, car à cette époque toutes sortes de lutins espiègles, de hobgobelins et de diables étaient à l'étranger, avec l'intention de causer des accidents du travail à des êtres humains. [116]

Des feux de Saint-Jean étaient encore allumés en Irlande dans la seconde moitié du XIXe siècle, survivance du culte païen du feu. Dans de nombreux pays, les gens se rassemblaient autour des feux de joie, tandis que les enfants sautaient à travers les flammes et que des charbons ardents étaient transportés dans les champs de maïs comme antidote au fléau. [117]

Parfois, les cendres restantes étaient dispersées sur les champs voisins, afin de protéger les récoltes de la vermine ou des insectes ravageurs ; et en Suède, la fumée des feux de détresse était réputée stimuler la croissance des arbres fruitiers et donner de la chance aux filets de pêche qui y étaient suspendus. [118]

Lorsqu'un enfant naît, les hindous allument des feux pour effrayer les démons ; et pour la même raison, les lampes sont balancées çà et là lors des mariages, et le feu est porté devant le cadavre lors des funérailles. [119]

Les brahmanes fervents entretiennent un feu constamment allumé dans leurs maisons et le vénèrent quotidiennement, espérant ainsi s'assurer une bonne fortune. L'origine du respect accordé au feu parmi ces peuples a été attribuée à sa puissance à soulager ou à guérir certaines maladies, [120] comme, par exemple, lorsqu'il est appliqué dans le cautère lui-même, ou au moyen du moxa ; car, partout où l'on croit à la possession démoniaque comme cause des troubles corporels, la guérison de ces derniers est la preuve que les esprits malins ont été mis en fuite.

Les Parsis adorateurs du feu entretiennent également un feu en permanence dans la chambre où ils se couchent ; et lorsqu'un enfant souffre pour une raison quelconque, ils attachent à son bras gauche un charme magique composé de mots écrits préparés par un prêtre, exorcisant les mauvais esprits au nom de leur divinité principale, Ormuzd, et « les liant par le pouvoir et la beauté ». de feu." [121]

A la naissance d'un enfant chez les Khoikhoi d'Afrique du Sud, on allume un feu domestique qui s'entretient jusqu'à la guérison du nombril de l'enfant ; et lorsqu'un membre de la tribu part à la chasse, sa femme prend soin d'entretenir un feu allumé à l'intérieur ; car, s'il était permis de sortir, le mari n'aurait pas de chance. [122]

La conception d'un forgeron médiéval en tant que maître et contrôleur du feu a été incarnée dans un groupe de figures modelées par le sculpteur autrichien Karl Bitter et placées à l'entrée sud du bâtiment administratif de l'Exposition universelle de Chicago en 1893. Le groupe, appelé « Fire Controlled », était composé d'une figure féminine, dont la main droite levée portait une torche, tandis qu'à ses pieds se tenait un forgeron musclé posant une masse sur la forme prostrée d'un démon du feu.

Au-dessus de ce groupe se trouvait une seule figure, du même artiste, représentant un forgeron debout devant son enclume, avec un marteau appuyé dessus, et à sa ceinture pendait une paire de pinces. Dans sa main gauche se trouvait un fer à cheval qu'il examinait. [123]

IX. LA FORME SERPENTINE DU FER À CHEVAL

On a avancé la théorie selon laquelle, dans les temps idolâtres antiques, le fer à cheval, dans sa forme primitive, était un symbole dans le culte du serpent, et que son usage superstitieux comme porte-bonheur pourrait provenir de là.

Cela semble assez plausible, dans la mesure où il y a une ressemblance entre le fer à cheval et le corps arqué du serpent, lorsque celui-ci est si alambiqué que sa tête et sa queue correspondent aux dents du fer à cheval.

Les serpents et les fers à cheval étaient autrefois gravés sur des pierres et des médailles, probablement comme symboles amulétiques ; [124] et devant une église de Crendi, ville du sud de l'île de Malte, on peut voir une statue ayant à ses pieds un symbole protecteur en forme de demi-lune entourée d'un serpent.

Le serpent a joué un rôle important dans le symbolisme asiatique et égyptien antique. On a pensé que cela était dû en partie à la croyance selon laquelle la trajectoire du soleil à travers les cieux formait une courbe serpentine, et en partie au fait que la foudre, ou le feu fertilisant, éclaire parfois la terre en zigzag comme un serpent. [125] Le serpent était doté des attributs de la divinité en raison de ses mouvements gracieux et faciles, de l'éclat de ses yeux, de la fonction de se débarrasser de sa peau (un processus considéré comme emblématique d'un renouveau de sa jeunesse), et son saut instantané sur sa proie. [126] Le culte des serpents est d'une grande antiquité, les premiers récits authentiques de cette coutume se trouvant dans les ouvrages astronomiques chaldéens et chinois. Il était presque universel parmi les nations les plus anciennes du monde, et cette universalité a été attribuée au souvenir traditionnel du serpent en Éden [127] et a donné naissance à l'opinion de certains auteurs selon laquelle le culte du serpent aurait pu être le culte du serpent. religion primitive de la race humaine. [128]

Sur les murs des maisons de Pompéi, on peut voir des figures de serpents, qui auraient été destinées à servir de symboles de conservation ; [129] et nous apprenons des « Vestiges romains étrusques » de MCG Leland que les paysans des régions montagneuses du nord de l'Italie, connues sous le nom de Romagne Toscane, ont l'habitude de peindre sur les murs de leurs maisons des figures de serpents avec les têtes et queues pointant vers le haut. Ceux-ci sont destinés à la fois comme amulettes pour éloigner les sorcières et comme porte-bonheur, et sont donc les pendants exacts du fer à cheval et du croissant en tant qu'emblèmes magiques. Plus les anneaux du serpent sont entrelacés, plus l'amulette est efficace ; l'idée étant qu'une sorcière est obligée de tracer et de suivre de ses yeux les circonvolutions entrelacées, et qu'en essayant de le faire, elle devient perplexe et est temporairement rendue incapable de faire du mal.

Dans les œuvres d'art romaines antiques, le serpent est parfois représenté comme un symbole protecteur. Dans certaines figures de fortune en bronze découvertes à Herculanum, les serpents sont représentés soit comme encerclant le bras de la déesse, soit comme enlacés autour de sa corne d'abondance, caractérisant ainsi, pour ainsi dire, l'idée de l'association intime du serpent avec la chance.

Les Phéniciens rendaient hommage aux serpents, et l'histoire montre que les Lituaniens, les Sarmates ou habitants de l'ancienne Pologne et d'autres nations de l'Europe centrale traitaient ces reptiles avec un respect superstitieux. En Russie également, les serpents domestiques étaient autrefois soigneusement élevés, car on pensait qu'ils apportaient la bonne fortune aux membres d'une maison. [130]

Le culte des serpents est encore pratiqué en Perse, au Tibet, à Ceylan et dans d'autres pays de l'Est. En Afrique occidentale également, le serpent est une divinité principale et les indigènes l'invoquent en période de sécheresse et de peste. [131] Un talisman ayant la forme d'un serpent, et connu sous le nom de *la sirena* , est en usage parmi les classes inférieures de Naples.

Dans le folklore des nations de Slavonie du Sud, le serpent est considéré comme un génie protecteur, non seulement des hommes, mais aussi des animaux domestiques et des maisons. Chaque être humain a comme divinité tutélaire un serpent, auquel sa croissance et son bien-être sont étroitement liés, et le meurtre de l'une de ces créatures sacrées était autrefois considéré comme un délit grave. Rencontrer un serpent a longtemps été considéré comme une chance dans certains pays. Le paysan slave du sud croit que celui qui rencontre l'une de ces créatures dès qu'il entre dans la forêt au printemps connaîtra la prospérité tout au long de l'année. Mais d'un autre côté, il considère comme un mauvais présage s'il aperçoit son propre serpent tutélaire. Heureusement, cependant, un homme ne sait jamais quel ophidien particulier est son tuteur spécial. [132]

La relation du serpent aux pierres sculptées ou gravées nous révèle le reptile comme encore un objet de vénération, sinon d'adoration, chez des nations très éloignées. Si l'on fouille parmi les tombeaux d'Egypte, d'Assyrie et d'Étrurie, on trouvera d'innombrables chevalières, cylindres et scarabées de pierres précieuses gravés de serpents ; celles-ci étaient proverbialement portées comme amulettes ou utilisées comme insignes d'autorité ; et, dans les temples et les tombeaux de ces pays et d'autres, les serpents sont gravés, sculptés ou peints, soit comme hiéroglyphes, soit comme formant des ornements symboliques de divinités ou de génies. En Inde, elles sont sculptées en s'enroulant autour de tous les dieux des temples rupestres qui marquent les tombes des rois et des héros, et les plus anciennes runes scandinaves sont inscrites dans les plis de serpents gravés sur des pierres. [133]

Dans les anciens temples mexicains, le symbole du serpent est fréquemment vu. L'approche du temple d'El Castillo, à Chichen dans le Yucatan, est gardée par une paire d'énormes têtes de serpent, et une seconde paire protège l'entrée du sanctuaire. Des figures de serpents apparaissent également dans les reliefs mosaïques des façades et à l'intérieur des murs du sanctuaire. De même, dans les temples de Palenque et d'autres villes du sud du Mexique, les serpents sont omniprésents dans les décorations et les sculptures. [134]

Des représentations de serpents sont aujourd'hui visibles sur les murs des maisons dans de nombreuses régions de l'Inde, et les villages ont leurs gardiens ophites spéciaux.

Le cinquième jour de la première ou moitié lumineuse du mois lunaire S'ravana, qui correspond presque au mois d'août, est célébré par les brahmanes en l'honneur du naga ou cobra. Certains détails intéressants sur les cérémonies de ces occasions sont donnés dans la « Cyclopédie de l'Inde » de Balfour. Nous apprenons de cette source que les femmes indigènes ont coutume, à de telles heures, de se joindre à la danse autour des trous de serpent, et aussi de se prosterner et d'invoquer des bénédictions ; tandis que d'autres s'inclinent devant des cobras vivants dans leurs propres maisons, ou adorent des figures de serpents.

Les visites des serpents sont très appréciées comme événements propices, et les reptiles sont sûrs d'un accueil hospitalier, car ils sont considérés comme des divinités tutélaires.

Ainsi, le serpent était considéré comme sacré par les nations de l'Antiquité, étant un élément important de toutes les mythologies et symbolisant de nombreuses divinités païennes.

Les femmes valaques de Turquie européenne, qui habitent des villages dans les chaînes de montagnes de Thessalie et d'Albanie, traitent les serpents avec un grand respect et même avec vénération. Si l'un des serpents blancs inoffensifs qui abondent dans la campagne a la chance d'entrer dans une maison, on lui donne de la nourriture et on le laisse sortir indemne, son apparition à l'intérieur étant considérée comme un événement heureux. Un tel traitement amical aboutit souvent à ce que le serpent soit domestiqué et reçoive le titre de « serpent de maison ». [135] Les Carinthiens ont également l'habitude de traiter les serpents comme des caresses, car ils considèrent que ces reptiles portent une chance proportionnellement au diamètre de leur corps ; c'est pourquoi ils sont nourris avec soin et reçoivent des bols de lait deux fois par jour. [136]

En effet, dans de nombreux pays, le serpent ou dragon, à l'origine gardien du trésor, est considéré comme le protecteur de la maison. La même conception est incarnée dans les gargouilles grotesques à tête de dragon si courantes dans l'architecture médiévale. [137]

Le Dr Daniel G. Brinton, parlant de la signification emblématique du serpent chez les aborigènes américains, remarque que ce symbole a toujours été associé aux mystères religieux.

De nombreux dérivés des mots hébreux et arabes pour serpent signifient la pratique de la sorcellerie, la consultation d'esprits familiers et les rapports sexuels avec des démons. [138]

Il ne semble donc pas improbable que l'amulette en fer à cheval ait acquis une partie des influences magiques qui lui sont attribuées grâce à sa forme serpentine.

Le symbole du serpent a fourni un thème à de nombreux écrivains, et de somptueux volumes attestent de son profond intérêt.

Les principaux points qui se rapportent à notre sujet actuel sont brièvement : (1) la similitude de forme entre le fer à cheval et une bobine serpentine, et (2) l'association d'idées qui en résulte dans l'esprit populaire. Le fer à cheval, lorsqu'il est symboliquement allié au serpent, représente une créature qui a toujours été un objet de superstition, que ce soit en tant que divinité, gardien de la maison ou incarnation du mal. Il suggère donc un pouvoir magique, qu'il soit bon ou mauvais, mais surtout l'idée d'une influence bienfaisante et protectrice.

X. L'ARC EN FER À CHEVAL DANS LES HIÉROGLYPHES CALEDONIENNES ANCIENNES

L'arc en fer à cheval était un emblème courant sur les monuments païens et est fréquemment vu dans les hiéroglyphes sculptés calédoniens, où on pense qu'il avait une signification particulière en tant que symbole protecteur. Le lieutenant-colonel Forbes Leslie, dans « The Early Races of Scotland », remarque que l'arc en fer à cheval était probablement emblématique du serpent en tant que puissance protectrice et bienfaisante, car cet arc ressemble beaucoup à une marque ou un attribut particulier de ce qu'on appelle *Nagendra*, le roi-serpent à capuchon, divinité principale de la tradition mythique de Ceylan. Il semble tout à fait inutile de se référer à ce propos à la mythologie cingalaise, dans la mesure où la ressemblance étroite entre la forme du fer à cheval et le corps arqué d'un serpent a déjà été commentée. Pour illustrer la théorie quelque peu unique selon laquelle l'ancien arc en fer à cheval, lui-même un symbole talismanique, comme la source originale de toutes les superstitions associées au fer à cheval moderne en fer, il peut être approprié de citer quelques lignes de l'autorité mentionné ci-dessus:-

Quelle que soit cette figure (l'arc en fer à cheval) qu'elle ait pu représenter pour nos ancêtres païens, il semble très probable que le fer à cheval ait tiré d'elle son pouvoir supposé de promouvoir la fortune de son propriétaire et de le protéger contre les calamités menacées, qu'elles soient conçues par des hommes ou des démons. La superstition s'accrochait au symbole consacré par l'antiquité, et imprimait même cet emblème du paganisme au christianisme qui le supplantait.

L'historien Diodorus Siculus a déclaré que les Chaldéens imaginaient la terre comme ayant la forme d'un bateau rond renversé. Les bateaux encore utilisés sur les fleuves Tigre et Euphrate ressemblent par leur forme à une ruche avec un renflement considérable au milieu. Gerald Massey (« The Natural Genesis », vol. ii. p. 63) dit que cette conception de la figure de la Terre

correspond au *signe égyptien Put* avec son creux en dessous. Diverses formes de cette formation du monde existent. Le fer à cheval en est un. *D'où sa valeur en tant que symbole de superstition.* La coiffure de la déesse égyptienne Hathor a la forme d'un fer à cheval. La lettre oméga (Ω) est une autre forme du même signe.

Le Révérend C. Vernon Harcourt, dans sa « Doctrine du Déluge » (vol. ip 141), suggère que la lune était autrefois considérée comme particulièrement sacrée lorsqu'elle se trouvait dans son premier quartier, car à cette époque elle ressemblait le plus à l'arche de Dieu. Noah, qui était en forme de croissant.

Encore une fois, on pense que la forme en fer à cheval est une survivance d'un ancien symbole religieux souvent vu dans les sculptures assyriennes et égyptiennes, signifiant la porte mystique de la vie.

Le *D* des alphabets italiques placés ⌒ révèle son origine picturale, tandis que le delta grec (Δ) représente une porte de tente. Le hiéroglyphe égyptien pour dix était ⌒ . Il est donc clair que le fer à cheval est la porte mystique réduite à sa forme la plus simple possible, et comme fétiche pour porter chance, ou comme talisman pour détourner le mauvais œil, il n'aurait de sens qu'avec les pointes. vers le bas. [139]

D'un point de vue scientifique, le fer à cheval, lorsqu'il est utilisé comme symbole protecteur, doit donc être placé avec son arc convexe vers le haut ; mais en tant que gage de chance, la position inverse est la bonne, sinon, selon une idée populaire, la chance peut se répandre.

Dans le nord de l'Allemagne et en Bavière, des figures de fers à cheval sont parfois gravées sur des bornes, comme par exemple sur une pierre qui sépare les hameaux d'Ellerbek et de Wellingdorf, banlieue de Kiel ; et encore une fois entre les domaines de Depenau et de Bockhorn, dans le Holstein moyen. Dans ces cas, l'idée en jeu est probablement celle de l'arc en fer à cheval bienfaisant, protégeant impartialement les intérêts des villages ou des domaines.

XI. LE FER À CHEVAL COMME SYMBOLE DU CHEVAL

Mais l'efficacité du fer à cheval en tant que protecteur des personnes et des bâtiments ne dépend pas uniquement de sa forme arquée, ni de sa forme bifurquée, ni encore de sa ressemblance imaginaire avec un serpent. Sa relation avec le *cheval* lui confère également une valeur talismanique ; car dans la tradition légendaire, cet animal était souvent crédité de qualités surnaturelles. Un mythe anglais attribue au cheval le caractère d'un porteur de chance, et le culte du cheval était en vogue parmi les premiers Celtes, Teutons et Slaves.

Dans l'Hindostan également, le cheval est considéré comme un animal porte-bonheur ; et lorsqu'un cavalier entre dans un champ de canne à sucre pendant la saison des semailles, l'événement est considéré comme de bon augure. Dans la même région, on pense que l'écume sortant de la bouche d'un cheval repousse les démons, qui auraient plus peur d'un cheval que de tout autre animal. Les indigènes du nord de l'Inde croient également que le cheval était à l'origine une créature ailée et que les protubérances cornées sur ses pattes indiquent l'endroit où les ailes étaient attachées. [140]

Dans la mythologie nordique, presque chaque divinité a son cheval particulier, comme la plupart des héros de l'Antiquité, car les nations païennes considéraient le cheval comme sacré et divin. [141]

La tradition raconte que lorsque la ville de Carthage fut fondée par Didon, la reine phénicienne, au IXe siècle AVANT JC , une prêtresse de Junon creusa la terre, sur ordre de l'oracle, et découvrit une tête de taureau. Cela était considéré comme insatisfaisant, car les bœufs et les bœufs étaient des animaux serviles sous le joug. Là-dessus, la prêtresse retourna la terre et trouva une tête de cheval, ce qui était considéré comme de bon augure, car le cheval, bien que parfois attelé à la charrue, était aussi un symbole de guerre et de gloire martiale. C'est pourquoi un temple de Junon fut construit sur place, et la figure d'une tête de cheval fut adoptée comme emblème par les Carthaginois et gravée sur leurs monnaies. [142]

Le Dr Ludwig Beck, dans son « Histoire du fer », déclare que dans les légendes teutoniques, le cheval était sacré pour Wodan ou Odin, qui montaient toujours, tandis que Thor se promenait sur son char ou marchait à pied. C'est de là, dit cet auteur, que le diable du moyen âge est représenté avec des sabots de cheval.

La réputation du cheval comme animal prophétique et divinatoire, même parmi les peuples chrétiens, est attestée par diverses traditions allemandes, dont voici un exemple. Lorsque les habitants de Delve, village du duché de

Holstein, s'apprêtaient à construire une église, le choix de l'emplacement fut déterminé de cette manière : une image de la Vierge était attachée sur le dos d'une jument bigarrée, qui était alors autorisé à se déplacer à volonté ; et il fut convenu que l'église serait érigée à l'endroit où la jument se trouverait le lendemain matin. Il s'avéra qu'il s'agissait d'un fourré de ronces voisin, et le nouvel édifice fut donc placé là et dédié à « Notre bien-aimée Dame au Cheval ». [143]

L'ancienne croyance dans les pouvoirs oraculaires du cheval est bien démontrée par une coutume autrefois en vogue parmi les Poméraniens. Au début d'une guerre, un prêtre posait trois lances à égale distance sur le sol devant le temple. Deux autres lances étaient ensuite penchées transversalement sur eux, la pointe reposant dans la terre. Après une prière, le grand prêtre faisait monter un cheval sacré, et s'il marchait trois fois de suite avec son pied droit en avant sur les lances sans trébucher, cela était considéré comme un bon augure, sinon non. [144]

Un cheval à tête de dragon, emblématique de grandeur, portant sur le dos le livre civilisateur de la loi, est l'un des quatre grands animaux mythiques des Chinois ; et les Tibétains ont un symbole similaire, qu'ils utilisent comme talisman porte-bonheur.

L'association du cheval avec la chance est également importante dans le mythe indien :

Le cheval-bijou du monarque universel, tel qu'aurait dû être Bouddha s'il avait pris soin de la grandeur du monde, transporte son cavalier à la manière de Pégase dans les airs dans la direction souhaitée, et il serait ainsi associé à l'idée de souhaits matériels. , et surtout la richesse et les bijoux. [145]

Parmi les classes inférieures des Hindous de Bombay, l'idée est répandue que les esprits sont effrayés par le bruit des sabots d'un cheval ; et on a pensé que cette superstition expliquait la coutume, en vogue parmi les Hindous en général, de demander au marié de monter à cheval lorsqu'il se rend à la résidence de la mariée. [146]

À Boukhara, lorsqu'un cheval trébuche en traversant un ruisseau à gué et que le cavalier est ainsi mouillé involontairement, cela est considéré comme un événement des plus heureux plutôt que comme un accident. Dans le même pays, on considère aussi comme chanceux de rencontrer un cavalier. [147]

Une raison en faveur de la théorie qui attribue les pouvoirs étranges du fer à cheval à son lien avec un animal porteur de chance est le fait que diverses parties de la charpente du cheval servent d'amulettes dans différentes localités. Ainsi, non seulement le fer à cheval, mais le sabot, ou même un seul os du pied, peuvent être utilisés à cet effet.

Dans l'île de Montserrat, les deux incisives d'un cheval sont transportées comme des porte-bonheur. [148] La croyance populaire de nombreuses personnes attribue aux poils d'équidés des vertus particulières. « L'honneur réside dans la crinière des chevaux » est un dicton de Mahomet, et en Turquie, la queue d'un cheval comme emblème est significative de dignité et de position exaltée.

Dans certains villages du Brandebourg, chaque nouveau-né, avant son premier bain, est placé sur un cheval, l'animal étant amené à cet effet dans la chambre. On pense que cela confère à l'enfant des qualités viriles pour la vie. Dans d'autres districts, les petits enfants sont autorisés à monter un poulain noir pour faciliter la coupe de leurs dents ; et les hennissements des chevaux sont censés être d'une importance favorable s'ils sont écoutés attentivement. La croyance populaire à ce sujet est illustrée par le dicton allemand « Il a de la chance », en référence à une chance extraordinaire. [149]

Les Irlandais pensent que le pouvoir magique du fer à cheval s'explique par le fait que le cheval et l'âne se trouvaient dans l'écurie où le Christ est né et sont donc des animaux toujours bénis.

La littérature romantique de l'Irlande apporte la preuve de l'existence d'une espèce de culte du cheval dans ce pays dans les temps anciens, et la tradition dit qu'il y avait autrefois des chevaux doués de facultés humaines. [150] Nous apprenons d'ailleurs de Tacite que les peuples teutoniques

ils utilisaient des chevaux blancs, comme les Romains utilisaient des poulets, à des fins d'augure, et devinaient les événements futurs à partir de différentes intonations de hennissements. C'est probablement pour cette raison que la découverte d'un fer à cheval est si universellement considérée comme une chance, certains des sentiments autrefois attachés à l'animal lui-même survivant encore autour du fer de son sabot. Car les chevaux, comme les chiens et les oiseaux, étaient universellement reconnus pour avoir une plus grande perspicacité dans l'avenir que l'homme lui-même. [151]

Le cheval figure parmi les insignes du Kent, le premier des royaumes anglo-saxons, et figure aujourd'hui sur les écussons des maisons de Hanovre et de Brunswick. [152]

L'une des formes de serment les plus solennelles prêtées à la veille d'une bataille exigeait qu'un guerrier jure « par l'épaule d'un cheval et le fil de l'épée » qu'il ne fuirait pas devant l'ennemi même si celui-ci était supérieur en force. . [153]

Au moment de la conquête du Pérou, les aborigènes indiens étaient étonnés à la vue des cavaliers espagnols, croyant que l'homme et le cheval ne formaient qu'une seule créature. Et on dit que Pizarro a dû sa vie à cette croyance superstitieuse ; car un jour, poursuivi par les indigènes, il tomba de son cheval, et les Péruviens qui furent témoins de l'accident, croyant qu'un animal s'était divisé par magie en deux, abandonnèrent la poursuite avec consternation. [154]

MD Conway, dans son ouvrage « Demonology and Devil-Lore », affirme que la superstition scandinave connue sous le nom de « jument-démon » est à l'origine de l'utilisation du fer à cheval contre les sorcières. En Allemagne, il existe un dicton faisant référence à l'oppression morbide parfois ressentie pendant le sommeil ou pendant le rêve, et qui est un symptôme d'indigestion : « Le cauchemar t'a envahi ».

Cette jument elfique monte également à cheval, et le matin, leurs crinières sont toutes emmêlées et ruisselantes de sueur.

Grimm dit que l'idée traditionnelle du Cauchemar semble osciller entre l'animal monté et l'animal monté, piétinant celui-ci, précisément comme le Diable est parfois représenté comme des cavaliers, et encore comme les prenant sur son dos à la manière d'un cheval.

Selon une croyance populaire bavaroise, le Cauchemar est une femme qui a l'habitude de se présenter le matin à la porte de la maison, demandant invariablement le prêt d'un article. Pour se débarrasser d'elle la nuit, il faut dire : « Venez demain recevoir les trois cadeaux blancs. » Le lendemain matin, la femme arrive et reçoit une poignée de farine, une poignée de sel et un œuf. [155]

Dans le nord de l'Angleterre, des pierres naturellement perforées sont accrochées à côté de la mangeoire pour empêcher la sorcière de nuit de monter à cheval. Dans un livre rare du XVIe siècle, intitulé « Les principales fonctions appartenant à l'équitation, par Tho. Blundenill, de Newton Flotman, à Norffolke », le curieux charme suivant est donné comme remède aux chevaux affectés par le cauchemar :

Prenez une Pierre Flynt qui

il a un trou dans sa propre chatte

Kynde, et accroche-le dehors

hymne et écriture dans un projet de loi :

In nomine patris , etc.

Saint Georges Notre-Dame Chevalier,

Il marchait le jour et lui aussi la nuit

Jusqu'à ce qu'il soit retrouvé,

Il est à son rythme et à son bord,

Jusqu'à ce qu'elle le veuille vraiment, elle le plie

Qu'elle ne viendrait pas pendant la nuit.

Là en tant que Saint Georges Notre-Dame Chevalier

Nommé trois fois Saint Georges.

Et accrochez cette Écriture sur lui, et laissez-le tranquille. Avec des charmes aussi appropriés que le vôtre, les faux Fryers dans le passé avaient l'habitude de charmer l'argent des bourses des Playne Folkes.

Les offrandes de boissons étaient autrefois versées à partir de récipients fabriqués avec des sabots de chevaux ; et les sorcières sont généralement censées boire avec avidité l'eau qui s'accumule dans les traces de sabots des chevaux. Les auteurs allemands spécialisés dans les traditions anciennes et le folklore s'accordent pour attribuer aux plongeurs en fer à cheval des propriétés magiques, dont l'origine est vaguement liée à l'ancienne conception païenne du cheval comme animal sacrificiel. [156]

Selon une fantaisie poétique populaire des anciens Teutons, les chevaux, animaux préférés et chéris de Wodan, étaient dotés du don de parole et de prophétie pendant les douze jours entre Noël et l'Épiphanie. En cette période sainte, ils avaient l'habitude de se réunir et de se partager confidentiellement leurs expériences et leurs épreuves de l'année écoulée ; et cette communion des esprits équins était le seul plaisir accordé aux nobles animaux, et expiait dans une certaine mesure le dur labeur qui était leur lot.

Même aujourd'hui, de nombreux paysans n'osent pas atteler leurs chevaux à la période de Noël et ne parlent même pas des animaux par leur nom, mais utilisent des épithètes et des circonlocutions affectueuses lorsqu'ils ont l'occasion de s'en référer à eux. La nuit de Noël, les valets dorment souvent dans la crèche ou sous celle-ci, et leurs rêves à ces moments-là sont prophétiques pour l'année à venir, car dans leur sommeil, ils peuvent entendre ce que disent les chevaux.

Afin de donner santé et vigueur aux animaux sans engager de dépenses supplémentaires en fourrage, le valet se promène de nuit, à l'époque de l'Epiphanie, trois fois autour de l'église du village, portant dans ses mains levées une botte de foin, qu'il donne ensuite aux chevaux. ; ou bien, la nuit de Noël, il vole du chou qu'il mélange ensuite au fourrage ; ou bien, avant d'aller à la messe de Noël de minuit, il dépose sur le tas de fumier une quantité de foin appelé « foin de messe », et, à son retour de l'église, celui-ci est donné aux chevaux. Certains paysans ont une méthode encore plus simple pour assurer le bien-être de leurs chevaux, qui consiste à poser le chiffon sur une haie les soirs de Noël, du Nouvel An ou de l'Épiphanie, puis à panser les animaux avec le linge chargé de rosée. tissu. [157]

Dans l'esprit populaire, on attribue aux chevaux des facultés extraordinairement aiguisées pour détecter les fantômes et les lieux hantés, qu'ils flairent instinctivement de loin. Le paysan de Thuringe ne bat pas son cheval lorsque celui-ci refuse de s'engager sur quelque sombre chemin forestier ; car le fouet est inutile contre les obstacles spirituels, alors qu'un *Paternoster* répété avec dévotion est généralement beaucoup plus efficace.

C'est une superstition bohème qu'un cheval voit tout décuplé, et que c'est la raison pour laquelle le noble animal se laisse conduire par un petit enfant. [158]

Lorsqu'un paysan de Brandebourg a acheté un cheval dans une ville voisine et le conduit chez lui, il descend de cheval à la limite de son propre village et, ramassant une poignée de sa terre natale, il le jette à la renverse par-dessus la ligne pour empêcher l'animal d'être transporté . enchanté. En Bohême, on pense que les principaux signes d'envoûtement chez un cheval sont les frissons, la transpiration abondante et l'émaciation. Un charme contre cela consiste à retourner sa chemise sur sa tête et à l'utiliser comme moyen pour toiletter l'animal, méthode qui peut être acceptable pour les jockeys et les auberges superstitieux, mais qui ne conviendra guère à un cheval exigeant. propriétaire. [159]

XII. DES TÊTES DE CHEVAUX COMME TALISMANS

Dans les premiers temps, il était d'usage d'utiliser des têtes de chevaux comme talismans, grâce auxquels les anciennes nations païennes pratiquaient également divers arts magiques. Grimm dit dans sa « Mythologie teutonique » que les Scandinaves avaient l'habitude d'attacher la tête d'un cheval à un poteau, la bouche étant maintenue ouverte avec un bâton. Les mâchoires béantes étaient alors tournées dans la direction d'où un ennemi était susceptible de venir, afin de lui jeter un mauvais sort. Cet appareil était connu sous le nom de piquet de dépit ou de poste de rien. Dans les « Antiquités du Nord » de Mallet (p. 156, 1890), il est raconté qu'Eigil, un célèbre barde islandais, lors de son bannissement de Norvège au IXe siècle, fixa un pieu dans le sol et y attacha une tête de cheval, en disant entre-temps : : "J'ai ici mis en place un enjeu de rien et je retourne mon bannissement contre le roi Eirek et la reine Gunhilda." Puis, pointant la tête du cheval vers l'intérieur de la Norvège, il poussa une imprécation solennelle contre les divinités protectrices du pays, invoquant le mal sur eux et exprimant le souhait qu'ils soient obligés d'erred et de ne jamais trouver de repos avant d'avoir conduit. le roi et la reine détestés. Dans ces cas-là, la tête de cheval était utilisée par magie comme instrument pour faire du mal à un ennemi, mais plus tard, le même symbole fut largement utilisé parmi les peuples du Nord comme talisman contre le *mal*.

Non seulement dans l'Antiquité lointaine, mais tout au long du Moyen Âge, le vieux procédé païen du bûcher a continué à être employé par les peuples teutoniques ; et même après la Réforme, jusqu'en 1584, le crâne d'une jument placé sur un poteau était un moyen privilégié pour chasser les rats et autres vermines en Allemagne. Le principe en jeu semble avoir toujours été le même, à savoir le pouvoir de conjurer le mal supposé être un attribut magique des têtes de cheval ; et ce pouvoir était non seulement efficace contre les ennemis humains, mais également contre les esprits du mal. [160]

Lorsque le général romain Cæcina Severus arriva sur le lieu de la défaite de Varus face aux tribus germaniques dirigées par leur chef Arminius, en l'an 9 après JC , près de la rivière Weser, il vit de nombreuses têtes de chevaux attachées aux troncs d'arbres. C'étaient des têtes de chevaux romains que les Germains avaient sacrifiés à leurs dieux. [161]

Au XVe siècle, une tribu sauvage connue sous le nom de Wends avait pour habitude de placer la tête d'un cheval dans la crèche ou la mangeoire pour contrecarrer l'influence des mauvais esprits et pour empêcher que leurs chevaux soient montés par la sorcière de la nuit. Et dans de nombreux pays, des notions analogues, véritables reliques du paganisme, existent aujourd'hui en pleine vigueur. Ainsi, dans le Mecklembourg et le Holstein, il est courant de placer des représentations en bois sculpté de têtes de chevaux sur les pignons des maisons comme protection, et lorsqu'elles sont fixées sur des poteaux à proximité des écuries, on pense qu'elles conjurent les épizooties. Dans le Mecklembourg également, on croit que les têtes de chevaux, placées sous les oreillers des malades, agissent comme fébrifuges, et en Hollande, on les suspend au-dessus des porcheries. Les parties antérieures des chevaux sont visibles sur les pignons des vieilles maisons des Alpes rhétiennes, « taillées dans les extrémités des principes qui se croisent ». [162]

On pense que l'utilisation de têtes de chevaux comme talismans a un lien avec les anciennes offrandes sacrificielles païennes de chevaux. L'adhésion à cette dernière coutume était autrefois considérée comme un gage de fidélité au paganisme, et à l'inverse, son renoncement était un signe d'adoption de la nouvelle religion. Au Xe siècle, le roi norvégien Hakon Athelstan, connu sous le nom de « Hakon le Bon », s'efforça avec persistance d'extirper l'idolâtrie païenne de son royaume, mais sans grand succès, en raison de la vigoureuse opposition de son peuple. Lors d'une de leurs grandes fêtes de Noël, le roi fut invité à manger de la chair de cheval comme preuve de dévotion à l'ancienne foi, et devant son refus de le faire, ils voulurent le tuer.

Une autre fois, le roi Hakon céda aux importunités de son peuple jusqu'à inhaler la vapeur d'une bouilloire remplie de bouillon de cheval. Il but également de la bière de Noël, tenant la coupe dans sa main gauche, tandis que de sa droite il faisait le signe de croix, que l'esprit païen considérait comme le symbole du marteau de Thor. Finalement, il fut même amené à manger quelques bouchées de chair de cheval, acte que son peuple accepta comme une garantie satisfaisante de son orthodoxie. [163]

Parmi les nations du Nord nouvellement converties, l'utilisation de la chair de cheval comme nourriture tomba en discrédit, et cette pratique fut considérée comme un sacrifice secret aux vieilles idoles, tandis que ceux qui s'y adonnaient étaient punis comme des païens obstinés. [164]

L'emploi de têtes de chevaux comme talismans, une coutume sans doute originaire du paganisme, a été pensé non seulement pour suggérer l'offrande sacrificielle d'un cheval, mais aussi pour symboliser la dédicace religieuse d'un bâtiment placé sous l'influence protectrice d'un tel symbole. Car parmi les anciens Teutons, le cheval était considéré comme le plus sacré des animaux, et les augures provenaient des hennissements des chevaux blancs dans leurs bosquets sacrés. Il existe en outre parmi les paysans allemands une croyance très répandue selon laquelle le fait de placer des représentations en bois sculpté de têtes de chevaux sur les pignons des maisons est un acte d'hommage à la Divinité, dont la bénédiction et la bénédiction sont ainsi invoquées sur les habitations ainsi ornées et sur les maisons. les détenus aussi. Cependant, lorsque les têtes sont tournées *vers l'extérieur*, afin de conjurer le mal, le principe en jeu s'apparente évidemment à celui de l'enjeu païen dont il a été question.

Le professeur Christian Petersen, de Hambourg, qui a étudié ce sujet il y a quelques années, a exprimé la croyance que chez les païens, chaque demeure était protégée par trois emblèmes talismaniques, à savoir : (1) sur le pignon une tête de cheval, ou la représentation d'un autre *animal*. ou oiseau; (2) à côté de la porte d'entrée un *balai*, comme préservatif contre la foudre ; et (3) sur le seuil un *fer à cheval*.

Le botaniste allemand Karl Friedrich von Ledebour, qui visita les montagnes de l'Altaï au début du siècle présent, écrivit que parmi les Kalmouks, un peuple nomade habitant cette région, il observa de nombreuses têtes et peaux de chevaux, reliques de sacrifices, placées sur des échafaudages ; et la direction des têtes des chevaux, pointant vers l'est ou l'ouest, indiquait si l'offrande sacrificielle était faite à une divinité bonne ou mauvaise. [165]

Autrefois, dans certaines régions de l'Allemagne, notamment dans le nord, il était d'usage de placer une tête de cheval au-dessus de la porte de l'écurie ; parfois aussi des chevaux étaient tués et leurs corps enterrés sous la pierre angulaire d'un bâtiment, afin de porter chance. Dans la même région, l'association des chevaux et des fers à cheval avec des influences chanceuses est partout évidente : un fer à cheval, lorsqu'il est trouvé, est soit transporté comme une amulette, soit placé sur le mur ou le seuil de la chambre ; et une jeune fille qui trouve un certain nombre de fers à cheval dans un an, ou qui voit cent chevaux blancs dans le même délai, se mariera avant la fin de l'année. [166]

En Moldavie, la tête d'un cheval ou d'un âne est très estimée en raison de ses propriétés magiques réputées et est considérée comme un puissant agent non seulement pour la production de sorcellerie, mais inversement comme un puissant antagoniste du mal. [167] Les enclos où sont gardés les animaux sont très communément protégés par un de ces talismans placé sur un pieu fourchu ; et le même dispositif est populaire comme protection contre les loups et les voleurs. [168] En Roumanie, le crâne d'un cheval est placé sur la porte d'une cour comme moyen de protection contre les fantômes, et en Toscane, il est également utilisé comme porte-bonheur. [169]

Les festivités de Noël à Ramsgate, dans le Kent, comportaient autrefois une activité particulière appelée « aller à hodening ». Une tête de cheval fixée sur un poteau était transportée à travers la ville par un groupe de jeunes gens vêtus de façon grotesque et faisant sonner des clochettes. En tirant une corde attachée à la mâchoire inférieure, la bouche du cheval s'ouvrait et se fermait avec un claquement. Dans ce cas, la tête de cheval était typique du bon Démon, menaçant et surmontant les puissances des ténèbres. [170]

Il semble qu'une contrepartie moderne de l'ancienne pratique païenne consistant à suspendre des têtes de chevaux aux arbres, en hommage à Wodan, existe toujours dans le Sussex, où les corps des chevaux sont suspendus par les jambes à des branches d'arbres horizontales, comme moyen de porter chance. au bétail. Et l'analogie évidente entre les deux coutumes d'époques très éloignées, l'offrande sacrificielle de chevaux sur des arbres pour conjurer le mal ou pour invoquer une protection, n'a pas échappé à l'attention des écrivains modernes. [171]

Les Ostiaks du sud de la Sibérie avaient l'habitude de suspendre la tête des chevaux aux branches des arbres et, pour protéger les abeilles de la sorcellerie, ils les plaçaient également près des ruches. [172]

En Bulgarie et chez les Osséten, tribu asiatique, les mêmes talismans sont apposés sur les palissades entourant les cours de ferme. L'ancien Germain plaçait une tête de cheval sur la girouette de sa grange, tandis qu'il accrochait un fer à cheval dans un lieu consacré, en offrande dépréciative au dieu du tonnerre et des tempêtes ; [173] et les Tartares de la province chinoise du Koukou-Nor cherchent à protéger leurs abeilles du « mauvais œil » en accrochant près des ruches soit un crâne, soit un pied, ou bien n'importe quel os de cheval.

Dans le Mecklembourg, un remède contre le délire fébrile consiste à placer un crâne de cheval sous le lit ; et dans certaines régions de Prusse, on traite certaines affections de la colonne vertébrale chez les enfants en baignant le malade dans de l'eau de pluie dans laquelle la tête d'un cheval a été trempée trois fois par jour pendant trois jeudis successifs. [174] Dans un curieux ouvrage ancien de M. Fugger (1854), l'auteur dit qu'un crâne de jument, fixé sur un poteau et placé dans un jardin, a un effet merveilleux en favorisant la croissance des plantes et des légumes, et, de plus, , garantit l'absence de rats et de chenilles. [175]

Les bergers magyars placent des crânes de chevaux et d'ânes comme talismans autour de leurs bergeries pour éloigner les loups de leurs troupeaux, et aussi pour empêcher les animaux herbacés autres que leurs moutons de manger l'herbe de leurs pâturages. De plus, lorsque, comme cela arrive parfois, une région de montagne ou de montagne acquiert parmi les paysans une réputation peu recommandable comme lieu de rencontre présumé des sorcières, des crânes de chevaux y sont placés afin d'empêcher de telles orgies inconvenantes, car, selon le rapport populaire, là où les sorcières rencontrent, l'herbe ne poussera pas. Celui qui aura le courage de visiter un tel endroit le vendredi saint à minuit avec un soi-disant *Luciastuhl* , une chaise ou un tabouret particulier fabriqué pendant la semaine de Noël, pourra voir les sorcières en train de se réjouir et peut facilement les disperser en leur jetant un crâne de cheval. au milieu d'eux. [176]

Les bohémiens qui habitent les terres limitrophes du Danube oriental ont coutume d'attacher les crânes de chevaux et de bétail sur les palissades qui entourent leurs cours de ferme, pour empêcher les sorcières et les mauvais esprits d'entrer dans les enclos. De même, les gitans de Transylvanie enterrent des crânes de chevaux sous le sol des cavernes terrestres qu'ils occupent en hiver ; et les tribus du sud de la Hongrie placent des talismans similaires sur les tombes de leurs parents, afin qu'aucune sorcière ne puisse fouler le sol sanctifié. [177]

Les sorciers et prestidigitateurs des chamanes se font passer pour des experts en sorcellerie et possèdent un savoir secret qui leur permet de contrôler les actions des mauvais esprits. Ils portent une longue robe en peau d'élan ornée de nombreux objets fétiches, comme des cloches et des morceaux de fer ; et pour les aider dans leurs rites magiques, ils portent des bâtons dont les sommets sont sculptés en forme de têtes de chevaux, et au moyen de ces bâtons ils peuvent sauter haut dans les airs. [178]

XIII. LE FER À CHEVAL COMME CHARME ANTI-SORCIERE PRÉFÉRÉ

L' *universalité* de l'usage du fer à cheval comme protection contre les mauvais esprits est en effet remarquable.

C'est le porte-bonheur anti-sorcière *par excellence* , ainsi que le symbole reconnu de chance, et, utilisé à ces fins, on le voit dans une grande partie du monde. Le fer à cheval est le plus souvent placé sur les portes d'entrée des habitations ; mais on pense également que les écuries en sont efficacement protégées, car « les sorcières étaient de terribles chasseurs de chair de cheval ». Dans « Folk-Lore of the Northern Countries of England » de William Henderson, nous lisons l'histoire d'un fermier de Durham qui était convaincu qu'un de ses chevaux avait été monté par des sorcières, car il l'avait trouvé baigné de sueur le matin. Mais après qu'il eut pris la précaution de clouer un fer à cheval sur la porte de l'écurie, et aussi d'accrocher un balai au-dessus de la mangeoire, les sorcières n'avaient pas pu se livrer à des promenades clandestines sur ses chevaux. Même si de nombreux honnêtes gens en Angleterre et ailleurs croient fermement aux sorcières et aux fers à cheval magiques, très peu d'entre eux peuvent donner des raisons plausibles à leur sujet.

Le fermier du Lancashire pense que les fées espiègles non seulement montent à cheval la nuit, mais chassent les vaches de la grange, volent le beurre et mangent le porridge des enfants ; aussi lui aussi appose-t-il des fers à cheval sur ses bâtiments.

Quiconque visite les hameaux de l'Oxfordshire ne peut manquer de remarquer les nombreux fers à cheval apposés sur les pittoresques chaumières au toit de chaume ; et les gens de la campagne du voisinage ne se contentent pas toujours d' *une* de ces protections populaires, car on en voit souvent deux ou trois sur les murs d'une habitation, invariablement placées pointes en bas.

Dans « Popular Antiquities » de Brand (vol. iii, p. 19, 1888), on peut trouver un article du Cambridge (Eng.) « Advertiser », qui raconte qu'un certain Bartingale, un charpentier et résident d'Ely, soupçonnait une femme nommée Gotobed de l'avoir ensorcelé et d'être la cause d'une maladie dont il était récemment atteint. Alors, lors d'une consultation des matrones du quartier tenue dans sa chambre, il fut décidé que le moyen le plus efficace de le protéger de l'influence néfaste de la sorcière présumée était de faire attacher trois fers à cheval à la porte. Un forgeron fut donc convoqué et une opération à cet effet fut pratiquée, à la grande colère de la prétendue sorcière, qui se plaignit d'abord au doyen, mais sa révérence se moqua de lui. Elle se précipita alors avec colère dans la chambre du malade et, miraculeux à dire, passa le Rubicon malgré les fers à cheval. Mais cet émerveillement cessa lorsqu'on découvrit que Vulcain avait remplacé les chaussures des ânes.

Miss Georgiana F. Jackson dit, dans « Shropshire Folk-Lore », que, dans la maison de son enfance à Edgmond, la porte de l'écurie était décorée de trois rangées de fers à cheval disposés en forme de triangle ; et les palefreniers disaient qu'ils étaient placés là pour exclure les sorcières.

Dans cette région aussi, un vieux fer à cheval placé au-dessus de la porte d'une chambre est un préventif du cauchemar.

À Shrewsbury, l'ancienne ville du comté du Shropshire, les talismans en fer à cheval sont visibles non seulement au-dessus des portes des maisons, mais aussi sur les barges qui naviguent sur la rivière Severn.

Récemment, on a signalé le cas d'une pauvre fille de Whatfield, dans le Suffolk, qui avait souffert d'une longue maladie, au cours de laquelle elle recevait quotidiennement la visite d'une vieille femme qui paraissait très soucieuse de son bien-être. Finalement, la famille de la jeune fille commença à soupçonner que cette vieille femme n'était autre qu'une sorcière ; ils firent donc attacher un fer à cheval au rebord de la porte extérieure. La précaution fut couronnée de succès, selon la légende, car la sorcière réputée ne put plus jamais franchir le seuil, et la jeune fille recouvra rapidement la santé. [179]

Aubrey, dans ses «Remains of Gentilisme», décrit le fer à cheval comme un moyen de protection contre les méfaits ou le pouvoir des sorcières, attribuant ses propriétés magiques au principe astrologique selon lequel Mars, le dieu de la guerre et le cheval de guerre, était un ennemi de Saturne, qui selon une idée médiévale était le seigneur des sorcières. [180]

Au cours de l'effervescence de la sorcellerie en Écosse, une certaine Elizabeth Bathcat fut inculpée pour avoir attaché un fer à cheval à la porte de sa maison « comme moyen diabolique d'instruction du Diable pour faire prospérer et réussir ses biens et toutes ses autres affaires ». » [181]

Selon une vieille légende, Saint Dunstan, l'ecclésiastique anglais polyvalent du Xe siècle, qui était un maréchal-ferrant habile et propriétaire d'une forge, fut invité par le Diable à ferrer son « sabot unique ». Dunstan, qui reconnut son client, accéda, mais pendant l'opération il causa tellement de douleur au Diable que celui-ci le supplia d'y renoncer. Cette demande fut entendue à condition que le Diable n'entre jamais dans un endroit où un fer à cheval était exposé. [182] La croyance populaire est que Sa Majesté satanique a toujours fidèlement respecté le contrat, et tout naturellement tous les moindres mauvais esprits ont suivi son exemple.

En Écosse, même au début du XIXe siècle, les paysans croyaient que les sorcières étaient capables de tirer le lait de tout le bétail de leur quartier en tirant sur une corde à cheveux, imitant l'acte de traite. Une telle corde était constituée de poils provenant de la queue de plusieurs vaches, dont le nombre exact était indiqué par des nœuds dans la corde. Tout en tirant sur la corde, les sorcières répétaient soit le charme suivant, soit un charme similaire :

Lait de vache et lait de jument,

Et toute bête qui donne du lait,

Entre St. Johnstone et Dundee,

Viens vers moi, viens vers moi.

La seule protection adéquate contre des farces aussi malfaisantes était assurée en clouant un fer à cheval à la porte de l'étable et en attachant des brins de sorbier avec un fil rouge à la queue de la vache. Si toutefois ces précautions étaient négligées, la sorcière coupable pourrait encore être découverte en plaçant les « culottes de gudeman » sur les cornes de la vache, une patte sur chaque corne ; et là-dessus l'animal, une fois relâché, était sûr de courir directement vers la maison de la sorcière. [183]

Dans de nombreux endroits, certaines maisons continuent encore aujourd'hui à avoir une mauvaise réputation d'abris de sorcières et de lutins. Dans ces cas, il semble probable que les propriétaires ou occupants de ces habitations ont négligé de se prévaloir de l'immunité accordée par les fers à cheval et autres garanties. Car personne, croyons-nous, n'a jamais soutenu sérieusement que les mauvais esprits, une fois solidement domiciliés, puissent être facilement expulsés. La familiarité avec leur environnement peut engendrer un mépris pour les amulettes. Il est cependant certain qu'une once ou deux de fer à titre préventif vaut mieux qu'une livre ou plus pour guérir. Lorsqu'une demeure est possédée démoniaquement, il faut chasser les démons d'une manière ou d'une autre, et pour cela on a recours aux exorcismes et aux cérémonies religieuses ou magiques. Selon les mots du poète Dryden (« Wife of Bath's Tale », i. 28) :

Et les frères qui parcourent les régions riches

Recourez aux riches fermiers et bénissez leurs demeures,

Et exorcisez les lits et traversez les murs.

Dans « Antiquitates Vulgares », d'Henry Browne (1725), l'auteur donne des instructions détaillées sur la manière appropriée d'exorciser une demeure hantée et dit que la maison qui est signalée comme étant vexée par des esprits doit être visitée quotidiennement par un prêtre pendant par semaine, des prières appropriées et des sélections scripturaires sont lues. Parfois, les procédures magiques supplantaient les exercices religieux et des experts en sorcellerie étaient employés pour débarrasser un manoir de ses locataires indésirables. L'annonce suivante tirée d'un journal de Londres de 1777 peut être citée ici de manière appropriée : -

MAISONS HANTÉES. — Alors qu'il y a des demeures et des châteaux en Angleterre et au Pays de Galles qui depuis de nombreuses années sont inhabités et tombent maintenant en ruine, parce qu'ils sont visités et hantés par de mauvais esprits ou par les esprits de ceux qui, pour des raisons inconnues, sont rendus malheureux, même dans le tombeau, gentilhomme qui a fait le tour de l'Europe, d'une tournure d'esprit particulière, et profondément habile dans la science abstruse et sacrée de l'exorcisme, offre par la présente son assistance à tout propriétaire ou propriétaire de tels locaux, et s'engage à rendre le ils sont également libres de la visite de tels esprits, quelle que soit leur cause, et les rendent habitables et utiles aux propriétaires. Lettres adressées au révérend John Jones, n° 30 St. Martin's Lane, dûment répondues et entretien accordé si nécessaire. [184]

XIV. LA POSITION DU FER À CHEVAL COMME PROTECTEUR DES BÂTIMENTS

On a supposé que le fer à cheval était placé à l' entrée *extérieure* d'un bâtiment à cause d'une ancienne superstition saxonne selon laquelle les sorcières étaient incapables d'exercer avec succès leurs ruses sur des personnes en plein air. [185] Le fer à cheval barre efficacement l'entrée des sorcières et des mauvais esprits, mais une fois l'entrée obtenue par ces créatures, il est impuissant à les expulser. Le fer à cheval à l'intérieur des portes perd donc une grande partie de son efficacité, mais reste néanmoins un emblème de chance.

Placé à l'extérieur de la porte, ou au-dessus de l'entrée d'une habitation, ou sur le seuil, le fer à cheval est facilement le premier parmi les ennemis invétérés des sorcières et des démons en général.

Riez si vous voulez, qui ne craignez ni les diablotins, ni les démons,

Pour qui la mort n'effraie pas, les fantômes ne s'approchent pas ;

Le long des nerfs desquels aucune vibration rapide ne se précipite,

Alors que la progéniture ténébreuse du crépuscule grouillant commence ;

Ce n'est pas à toi de ressentir la joie avec laquelle j'ai volé

Pour arracher la chaussure rouillée, usée mais porte-bonheur.

Je les ai souvent entendus bavarder à ma porte,

Les sorcières dont les danses battent la lande rétrécie ;

Je suis souvent sorti d'un repos hanté par des cauchemars,

Et j'ai haleté un *oro* de ma poitrine haletante,

Comme des formes qui ont disparu avant l'œil à moitié fermé

Avec effroi ils pourraient s'ouvrir, de leurs réjouissances s'envoler.

Désormais, bon fer à cheval, vaine sera leur chevauchée :

Leurs sorts sont déjoués et leur rage défiée. [186]

Edward Moor, dans ses « Fragments orientaux » (p. 455, Londres, 1834), raconte avoir un jour, en compagnie d'une bande de gamins, cloué un fer d'âne sous le seuil d'une pauvre femme du Suffolk soupçonnée de sorcellerie. . Lui et ses jeunes compagnons s'efforçaient ainsi de la garder toute la nuit à l'intérieur des portes, car les sorcières ne peuvent pas traverser le fer.

Un écrivain anglais [187] raconte avoir entendu une discussion animée dans le salon d'un débit de bière de Londres sur la question de savoir s'il était préférable de clouer un fer à cheval *derrière la porte* ou sur *le premier seuil* ; et des cas de chance extraordinaire ont été mentionnés comme le résultat direct de la puissance de l'amulette dans chaque position.

Mais il y a des raisons importantes pour le choix de la porte d'entrée, ou des parties qui y sont immédiatement reliées, comme endroit approprié pour exposer les fers à cheval en tant que gardiens de la maison.

Dans les premiers temps historiques et dans les communautés primitives, l'entrée d'une habitation était considérée comme un lieu sacré ; et de l'avis d'éminents savants qui ont étudié le sujet, le seuil était le premier autel familial. Un respect particulier pour la porte et le seuil prévaut aujourd'hui dans de nombreuses régions du monde, comme le montrent les nombreux rites cérémoniels en vogue parmi les tribus sauvages très éloignées et les peuples non civilisés. [188] En effet, la coutume de placer des amulettes et des charmes dans et autour des portes d'entrée des maisons, des écuries et d'autres bâtiments est presque universelle. En Russie, une croix est marquée sur le seuil pour éloigner les sorcières. En Lituanie, lorsqu'on construit une maison, on place sous le seuil une croix en bois ou un objet transmis de génération en génération. Là aussi, lorsqu'on ramène de l'église un enfant nouvellement baptisé, il est d'usage que son père le tienne un moment au-dessus du seuil, « afin de placer le nouveau membre de la famille sous la protection des divinités domestiques ». .» Les enfants malades qu'on suppose atteints du mauvais œil sont lavés sur le seuil de leur chaumière, afin qu'avec l'aide des Pénates qui y résident, la maladie puisse être chassée dehors. [189]

Sous le seuil des palais assyriens de Ninive, on trouva certaines images de monstres grotesques, comme par exemple une forme humaine à tête de lynx et un corps de lion à tête d'homme, qui étaient destinées à servir de divinités tutélaires. [190]

John Netten Radcliffe, dans son ouvrage « Fiends, Ghosts, and Sprites » (p. 43, Londres, 1854), dit que la superstition du fer à cheval est un vestige ou une relique du culte des gardiens de la maison ou des divinités, une pratique encore répandue. en vogue parmi les indigènes d'Ashantee, et aussi parmi les Bhutas de l'Hindostan. Dans certains comtés anglais, des pierres naturellement perforées sont accrochées derrière la porte ; et dans le Glamorganshire, les murs des maisons sont blanchis à la chaux afin de terrifier les esprits maléfiques errants. Qu'elle réussisse ou non, cette coutume est certainement efficace pour détruire les germes démoniaques de certaines maladies.

Les Canadiens français ne sont pas les moins superstitieux de l'humanité et ils ne négligent pas non plus complètement de prendre les précautions nécessaires contre l'entrée dans leurs maisons de mauvais esprits.

Ils ne répondent pas « Entrez ! quand on frappe à la porte, mais criez « Ouvrez ! » Cette coutume proviendrait d'une tradition actuelle selon laquelle une jeune femme répondait autrefois « Entrez ! » en réponse à un coup, le Diable entra aussitôt et l'emporta. [191] Là où de telles légendes trouvent une crédibilité sans réserve, il ne semble pas étrange que les fers à cheval et autres talismans soient privilégiés.

En Toscane, les médicaments magiques se prennent sur le seuil, ce qui joue également un rôle important dans la sorcellerie. L'une des raisons invoquées pour expliquer ce fait est que le seuil constitue la ligne séparant le monde extérieur, où les démons sévissent, de l'enceinte domestique, où habitent les êtres humains.

Un auteur affirme que c'est une loi fixe en démonologie que les esprits ne peuvent franchir le seuil et entrer dans une maison à moins d'y être préalablement invités, mais ajoute qu'il existe de nombreuses exceptions à cette règle. [192] Le poids de la preuve ne soutient pas ce point de vue, car les fées et les sorcières espiègles sont connues pour ignorer grossièrement les lois de l'étiquette et n'attendent pas une invitation pour entrer dans les habitations. Ce fait est en effet une des principales *raisons d'être* de l'usage des talismans à l'entrée des habitations.

Les habitants de la belle région forestière de Thuringe, dans le voisinage de laquelle ces lignes ont été écrites par hasard, ont l'habitude de fixer des fers à cheval sur le seuil de la porte de leur chambre, de peur qu'un gobelin grossier n'entre et ne perturbe leur sommeil. Mais la minutie de ces sylvestres ne se contente pas d'une chaussure ordinaire, même trouvée sur la route et vénérable par la rouille ; pour remplir sa fonction de talisman, un fer à cheval de Thuringe doit avoir été forgé par un célibataire ayant une vie saine et un bon caractère, la veille de la Saint-Jean. [193]

Dans les foyers allemands, le fer à cheval au-dessus de la porte est censé offrir une protection contre diverses apparitions, ainsi que contre le diable, la sorcellerie, la foudre, la maladie et les maux de toutes sortes.

La croix, symbole de la foi chrétienne, est le plus puissant de tous les talismans, mais on la voit rarement à l'entrée des habitations. Dans certains pays catholiques romains, le crucifix est en effet partout visible, non seulement dans les églises et les sanctuaires, mais au bord des routes, dans les champs et sur les murs extérieurs des maisons, mais il est rarement placé devant la porte d'entrée. En Hongrie, cependant, les Magyars marquent à la craie noire la figure d'une croix sur les portes de leurs écuries et y marquent également à nouveau l'emblème sacré chaque année au moment de Noël.

Le respect porté par les habitants du Tibet à leurs divinités domestiques ressemble quelque peu au culte de leurs *Lares* par les Romains d'autrefois, et trouve un parallèle dans l'honneur accordé à l'amulette préférée de la civilisation occidentale, le fer à cheval.

Les Tibétains installaient au-dessus des entrées de leurs maisons des talismans complexes, composés de divers objets mystiques, tels qu'un crâne de bélier auquel sont attachées des cornes, ayant disposé à la base du crâne des morceaux de bois sculpté représentant un homme et une femme, une maison, et d'autres symboles ; l'idée étant de tromper les démons et de leur faire croire que ces objets sont la véritable demeure et ses habitants. Les Tibétains croient que les démons sont ainsi trompés et que les images en bois sont les victimes de leurs desseins malicieux. [194]

Au loin, chez les tribus nomades du Turkestan, on voit parfois des fers à cheval cloués aux seuils des habitations, aux environs de l'ancienne ville de Merv ; et à l'intérieur des portes, près des entrées de ces habitations particulières, qui ressemblent à des cages à perroquets mammouths, des morceaux de lin ou de calicot, de quatre ou cinq pouces carrés, sont vus sur le revêtement mural en feutre, pour servir de réceptacles aux offrandes volontaires des les esprits errants qui peuvent franchir les barrières magiques des fers à cheval. [195]

Dans certaines régions, il existe encore une coutume séculaire consistant à placer sur les principales entrées des habitations des inscriptions, incarnant généralement une pensée ou une exhortation religieuse. Parfois, cependant, la phrase confie la maison et ses occupants aux soins de la déesse Fortune, ayant ainsi une signification proche de celle du symbole du fer à cheval. En

1892, l'écrivain a copié de nombreuses inscriptions trouvées au-dessus des portes de maisons du nord de l'Italie et de la Suisse, certaines d'entre elles étant écrites en latin, d'autres en allemand, français, italien et dans le dialecte romanche, courant en Engadine. En voici par exemple une provenant d'une maison du village suisse de Bergun, l'original étant en allemand : « Cette maison est entre les mains de Dieu ; Que la bonne chance entre et que la malchance reste dehors ! 1673. »

Beaucoup de ces inscriptions sont des versets bibliques, qui sont ici utilisés comme talismans, tout comme le pieux musulman emploie des phrases du Coran.

Voici encore la traduction d'une phrase allemande au-dessus de la porte d'une habitation du village d'Ober-Schönberg, près d'Innsbruck, Tyrol, copiée en 1897 :

Toutes les personnes entrant dans cette maison sont recommandées à la protection divine. Dieu et la Vierge Marie gardent tout cela, même si de puissants ennemis menacent, et si les éclairs et le tonnerre font rage au dehors !

Au-dessus de la porte d'une maison du village de Welschnofen, près de Botzen, le voyageur peut lire la phrase suivante : « Priez pour nous, saint Florian, afin que le feu ne nuise pas à notre demeure. » Au-dessus de l'inscription, un œil est peint, tandis qu'en dessous se trouve une image réaliste de saint Florian, le protecteur des bâtiments contre l'incendie, en train de verser de l'eau sur un toit en feu.

Les Bassamais, habitants de la Gold Coast africaine, à l'ouest d'Ashantee, utilisent certains objets fétiches pour la protection de leurs habitations. Ces amulettes, qui sont souvent de simples morceaux de bois peints en rouge ou des fragments de poterie, sont placées sur les portes de leurs huttes et sont censées offrir une grande protection contre les voleurs. [196] Un tel fétiche est probablement destiné à exclure également les mauvais esprits et constitue donc un substitut à la fois au fer à cheval et au chien de garde, ces gardiens de la maison si populaires dans les communautés civilisées.

Lorsqu'un Égyptien moderne revient d'un pèlerinage à La Mecque, il attache au-dessus de l'entrée de sa maison une branche d'aloès, qui est non seulement une preuve de son zèle religieux pour avoir accompli le saint voyage, mais est également considérée comme une protection contre les mauvaises intentions. intrus spirituels, et on le voit donc au Caire au-dessus des portes des maisons des chrétiens et des juifs.

Dans le nord de l'Écosse, autrefois, une branche de sorbier était placée au-dessus de la porte d'une ferme, après avoir été agitée pendant que les mots « Avaunt, Satan ! ont été solennellement prononcées. [197]

Vers 1850, le révérend Andrew A. Bonar, alors ministre adjoint de la paroisse de Collace, dans le Perthshire, en Écosse, trouva la coutume d'afficher des fers à cheval sur les portes des bâtiments agricoles si répandue qu'il crut de son devoir de protester contre cette pratique. une pratique au goût de paganisme. Mais ses efforts dans ce sens, bien que peu couronnés de succès, ne furent pas entièrement vains, car ses paroissiens superstitieux enlevèrent les fers à cheval de gardien à l'extérieur des portes et les clouèrent à l'intérieur. [198]

La *raison d'être* du fer à cheval à l'entrée des magasins et autres bâtiments fréquentés a été attribuée à la croyance selon laquelle, parmi les nombreuses personnes qui franchissent continuellement la porte, quelqu'un pourrait, sans être remarqué, apporter la malchance ou du travail. sottises. Mais ces protections constituent non seulement une barrière suffisante contre les sorcières et les sorciers odieux, mais sont également efficaces contre les fantômes et toutes sortes de créatures maléfiques. Lorsque l'étudiant d'Oxford « arbore son chêne » pour empêcher l'entrée intempestive d'artisans qui relancent, il exclut également les visiteurs amicaux ; mais le fer à cheval fidèle, par un processus de sélection naturelle, n'écarte que les esprits répréhensibles et constitue un obstacle redoutable au démon de la malchance.

XV. LE FER À CHEVAL CHANCEUX EN GÉNÉRAL

Il rit comme un rustre qui a trouvé un fer à cheval. — *Proverbe hollandais.*

Dans toute l'Allemagne, on croit qu'un fer à cheval trouvé sur la route et cloué sur le seuil d'une maison avec les pointes dirigées vers l'extérieur, est une puissante protection non seulement contre les sorcières et les démons, mais aussi contre le feu et la foudre ; mais, *inversée* , elle apporte le malheur. Cependant, dans l'est de la Pennsylvanie, même ces derniers temps, le fer à cheval est souvent placé avec les dents pointées vers l'intérieur, afin que la chance puisse se répandre dans la maison. Le fer à cheval conserve sa puissance de charme sur mer comme sur terre, et c'est depuis longtemps une pratique parmi les marins de clouer cette amulette préférée contre le mât d'un navire, qu'il s'agisse d'un bateau de pêche ou d'une grande embarcation de mer. , comme protection contre le Malin. Le fer d'un « cheval fantôme », la progéniture mythique d'un étalon aquatique, est particulièrement apprécié à cet effet par les marins écossais. [199]

En Bohême, il n'existe qu'une superstition exactement opposée à celle qui prévaut ailleurs, à savoir que quiconque ramasse un fer à cheval s'attire *ipso facto* le malheur, — exemple notable dans le folklore de l'exception qui confirme la règle. Les Bohémiens, cependant, croient qu'un fer à cheval cloué est un remède contre la folie. [200]

En règle générale, on a pensé que le degré de chance d'un fer à cheval trouvé par hasard dépendait du nombre de clous qui y restaient : plus il y avait de clous, plus il y avait de chance. [201]

Dans le Northumberland, les trous exempts de clous sont soigneusement comptés, car ils indiquent, probablement en années, combien de temps celui qui trouve la chaussure peut espérer se marier. [202] Les paysans du nord du Portugal préfèrent les chaussures de mule ayant un nombre impair de trous de clous, pour contrecarrer les influences maléfiques des sorcières redoutées et omniprésentes connues sous le nom de *Bruxas* . [203]

Dans le Derbyshire, il est d'usage d'enfoncer un fer à cheval, pointes vers le haut, entre deux dalles près de la porte d'une habitation. [204] Cette position est parfois expliquée en disant que, ainsi placée, la chance ne peut pas se répandre.

Dans un court poème intitulé « The Lucky Horse-Shoe », de James T. Fields, on raconte de manière amusante l'histoire d'un fermier qui ramassa un vieux fer à cheval sur la route et le cloua sur la porte de sa grange avec le pointes vers le bas. Mais, loin de lui porter chance, la Fortune le désapprouva désormais ; sa récolte de foin a échoué, une sécheresse a ravagé ses légumes et ses poules ont refusé de pondre.

Le bon fermier, découragé et perplexe, confiait ses malheurs à l'oreille compatissante d'un vieux voyageur qui passait par là, racontant combien les malheurs le poursuivaient depuis qu'il avait attaché le vieux fer à cheval.

L'étranger a demandé à voir la chaussure ;

Le fermier l'a mis en vue ;

Mais quand le vieil homme releva la tête,

Il éclata de rire et dit rapidement :

"Pas étonnant que le ciel te fronce les sourcils,

Vous avez cloué le fer à cheval à l'envers ;

Retourne-le et bientôt tu verras

Comment vous et Fortune serez d'accord.

Le fermier profita de cette suggestion amicale et retourna son gage de chance, sur quoi la déesse capricieuse le regarda avec un grand sourire. Sa grange fut bientôt remplie de foin, ses entrepôts étaient remplis des bons fruits de la terre, tandis que sa femme lui présentait des jumeaux.

Les agriculteurs pourraient bien faire attention *à la façon dont* ils clouent les fers à cheval sur les portes de leurs granges. Pour obtenir les meilleurs résultats, il semblerait opportun de placer deux de ces objets utiles sur chaque bâtiment de ferme, l'un avec les pointes en haut, l'autre inversée ; car de cette manière, ils peuvent non seulement espérer gagner les sourires de la Fortune, mais aussi tenir à distance respectueuses toutes les sorcières et tous les esprits hostiles.

Dans une histoire intéressante pour les enfants dans « St. Nicholas », avril 1897, de Rudolph F. Bunner, intitulé « Le fer à cheval de la chance », l'écrivain présente la chance sous le personnage et le costume d'un clown ou d'un bouffon errant, monté sur un cheval blanc. Ce voyageur jovial cherche un logement pour la nuit dans une ferme au bord de la route, et lorsqu'il a presque atteint sa porte hospitalière, son cheval jette une chaussure que le fermier s'empresse de ramasser et accroche soigneusement à un crochet au-dessus de la porte. Luck s'est avéré être un garçon très amusant et, après le dîner, il a diverti les enfants de la maison d'une manière royale, leur montrant, entre autres choses, comment laisser tomber des porcelaines et des verres sans les casser, et comment dévaler les escaliers sans se blesser. . La soirée se passa donc assez gaiement, et tous se retirèrent pour la nuit dans un état d'esprit heureux. Tôt le matin, le fermier fut réveillé par les éclaboussures de gouttes de pluie sur son visage et, se levant précipitamment, il découvrit que le toit avait eu une fuite et que son hôte était parti sans ménagement. Inquiétés par une telle conduite, le fermier et sa famille se précipitèrent à la poursuite de l'étranger en fuite, guidés par les empreintes de sabots de son cheval blanc ; et lorsqu'ils l'eurent rattrapé, le fermier reprocha à son défunt hôte d'avoir quitté si brusquement sa maison. Alors Chance répondit : « Je t'ai quitté, non pas parce que tu ne pouvais même pas clouer mon fer à cheval sur ta porte, mais parce que tu l'avais suspendu à l'envers, de sorte que la chance s'est épuisée par les extrémités, mais à cause de ta propre erreur. Vous m'avez fait confiance ; tu as fait confiance à la Chance. Ah ah ! »

Dans les districts les plus septentrionaux de l'Écosse existe une croyance selon laquelle si le premier fer mis au pied d'un étalon est accroché à la porte de l'étable, aucun mal ne s'approchera des vaches ; et dans la même région, si un fer à cheval est placé entre les maisons de voisins querelleurs, aucun des deux n'encourt aucun risque de malheur par suite des mauvais désirs de l'autre. [205]

Afin de prévenir les maladies imminentes du bétail et pour qu'il puisse prospérer pendant l'été, les paysans de Transylvanie placent des fers à cheval cassés dans les abreuvoirs des animaux le jour de la Saint-Jean, le 24 juin.

Dans le Lincolnshire, il n'y a pas si longtemps, régnait la coutume de « charmer » les frênes en enterrant des fers à cheval sous eux. On croyait que les brindilles d'un arbre ainsi doté de magie étaient efficaces pour guérir le bétail sur lequel une musaraigne avait couru ou qui avait été exposé au regard d'un mauvais œil. Pour guérir de tels cas, il suffisait de caresser doucement l'animal atteint avec une de ces brindilles. [206]

Il y a quelques années, un pêcheur de Golspie qui possédait un petit bateau a eu une chance extraordinaire dans sa pêche et, grâce à sa chance, il a pu acheter un bateau plus grand et vendre l'ancien à un voisin. À partir de ce moment-là, cependant, sa bonne étoile semblait décliner et les bonnes « prises » étaient rares. En pensant à cela, il se souvint d'un fer d'étalon qui était attaché à l'intérieur de son ancien bateau et qui lui avait été offert par un « sage ». Mais le bateau et le fer à cheval étaient désormais entre les mains de son voisin, qui affirmait avec raison que le gage porte-bonheur était désormais *sa* propriété, puisqu'il avait acheté « le bateau et son équipement ». Et depuis lors, le pêcheur inconsolable attribuait son manque de succès cette saison-là à sa propre folie de s'être séparé du fer de l'étalon. [207]

Le fer à cheval figure souvent dans les traditions maritimes comme moyen de protection des marins. Lorsque le navire fantomatique du Flying Dutchman rencontre un autre navire, certains membres de son étrange équipage s'approchent de ce dernier dans un bateau et les supplient de prendre en charge un paquet de lettres.

Ces lettres doivent être clouées au mât, sinon quelque malheur s'abattra sur le navire ; surtout s'il n'y a pas de Bible à bord, ni de fer à cheval attaché au mât de misaine.

Au mois de septembre 1825, la foudre frappa un brigantin qui mouillait dans la baie d'Armiso, dans l'Adriatique. Un marin fut tué par le verrou, et la tradition raconte que sur l'une de ses hanches on voyait la parfaite représentation d'un fer à cheval, pendant de celui cloué au mât de misaine du navire, selon la coutume en vogue sur la Méditerranée. [208]

La même coutume est courante dans les eaux intérieures allemandes, comme, par exemple, sur les bateaux fluviaux qui sillonnent l'Elbe au-dessous de Hambourg, et sur ceux qui naviguent sur la Trave, à Lubec. Sur ces derniers navires, les fers à cheval sont généralement attachés à l'étambot plutôt qu'au mât.

Dans un ouvrage allemand intitulé « Seespuk », par PG Heims, page 138, l'auteur remarque que, chez les marins, le vieil emblème païen, le fer à cheval, dont l'origine talismanique est si étroitement associée au sacrifice du cheval et à l'usage du cheval. La consommation de chair de cheval comme nourriture chez les nations païennes du Nord constitue encore aujourd'hui la protection la plus puissante à bord des navires contre la foudre et les puissances du mal.

Il existe relativement peu de petits navires chargés de bois, de fruits, de légumes ou d'autres marchandises, naviguant entre les ports de la mer Baltique, sur le mât de misaine ou ailleurs sur le pont, les fers à cheval ne sont pas cloués.

En effet, poursuit le même écrivain, ce symbole a également une signification notable dans l'art allemand, fait imputable moins à sa forme courbe et gracieuse qu'aux superstitions profondément enracinées, reliques des temps barbares, qui s'y accrochent pourtant.

Que nous considérions le fer à cheval comme un symbole de Wodan, la divinité principale des nations du Nord, comme tirant un pouvoir magique de sa forme en demi-lune, comme le produit d'une habileté surnaturelle dans le maniement du fer et du feu, ou comme appartenant au animal sacrificiel préféré de l'Antiquité, la source païenne de son usage superstitieux est également évidente.

Le fer à cheval, que ce soit comme amulette ou comme signe de chance, n'a rien à voir avec la religion chrétienne. Dans les deux cas, c'est un symbole totalement superstitieux et qui a des saveurs de paganisme ; c'est en fait un héritage de nos ancêtres païens, un signe barbare, indigne même d'être nommé en relation avec la croix sacrée. Pourtant, au fil des siècles, il a captivé l'imagination populaire, et son usage emblématique semble être aussi fermement établi aujourd'hui que jamais dans de nombreuses régions du monde.

On croit généralement que la découverte fortuite d'un fer à cheval augmente considérablement son pouvoir magique ; et certains auteurs prétendent en outre que c'est un axiome du folklore que les objets talismaniques présentés à l'attention, pour ainsi dire, sont des cadeaux directs de la déesse Fortune, et possèdent par conséquent une valeur particulière pour celui qui les trouve. Une telle notion est aussi clairement d'origine païenne que la coutume de s'incliner devant la nouvelle lune, ou de fixer des représentations de têtes de chevaux sur les pignons des maisons afin de terrifier les esprits maléfiques errants.

Dans « Curiosities of Popular Customs », de William S. Walsh (p. 665, 1898), il est dit que les peuples du Nord avaient l'habitude d'offrir des sacrifices à Wodan après la récolte, et que les petits gâteaux encore cuits à Saint-Martin Le jour du 11 novembre, dans toute l'Allemagne, a la forme d'une corne ou d'un fer à cheval, signe du dieu païen. Bien que cela ne soit pas susceptible de preuve, il semble hautement probable que nous ayons ici une autre relique d'idolâtrie. Il est d'ailleurs intéressant de noter que Wodan n'était pas seulement une divinité toute-puissante, correspondant au Zeus grec et au Jupiter romain, mais qu'il était aussi un grand magicien, et donc tout naturellement le fer à cheval, comme l'un des plus grands magiciens. de ses symboles, hérite d'attributs magiques.

En Toscane, un fer à cheval, une fois trouvé, est placé dans un petit sac rouge avec du foin, que les Toscans considèrent aussi comme un article porte-bonheur, et le double charme est conservé dans le lit de son propriétaire. [209]

Le Dr Robert James, médecin anglais du XVIIIe siècle et inventeur d'une poudre anti-fièvre bien connue, attribuait son succès dans l'acquisition d'une fortune à la chance qu'il avait d'avoir trouvé un jour un fer à cheval sur le pont de Westminster . La sincérité de sa foi a été attestée par l'adoption du fer à cheval comme blason familial.

Citations de marque tirées du MS de John Bell. « Discours sur la sorcellerie » (1705) comme suit : –

Protégez-vous des charmes diaboliques des hommes ou des bêtes. Il existe de nombreuses sorcelleries pratiquées de nos jours, contre lesquelles je voudrais à cette occasion rendre mon témoignage, et je vous demande donc sérieusement, qu'entendez-vous par votre observation des Temps et des Saisons comme étant chanceuses ou malchanceuses ? Que voulez-vous dire par vos nombreux sortilèges, versets, mots, si souvent répétés, prononcés à jeun ou à reculons ? Comment voulez-vous réussir en emportant avec vous certaines herbes, plantes et branches d'arbres ? Pourquoi, craignant certains événements, utilisez-vous des moyens si superstitieux pour les empêcher, en posant des morceaux de bois devant les portes, en portant une Bible simplement pour un charme, sans plus vous en servir ? Pourquoi avez-vous l'intention d'opposer la sorcellerie à la sorcellerie, de telle sorte que, lorsque vous supposez quelqu'un ensorcelé, vous tentez de le soulager par des incendies, des bouteilles, des fers à cheval et d'autres cérémonies magiques similaires ?

Dans certains pays catholiques, les prêtres ont coutume de marquer les vaches et les cochons sur le front avec la marque d'un fer à cheval, pour les assurer contre la maladie. [210] C'était d'ailleurs une vieille superstition écossaise, ou *freet* , de passer trois fois un fer à cheval sous le ventre et sur le dos d'une vache considérée comme abattue par un elfe. [211]

Chez les habitants wendes du *Spreewald* , dans le nord de l'Allemagne, l'heureux découvreur d'un fer à cheval prend soin de ne parler à aucun voisin de sa bonne fortune, mais se met aussitôt à attacher le fer à cheval sur la porte de sa maison, ou sur le seuil, avec trois clous et trois coups de marteau, afin que les mauvais esprits n'entrent pas.

Nous avons vu qu'un fer à cheval ramassé sur la route est souvent considéré comme une acquisition non négligeable par celui qui le trouve. Il n'est peut-être pas déplacé de donner ici une traduction littérale d'un sortilège destiné à protéger le sabot d'un cheval lorsqu'un fer a été perdu. L'original parut dans « Anzeiger » de Mone en 1834, et est écrit dans le dialecte connu sous le nom de « moyen haut allemand », qui fut en vogue du XIIe au XVIe siècle :

Lorsqu'un cheval a perdu un de ses fers, prends un couteau à pain et incise le sabot au bord d'un talon à l'autre, et pose le couteau en croix sur la semelle et dis : « Je te commande, sabot et corne, que tu violes aussi peu que Dieu le Seigneur a violé sa Parole, lorsqu'il a créé le ciel et la terre. Et tu prononceras ces paroles trois heures de suite, et cinq *Paternoster* et cinq *Ave Maria* à la louange de la Vierge. Alors le cheval ne boitera pas jusqu'à ce que tu atteignes une forge.

Les Allemands disent à propos d'une jeune fille égarée : « Elle a perdu un fer à cheval ». Ce dicton a été associé à la chaussure comme symbole du mariage, une idée que l'on retrouve à la fois dans les mythologies nordiques et indiennes. Mais on a également pensé que l'expression faisait référence à la *gloria* en forme de fer à cheval qui couronne la tête de la Vierge, le fer à cheval devenant ainsi le symbole de la chasteté vierge. [212] Encore une fois, il a été suggéré, en référence à la même phrase, que le fer à cheval est un symbole du V (ou première lettre du mot *Vierge*), qui est utilisé dans les registres paroissiaux pour désigner l'état de célibat, tout comme le mot « célibataire » est utilisé dans les documents juridiques.

Les anciens Irlandais avaient l'habitude de suspendre dans leurs maisons les pieds et les jambes de leurs chevaux décédés, accordant une valeur particulière aux sabots ; [213] et chez les Chinois d'aujourd'hui, un sabot de cheval accroché à l'intérieur est censé avoir sur une habitation la même influence protectrice qu'un fer à cheval a ailleurs. Dans le sud-ouest de l'Allemagne, il est encore courant de clouer un sabot sur la porte de l'écurie ; et aux Pays-Bas, on pense qu'un pied de cheval placé dans une écurie empêche les chevaux d'être ensorcelés. [214]

Burton, dans son « Anatomie de la mélancolie », admet croire aux vertus d'un anneau fabriqué à partir du sabot du pied droit d'un âne, lorsqu'il est transporté comme une amulette.

Parfois, bien que rarement, on pense que le fer à cheval a été utilisé par les sorcières elles-mêmes pour réaliser leurs desseins malicieux.

Dans la « Revue des traditions populaires », vol. ii. En 1887, on raconte l'anecdote d'un vétéran cavalier polonais qui avait servi sous Napoléon Ier. Alors qu'il bivouaquait avec un détachement de lanciers dans un village de la Prusse orientale, lui et plusieurs autres logèrent dans la maison d'une vieille paysanne, et leurs chevaux furent hébergée dans sa grange. On remarqua bientôt que les animaux semblaient déprimés et refusaient le foin et les céréales qui leur étaient fournis, après quoi les soldats conclurent qu'ils étaient sous un certain charme et commencèrent à en rechercher la cause. Ils trouvèrent bientôt un vieux fer à cheval avec trois clous restés dedans, et l'un d'eux fut rapidement arraché avec un marteau. Immédiatement, les chevaux se mirent à renifler et montrèrent des signes d'agitation. Après avoir retiré le deuxième clou, ils relevèrent fièrement la tête, et lorsque le troisième clou fut enfoncé, ils tombèrent sur leur nourriture et la dévorèrent avec voracité. Les cavaliers étaient désormais convaincus que leurs chevaux avaient été victimes de quelque diablerie de la part de leur hôtesse, qu'ils croyaient être une sorcière. Avant leur départ, ils lui donnèrent donc une bonne raclée avec leurs fourreaux de sabre, pour lui apprendre à ne pas pratiquer ses arts néfastes sur les chevaux des honnêtes gens.

XVI. LE FER À CHEVAL COMME SYMBOLE Phallique

Il suffira simplement de faire allusion à la théorie de l'origine phallique de l'usage superstitieux du fer à cheval, branche de notre sujet susceptible de beaucoup d'élaboration. Le fer à cheval est toujours la figure conventionnelle du *yoni* (un emblème phallique) dans les temples hindous modernes. Cette théorie est discutée dans « Ancient Faiths incarnationd in Ancient Names », par Thomas Inman, MD, Londres, 1873 ; et dans « A Discourse on the Worship of Priapus », par Richard Payne Knight, Esq., Londres, 1865.

Les ornements phalliques sont d'une grande antiquité, et des amulettes de ce genre ont été trouvées dans les premières tombes étrusques. Des spécimens sont également visibles dans les différents musées italiens.

Le symbole *yoni* garde les entrées des temples antiques au Mexique et au Pérou, ainsi qu'en Inde.

Les pierres sacrées mexicaines ornées en forme de fer à cheval, reliques des anciennes tribus mayas, sont classées au Musée national de Washington, DC, comme représentatives de la fécondité et du culte de la nature ; et les symboles du fer à cheval se trouvent dans les manuscrits aztèques relatifs à l'agriculture comme signes d'abondance. [215]

En Afrique du Nord, on voit des charmes phalliques au-dessus des entrées des maisons et des portes des tentes pour détourner le mauvais œil et apporter santé et bonne fortune. De nombreuses informations sur ce sujet peuvent être trouvées dans un chapitre sur le serpent et le culte phallique dans « Rivers of Life », du major-général JGR Forlong, Londres, 1883 ; et dans un essai sur « Phallism in Ancient Religions », par C. Staniford Wake, 1888.

Sur une curieuse tablette trouvée près d'un monticule préhistorique à proximité du village de Cahokia, comté de Saint Clair, Illinois, sont représentés des visages humains avec des profils en forme d'oiseau, des yeux en forme de losange et des fronts bas surmontés de couronnes ou de coiffes ornementales. . Les bouches sont grandes ouvertes et devant elles sont représentés des symboles ayant une forme de fer à cheval bien définie. Ces symboles, bien que probablement d'origine phallique, signifieraient le principe de vie résidant dans le souffle, tout comme en Inde le fer à cheval est un emblème de l'âme. [216]

XVII. LE FER À CHEVAL COMME SYMBOLE SUR LES PANNEAUX DE TAVERNE

Le fer à cheval, généralement associé à un autre symbole, est souvent vu sur les enseignes des tavernes britanniques. Il existe une hôtellerie bien connue portant ce signe et ce nom sur Tottenham Court Road à Londres. Pour citer « The History of Signboards », de Jacob Larwood et John Camden Hotten : —

Les trois fers à cheval ne sont pas rares, et le fer unique peut être rencontré dans de nombreuses combinaisons, découlant de la vieille croyance en ses influences heureuses. Ainsi, le *cheval et le fer à cheval* étaient le signe de William Warden à Douvres, comme le montre son jeton. Le *soleil et le fer à cheval* sont toujours une enseigne de pub dans Great Tichfield Street, et la *pie et le fer à cheval* peuvent être vus sculptés dans Fetter Lane ; la pie est perchée dans le fer à cheval, à laquelle est suspendue une grappe de raisin. Les *cornes et le fer à cheval* sont représentés sur le jeton de William Grainge, dans Gutter Lane, 1666, un fer à cheval dans une paire de bois. Le *cerceau et le fer à cheval* de Tower Hill s'appelaient autrefois le *fer à cheval* .

Miller Christy, dans son livre « The Trade Signs of Essex », affirme que les signes en fer à cheval doivent probablement leur origine en partie au fait que ce symbole apparaît sur les armoiries de la Farriers' Company, et en partie à l'ancienne pratique consistant à attacher un fer à cheval sur la porte de l'écurie ou ailleurs pour effrayer les sorcières. Dans le comté d'Essex, le fer à cheval peut être vu sur les enseignes des brasseries de Great Parndon, Braintree, Waltham Abbey et High Ongar.

Il y avait autrefois plus d'une auberge réputée à Londres connue sous le nom de Half-Moon, et une rue de ce nom, partant de Piccadilly, est bien connue. Le nom et le symbole de la *pleine* lune apparaissent cependant rarement sur les panneaux. Butler demande dans « Hudibras : » —

Dis-moi, mais quelle est la cause naturelle,

Pourquoi sur un panneau aucun peintre ne dessine

La pleine lune, mais la demi-lune ?

La raison en est sans doute due aux auspices favorables associés depuis des temps immémoriaux au croissant de lune.

Il n'est guère nécessaire d'accepter comme plausible l'explication parfois proposée, à savoir que le symbole de la taverne en demi-lune est une invitation silencieuse à manger et à boire à sa pleine capacité ; une suggestion, pour ainsi dire, pour suivre l'exemple du croissant de lune et « se rassasier ».

XVIII. FERRURES À CHEVAL SUR LES PORTES D'ÉGLISE

L'origine du fer à cheval comme charme a été attribuée à sa ressemblance avec l'auréole ou *ménisque métallique* autrefois placé sur la tête des images des saints patrons dans les églises, et qui est également représenté dans les anciennes images de la Vierge.

Cette auréole, ou plus exactement *nimbus* , était probablement d'origine païenne, car dans les premiers temps, des cercles d'étoiles ornaient fréquemment les têtes des statues des dieux, comme emblème de la divinité. En parlant de certaines reliques anciennes trouvées en Irlande, MWG Wood-Martin (« Pagan Ireland », p. 492) dit :

De fines plaques en forme de croissant, dont les extrémités se terminent par des disques circulaires plats, sont les ornements les plus fréquemment découverts. Dans leur forme, ils sont identiques aux ornements en forme de demi-lune en usage chez les Grecs et les Romains, ainsi qu'aux *nimbi* des sculptures de l'école byzantine ; et ils ne diffèrent que peu de l'anneau qui est maintenant conventionnellement placé autour de la tête d'un saint. Cette gloire remonte donc au paganisme. La plaque en forme de croissant semble avoir été principalement l'insigne d'une personne distinguée, un chef ou un roi ; puis il devint l'emblème d'une personne considérée comme très sainte, car en Irlande, dans les premiers jours du christianisme, les saints étaient principalement issus de l'aristocratie.

Dans la collection de la Royal Irish Academy se trouve un diadème ou diadème doré, qui aurait été trouvé dans le comté de Clare. On pense que cette relique, qui mesure environ un pied de hauteur et autant de largeur, était la coiffure d'un chef païen ou des premiers chrétiens.

Dans les premières années de l'Église, ces symboles du croissant étaient évités car ils conféraient une saveur païenne ; mais sans aucune réflexion sur sa signification, il devint habituel au Moyen Âge de placer une plaque circulaire en laiton sur la tête des statues pour les protéger de la neige ou de la pluie. De là est née la pratique consistant à orner de la même manière des images et des peintures dans les églises. [217]

Plus tard, ces pièces de métal en forme de croissant étaient parfois clouées à l'entrée des églises et étaient ainsi considérées comme des emblèmes protecteurs. [218] Le fer à cheval était un substitut facilement disponible à l'auréole ou à la gloire et était donc souvent placé sur les portes des églises, en particulier dans le sud-ouest de l'Angleterre, car on croyait généralement autrefois que les mauvais esprits pouvaient entrer même dans les églises. édifices consacrés. Aubrey, dans ses « Miscellanies », mentionne avoir vu sous le porche de l'église de Staninfield, dans le Suffolk, une inscription en forme de fer à cheval, destinée à exclure les sorcières, et il remarque naïvement qu'on imaginerait que l'eau bénite suffit amplement pour le but.

Sur la porte sud de l'église paroissiale d'Ashby-Foville, dans le Leicestershire, se trouvaient autrefois deux anciens fers à cheval de grande taille, l'un d'eux mesurant 16 pouces sur 11 pouces et demi, soit plus de deux fois la taille d'un sabot moderne moyen.

Comme il semble peu probable que de telles chaussures aient été conçues pour s'adapter aux pieds des chevaux, en l'absence d'informations traditionnelles à leur sujet, il semble probable qu'elles étaient destinées uniquement à empêcher l'entrée des sorcières. [219]

Dans l'église Saint-Martin de Canterbury, la plus ancienne d'Angleterre, le sacristain montre aux visiteurs l'emplacement d'une ancienne porte anglaise du côté sud et d'une porte normande au milieu du mur nord, toutes deux bouchées depuis longtemps. Les enfants à baptiser étaient autrefois amenés dans l'église par l'entrée sud, et après la cérémonie, la porte nord était grande ouverte pour permettre la sortie des mauvais esprits expulsés par le baptême. Car dans les premiers temps, on croyait que les démons venaient du nord, où se trouvaient également les habitations des dieux nordiques. Les païens, lorsqu'ils adoraient leurs divinités, regardaient vers le nord ; mais les chrétiens engagés dans la prière tournaient leur visage vers l'est et levaient les mains ; ils considéraient le Nord comme « le quartier païen maudit ». Les régions arctiques inexplorées, où la nuit régnait la plupart du temps, passaient pour appartenir spécialement au Diable, ou esprit des ténèbres ; [221] et la même idée est véhiculée dans plusieurs passages de l'Écriture Sainte, comme, par exemple, dans Jérémie IV. 6 : « Je ferai venir du nord le mal et une grande destruction. »

Au Moyen Âge, les rosaces des transepts nord et sud de Lincoln Minster étaient appelées les deux yeux de la cathédrale, le premier étant connu sous le nom d'œil du *doyen*, toujours aux aguets contre les attaques de Lucifer, qui avait sa demeure. aux côtés du nord » (Ésaïe XIV, 13) ; tandis que la fenêtre du transept sud s'appelait l' *Œil de l'évêque*, « courtisant l'influence du Saint-

Esprit, dont le vent du sud était un type ». À propos des mauvais esprits pénétrant dans des lieux consacrés, il existe une légende pittoresque à propos d'une petite figure de pierre représentant le *Lincoln Imp* , que l'on peut voir perchée sur le corbeau d'une colonne du côté nord du chœur des anges de la même cathédrale. Selon une version de la légende, lorsque l'évêque Remigius vint à Lincoln, dans l'année qui suivit la conquête normande, le Diable fut durement éprouvé ; car jusque-là il avait eu le contrôle tranquille des affaires de la ville et du quartier. En vain, le Malin chercha à empêcher l'achèvement de l'église, et finalement il attaqua l'évêque à l'extérieur du bâtiment et tenta de le tuer. Mais le bon évêque, en ce moment critique, fit appel à l'aide de la Bienheureuse Vierge Marie, et elle envoya une tempête de vent qui secoua et distraya tellement le Diable qu'il chercha refuge à l'intérieur de l'église, n'osant pas s'aventurer à cause du vent violent. qui prévaut une bonne partie du temps encore de nos jours, et qui attend toujours la réapparition du Diable !

L'évêque, nous le savons, est mort depuis longtemps ;

Le vent attend toujours, et il ne partira pas

Jusqu'à ce qu'il ait une chance de battre son ennemi ;

Mais le Diable a sauté sans boiter,

Et a immédiatement pris forme sous le nom de Lincoln Imp.

Et là, il est assis au sommet de la colonne,

Et sourit aux gens qui regardent si solennellement.

De plus, il se moque du vent en bas,

Et dit : « Vous pouvez attendre jusqu'à la fin du monde, ô ! » [222]

Dans le sud de l'Allemagne, en Bavière et au Tyrol, le symbole du fer à cheval est visible sur les portes des églises, comme emblème de Saint Léonard, le gardien et protecteur des chevaux et des voyageurs ; et il est généralement associé à une légende romantique, ayant souvent une base historique. Les traditions relatives aux fers à cheval sur les portes des églises sont en effet abondantes dans la littérature populaire allemande, et quelques exemples sont donnés plus loin. La Saint-Léonard, le 6 novembre, avait ses célébrations spéciales. Les paysans avaient l'habitude d'amener leurs chevaux dans une église dédiée à ceux qui en étaient dignes et de les faire faire trois fois le tour du bâtiment sacré, une procédure considérée comme de très bon augure. [223] Il était d'ailleurs d'usage que les nobles, avant de partir en voyage à cheval, attachaient un fer à cheval à la porte de l'église, en guise d'ex-voto à saint Léonard. [224]

Un honneur particulier est accordé à ce saint le jour de sa fête, à Fischhausen, un village portuaire du nord-est de la Prusse. A cette occasion, l'église paroissiale est entourée de charrettes de ferme et d'autres véhicules tirés par des chevaux gaiement décorés, car ici les gens de la campagne ont un grand rendez-vous ; des jeunes femmes en tenue de fête conduisent ici les vaches amenées de leurs quartiers d'été dans les pâturages d'altitude, afin qu'elles puissent elles aussi participer aux festivités. Un service religieux, largement suivi par les paysans, a d'abord lieu dans l'église, suivi ensuite par les exercices en plein air, dont une caractéristique principale consiste à conduire les chevaux trois fois autour du bâtiment à un rythme rapide. [225]

Il y a de nombreuses années, lors d'une grave épizootie dans le Wurtemberg, les habitants retiraient les fers de leurs chevaux et les accrochaient aux murs des églises en guise d'offrandes propitiatoires. Divers autres instruments en fer, tels que des traces de chaîne, étaient ainsi exposés de la même manière.

Une ancienne chapelle Saint-Léonard, dans la ville de Laupheim, est entourée d'une chaîne de fer, qui aurait été forgée à partir de fers à cheval ainsi pieusement apportés. [226] La plus grande église dédiée à ce saint se trouve à Tölz, en haute Bavière, et son autel est également entouré d'une chaîne de fer.

Des images de Saint-Léonard sont parfois placées sur les portes des écuries pour porter chance ; il est généralement représenté tenant un bâton pastoral, tandis que d'un côté on voit un poulain ou une pouliche, de l'autre un bœuf malade, et à ses pieds une brebis.

Dans le nord de l'Allemagne, Saint-Georges, en tant que successeur de Wodan, est l'un des gardiens et protecteurs spéciaux des chevaux. Le jour de la fête de ce saint, le 23 avril, les paysans se rassemblent en grand nombre autour de quelque église qui lui est dédiée, et leurs chevaux et véhicules, au nombre parfois de plusieurs centaines, sont rangés en cercle autour du sanctuaire. Après que le curé ait prononcé un sermon dans l'église, il se présente à la porte et bénit chaque cheval séparément pendant que l'animal passe devant, tout en l'aspergeant d'eau bénite. Ensuite, les jeunes hommes montent sur leurs meilleurs chevaux et les chevauchent trois fois à toute vitesse autour de l'église, tout en criant vigoureusement.

Jähns remarque que cette cérémonie est sans doute une relique de quelque rite païen, et que dans de nombreux endroits, un arbre vénérable, au lieu d'une église chrétienne, est choisi comme lieu de rendez-vous le jour de la Saint-Georges. Pendant le tour de l'arbre, un vieux paysan debout à son ombre jette sur chaque cheval, au passage, un peu de terre humide prélevée autour des racines de l'arbre sacré, et cela assure l'animal contre la maladie jusqu'au printemps suivant, surtout si un peu de terre était mise dans un sac et suspendue dans l'écurie.

Tout comme le marteau était l'emblème de Thor, on a pensé que le fer à cheval possédait une certaine signification mystique en tant que symbole du dieu païen Wodan ; et on a supposé que les anciennes églises, sur les portes desquelles on voit encore des fers à cheval, étaient construites sur les emplacements de temples païens dédiés à cette divinité. On a avancé, en outre, que l'utilisation moderne d'un fer à cheval comme talisman et le placement de têtes de chevaux sur les maisons des paysans sont des reliques du paganisme et ont une affinité mystérieuse avec les légendes des empreintes de sabots de l'époque germanique. mythologie. Une telle théorie semble assez plausible étant donné que l'on sait que de nombreuses coutumes et croyances superstitieuses des temps modernes existaient avant l'ère chrétienne.

XIX. SAVOIR LÉGENDAIRE DU FER À CHEVAL

1. Ces dernières années, on a pu voir deux fers à cheval sur la porte de l'église paroissiale de Haccombe dans le Derbyshire. Une légende romantique associée à ces fers à cheval est le thème d'une ballade censée avoir été écrite par un maître du lycée d'Exeter au début du XIXe siècle. La ballade décrit graphiquement une course pour un pari entre un certain comte de Totnes, monté sur un rouan du Derbyshire, et un certain Sir Arthur Champernowne, sur un coursier de barbarie de la flotte. La course fut remportée par le comte, qui se dirigea alors directement vers la porte de l'église de Haccombe,

Et là, il tomba à genoux et pria,

Et de nombreux *Ave Maria* disaient :

Du pain et de l'argent qu'il donnait aux pauvres,

Et il cloua les chaussures du rouan à la porte de la chapelle. [227]

2. Dans la tradition des montagnes du Harz, il y a une histoire étrange à propos de quatre fers à cheval, que l'on voyait depuis des siècles sur la porte d'une église de la banlieue de Klettenburg.

Il était une fois, raconte l'histoire, une grande beuverie eut lieu un dimanche matin à Elrich. Le prix était une chaîne en or et de nombreux chevaliers se rassemblaient d'ici et d'ailleurs. La fête dura quelques heures, jusqu'à ce que le comte Ernest de Klettenburg, le seul qui puisse encore se tenir debout, réclame avec exaltation la chaîne d'or qu'il pendait à son cou. Puis, montant à cheval, il rentra chez lui et, alors qu'il approchait de Klettenburg, il entendit les airs d'un chant du soir dans une église dédiée à Saint-Nicolas. Poussant sur son cheval, il traversa follement la porte ouverte jusqu'à l'autel. Puis, selon la légende, les quatre fers du cheval tombèrent et le cheval et le cavalier s'effondrèrent ensemble, hors de vue. En souvenir de ce merveilleux événement, les quatre fers à cheval furent placés sur la porte de l'église et furent pendant de nombreuses années considérés avec crainte par les simples gens de la campagne. [228]

3. Dans la construction de l'église Saint-Étienne, à Tangermünde, en Saxe prussienne, édifice en briques du quatorzième siècle, les membres de deux corporations, celles des forgerons et des cordonniers, furent d'une aide particulière ; et en souvenir de cela, un fer à cheval et une semelle de fer furent construits dans le mur extérieur de l'église. Le premier indique que jusqu'à son niveau les forgerons avaient construit les murs, et le second montre que tout le travail au-dessus du fer à cheval était fait par les cordonniers ; telle est du moins l'explication populaire, qui pourrait bien être reçue *cum grano salis* .

4. Dans l'église paroissiale de Schwarzenstein, en Prusse orientale, on suspend deux fers à cheval pour rappeler la tradition suivante : Dans le village d'Eichmedien, à un kilomètre et demi de Rastenburg, vivait autrefois comme tavernière une femme qui avait gagné un salaire peu enviable. notoriété par sa pratique consistant à facturer le double des frais de pension et d'hébergement. Tard dans la nuit, alors que plusieurs de ses invités l'accusaient de tricherie, elle affirma son honnêteté en levant la main et en disant sous forme de serment : « Si mon score n'est pas correct, que le Diable se jette maintenant sur moi. dos." Le Malin prit aussitôt la femme au mot, la transforma en jument et la conduisit hors du village en riant avec mépris. A toute vitesse, il se rendit chez un forgeron à Schwarzenstein et exigea que sa jument soit ferrée immédiatement. Le forgeron, tiré de son sommeil, s'excusa, invoquant l'heure tardive et le fait qu'il n'y avait pas de feu dans sa forge. Le Diable insista cependant et promit un paiement généreux si les travaux étaient exécutés rapidement. Le forgeron céda enfin, mais n'avait pas beaucoup avancé dans le façonnage des fers, lorsque la jument commença à parler. "Mon cousin, tu ne me connais pas?" dit-elle; "Je suis le tavernier." À cela, le forgeron fut si horrifié que ni les menaces ni les supplications ne purent l'inciter à procéder au ferrage, et avant qu'il ait terminé le troisième fer, un coq chanta, et aussitôt le charme fut rompu et la femme reprit sa propre forme. Et pour rappeler la morale de cette légende et pour avertir les tricheurs, les deux fers à cheval que le forgeron avait achevés furent cloués dans l'église du village de Schwarzenstein.

5. Selon une vieille tradition, le roi lapon Olaf Skötkonung (995-1030), souhaitant devenir chrétien, demanda à son royal contemporain, Ethelred II. d'Angleterre, pour lui envoyer un professeur. En réponse à cette demande, Mgr Siegfried et trois missionnaires arrivèrent en Suède et, débarquant sur la côte sud-ouest, campèrent la première nuit à Wexio, sur le lac Sodre. Ici, l'évêque a eu une vision d'un grand groupe d'anges et a alors décidé de construire une église à cet endroit. Mais les habitants païens furent hostiles à

l'entreprise et s'emparèrent des trois missionnaires, Winaman, Unaman et Sunaman, qu'ils décapitèrent et firent jeter leurs têtes à l'eau.

Une nuit, peu après ce triste événement, Siegfried se promenait au bord du lac, en soupirant et en priant, lorsqu'il aperçut trois objets lumineux qui s'approchaient sur l'eau, emportés par les vagues, et bientôt il les reconnut comme les têtes de ses amis. Et voici, le premier chef dit : « Les morts seront vengés ». Et une voix du deuxième chef s'écria : « Quand ? Alors le troisième chef répondit d'un ton solennel : « Sur leurs enfants et sur les enfants de leurs enfants. » Cette prophétie ne s'est cependant pas réalisée à la lettre, car, par l'intercession de Siegfried, Olaf a consenti à épargner la vie des meurtriers, à condition qu'ils construisent une église chrétienne à Wexio ; et cette église, qui existe encore, porte sur ses armoiries ou sceau la représentation de trois têtes coupées, en souvenir de l'événement et de sa légende. Dans cette église était autrefois accrochée une chaussure du célèbre destrier de Wodan, Sleipnir, en souvenir de la tradition suivante : Lorsque les cloches de l'église sonnèrent pour la première fois pour appeler les gens à la messe, Wodan vint à cheval par-dessus les montagnes et, en approchant de Wexio, Sleipnir, soudain effrayé, frappa un rocher avec un de ses pieds, et l'empreinte de ce coup puissant reste encore aujourd'hui dans le rocher. Mais la chaussure est tombée et a été placée dans l'église. [229]

6. Il y a de nombreuses années, selon une vieille légende, un homme obtint un emploi dans une ferme en Norvège où, à son insu, la maîtresse était une sorcière. Même si l'homme avait beaucoup de bonne nourriture saine, il ne s'en nourrissait pas et maigrissait chaque jour. Troublé de cela, il chercha conseil auprès d'un sage, auprès duquel il apprit le véritable caractère de sa maîtresse. Il apprit en outre qu'elle avait pris l'habitude de le transformer la nuit en cheval pendant son sommeil et de le conduire à l'église de Troms, ce qui expliquait pleinement sa maigreur.

Le sage lui donna également une pommade magique, avec laquelle il se frottait la tête avant de se coucher, et grâce à laquelle, au réveil le lendemain matin, il se retrouva debout près de l'église de Troms, une bride à la main, tandis que derrière lui se trouvaient un nombre de chevaux liés ensemble par leur queue. Bientôt, il aperçut sa maîtresse sortant de l'église, et quand elle fut assez près de lui, il lui jeta la bride sur la tête, et instantanément elle se transforma en une belle jument, qu'il monta et rentra chez lui. En chemin, cependant, il s'arrêta chez un maréchal-ferrant et fit ferrer l'animal avec quatre fers neufs, et en rentrant chez lui, il dit à son maître qu'il avait acheté une belle jument, qui serait une excellente compagne pour celle qu'il avait déjà. Son maître acheta la jument à bon prix, mais lorsqu'il ôta la bride, elle disparut et à sa place se tenait la maîtresse sorcière avec des fers à cheval neufs aux mains et aux pieds. Sur ce, l'homme raconta l'histoire merveilleuse de ses expériences, et en conséquence, la femme fut chassée et ne se débarrassa jamais des fers à cheval. [230]

7. Il était une fois un homme de rang qui conduisait avec quatre chevaux sur la route qui relie les villes de Tübingen et de Hirschau, dans le Wurtemberg, et, face à une chapelle au bord de la route, il se moquait d'une image de la Madone qui l'ornait. Immédiatement, ses chevaux s'arrêtèrent et il ne put les faire avancer, malgré de vigoureuses sollicitations. Enfin, dans ce dilemme, un prêtre fut appelé, qui imposa comme pénitence le retrait d'un fer de l'avant-pied droit de chaque cheval, et après cela, le gentleman fut autorisé à continuer son voyage. Et en commémoration de ce miracle, un des fers à cheval fut cloué sur la porte de la chapelle, où on le voyait encore ces dernières années. [231]

8. Un dimanche matin, un cavalier basané sur un cheval noir traversait à toute vitesse le village de Nabburg, en Bavière, directement jusqu'à la forge, pour faire ferrer son cheval. « Ne te reposeras-tu pas un dimanche ? demanda le forgeron. « Mon cheval et moi voyageons çà et là, et nous ne nous soucions pas du dimanche chrétien », répondit le cavalier ; " C'est pourquoi ferre mon cheval au nom du diable, et je te conseille de ne prononcer aucune parole pieuse en attendant, car aucune personne pieuse n'a encore obtenu la maîtrise de cet animal fougueux. " Avec ces mots, il sauta à terre et caressa la crinière flottante de son cheval. Le forgeron, bien que mal à l'aise, commença le travail, et le cheval était aussi silencieux que sous le charme, au grand étonnement de son maître, qui n'en croyait pas ses yeux. Trois chaussures furent rapidement mises et le forgeron appela son assistant : « Maintenant, au nom de Dieu, donne-moi la dernière chaussure ! Aussitôt, le fougueux coursier se cabra et frappa sauvagement, jetant un sabot avec une telle force contre le mur qu'il y reste encore aujourd'hui enfoncé. Mais on ne revit plus le cheval et son cavalier. [232]

9. Dans un mur d'un domaine appelé Ludwigstein, dans le Schleswig-Holstein, se trouve une grande pierre portant l'empreinte d'un fer à cheval, à laquelle est associée l'histoire suivante : Un matin, il y a de nombreuses années, un cavalier chevauchait le long de la rivière. lorsque la cloche de prière de l'église sonna, après quoi il prêta serment et dit : « Que le diable m'emporte si je ne suis pas de nouveau ici même ce soir lorsque la cloche sonnera à nouveau. » Et en effet il tint parole, mais au coup de cloche du soir son cheval glissa sur la pierre et se cassa une jambe, et l'on y voit encore la marque d'un fer.

10. L'empreinte du fer à cheval au cimetière de l'église Notre-Dame de Munster. Pendant la construction de cette belle église gothique au XIVe siècle, le Diable observa ses proportions galbées avec un mécontentement croissant et réfléchit à divers plans pour entraver la progression des travaux.

Finalement, il décida d'essayer d'envoûter les sens de l'architecte. En conséquence, il tressait ses cheveux, s'habillait de gais vêtements féminins, parait de bijoux coûteux, et se présentait devant l'architecte, qu'il cherchait à piéger avec des paroles douces et des cadeaux. Mais celui-ci ne devait pas ainsi se tromper. Appuyé sur sa règle, il écoutait impassible la conversation séduisante de la prétendue belle, et rejetait avec dédain l'or et les pierres précieuses qu'elle lui apportait. Alors le Diable devint furieux, frappa le sol avec véhémence et disparut, laissant derrière lui une mauvaise odeur ; et la marque d'un des fers à cheval en fer avec lesquels il était ferré, était profondément gravée sur une pierre du cimetière et, selon le bruit populaire, s'y trouve encore.

Les impressions sur pierre de figures de fers à cheval, dont il existe de nombreux exemples en Europe du Nord, sont considérées par certains archéologues comme des symboles sacrés des païens ou des reliques du culte de Wodan, et comme montrant les sites d'anciens autels et sépultures. lieux; tandis que d'autres soutiennent que ces chiffres étaient à l'origine destinés à servir de bornes. De nombreuses traditions les associent aux batailles livrées dans ces localités, et dans l'imagination populaire, on les imagine pour indiquer les repaires favoris des sorcières, les lieux de réunion où elles se réunissaient, la marque du fer à cheval étant une empreinte du pied du diable. Ces rendez-vous étranges se déroulaient généralement au sommet des montagnes ou des collines et sont encore connus sous le nom de lieux de danse des sorcières dans différentes parties de l'Europe, notamment en Allemagne.

XX. RÉCAPITULATION DES THÉORIES SUR L'ORIGINE DE LA SUPERSTITION DU FER À CHEVAL

Dans les pages précédentes, nous avons tenté de fournir des raisons plausibles expliquant la popularité universelle du fer à cheval, à la fois comme amulette et comme signe de chance. Il est évident, cependant, que cette superstition ne peut être référée à un point de départ particulier. Tout comme les sources d'une rivière peuvent être multiples, constituées de nombreuses sources et affluents, de même la croyance dans les vertus magiques du fer à cheval est d'origine complexe et peut être attribuée à des origines diverses.

Il peut donc être utile d'énumérer brièvement les différentes théories qui ont été avancées :

1. Lors du *rite de la Pâque* , le sang répandu sur le linteau et les montants des portes formait les points principaux d'un arc. D'où la valeur des talismans en forme d'arc.

2. La vertu magique du fer à cheval contre les sorcières et les démons a été attribuée à sa *forme bifurquée* et à sa ressemblance avec le *croissant lunaire* . Des charmes de forme similaire sont connus pour avoir été utilisés par les anciens Chaldéens et Égyptiens.

3. *Le fer* et *l'acier* , métaux ayant un pouvoir traditionnel contre les fées et les gobelins mal intentionnés.

4. La *forme serpentine* . Le culte du serpent était presque universel parmi les peuples primitifs, et des symboles amulétiques de cette forme étaient utilisés à l'époque de la Rome antique.

5. Ce qu'on appelle *l'arc en fer à cheval* comme symbole d'un pouvoir bienfaisant et protecteur.

6. L'ancienne conception de la terre comme ayant la forme d'un *bateau rond renversé* et correspondant au *signe égyptien Put* .

7. *Le cheval.* Cet animal était vénéré parmi les premières tribus germaniques et un mythe anglais lui attribue des qualités porte-bonheur.

8. La superstition scandinave du *Démon-Jument* .

9. Le vieux principe astrologique selon lequel *Mars* , le dieu de la guerre et le cheval de guerre, était hostile à *Saturne* , le seigneur des sorcières.

10. La légende de *Saint Dunstan et du Diable* .

11. *Symbolisme phallique.*

12. L' *Auréole* ou *Nimbus* .

13. Facultés surnaturelles attribuées aux *forgerons* .

14. Le symbole hiéroglyphique égyptien ∩ , signifiant la *porte mystique de la vie* .

15. *Empreintes de sabots de chevaux* dans la mythologie et la tradition.

16. Le fer à cheval, symbole du dieu païen *Wodan* .

XXI. CONCLUSION

Quelle que soit l'origine de l'emploi superstitieux du fer à cheval, son adoption comme gage de chance semble relativement moderne, sa première utilisation ayant été pour l'exclusion des sorcières, des mauvais esprits et de tous ces êtres étranges.

Avant de quitter le sujet, nous pouvons donner un extrait d'un article du London World du 23 août 1753 contre l'abrogation du soi-disant Witch Act, dans lequel l'auteur donne le conseil satirique suivant à qui que ce soit :

Pour vous garantir contre les enchantements des sorcières, surtout si vous êtes une personne à la mode et n'avez jamais appris le Notre Père, la seule méthode que je connaisse est de clouer un fer à cheval sur le seuil. Je puis affirmer que c'est de la plus grande efficacité, dans la mesure où j'ai remarqué de nombreuses petites chaumières à la campagne avec un fer à cheval à la porte, où le jeu, l'extravagance, le jacobitisme et tout le catalogue des sorcelleries étaient totalement inconnus. .

Le monde bouge et la civilisation progresse, mais les vieilles superstitions restent les mêmes. Le fer à cheval rouillé trouvé sur la route est toujours considéré comme un signe de chance, et continuera sans doute à l'être ; car la nature humaine ne change pas, et la superstition fait partie de la nature humaine.

FORTUNE ET CHANCE

Si la Fortune vous favorise, ne vous réjouissez pas ;

Si elle fronce les sourcils, ne vous découragez pas.

AUSONIUS.

Quand la Fortune est le plus grand bien pour les hommes,

Elle les regarde d'un œil menaçant.

Roi Jean , III. 4, 119.

Quand la Fortune souriante étend son rayon d'or,

Tout le monde se presse pour flatter et obéir ;

Mais quand elle tonne du ciel en colère,

Nos amis, nos flatteurs, nos amants volent.

OVIDE.

Puisque la Fortune n'est pas en notre pouvoir,

Soyons le moins possible dans la sienne.

STEELE.

I. TYCHE, LA DÉESSE GRECIENNE DE LA BONNE CHANCE

Parmi les divinités les plus populaires des premiers Grecs se trouvait Tyché, la déesse de la chance, dont le culte, selon Plutarque, complétait celui du Destin. Elle régnait sur les événements accidentels et dispensait à la fois les bénédictions et les malheurs ; mais lorsqu'elle était trop généreuse dans la distribution de ses faveurs, elle risquait d'encourir la jalousie de Némésis, la déesse du châtiment.

Tyché, la déesse de la fortune, n'est pas mentionnée dans les œuvres des premiers poètes grecs, mais Homère et Hésiode font tous deux allusion à une nymphe océanique de ce nom qui cueillait des fleurs avec Proserpine lorsque cette dernière fut enlevée par Pluton.

Le poète lyrique thébain Pindare semble être à l'origine du culte de Tyché, qu'il célébra en vers et investi du titre de Pharopole, ou Protectrice des villes ; [233] et en Grèce, vers la fin du cinquième siècle AVANT JC , cette déesse était généralement considérée comme la dirigeante des affaires du monde. Alors que Zeus était en effet le plus puissant des dieux, certains considéraient Tyché comme ayant le caractère de la Providence ; [234] pourtant, on pensait plus généralement qu'elle était identique au hasard ou à la chance. Le célèbre philosophe ionique Anaxagore disait que la Fortune était une cause inconnue de la raison humaine ; car certaines choses viennent par nécessité, certaines par un destin fatal, et d'autres par un conseil délibéré. [235]

II. LA DÉESSE ROMAINE FORTUNE

Le culte de la déesse du hasard, *Fortuna* , fut introduit parmi les Romains de Grèce sous le règne de Servius Tullius et devint rapidement très populaire. En effet, à une certaine époque, Fortuna était la principale divinité italienne, et les plébéiens et les esclaves organisaient une fête annuelle le 24 juin en l'honneur de celle qui pouvait accorder richesse et liberté. Pline a écrit que la Chance ou Fortune au moyen de laquelle nous acquérons tant de choses est une puissance divine ; et Plutarque, dans son ouvrage sur la Fortune des Romains, tente de montrer que les grandes réalisations de ce peuple devaient être attribuées à la chance plutôt qu'à la sagacité ou à la prouesse. A titre d'exemple, il cite leur évasion de l'invasion grâce à la mort opportune d'Alexandre le Grand à Babylone, en 323 AVANT JC , à une époque où il se préparait à submerger l'Italie avec ses armées.

Le biographe romain Cornelius Nepos, parlant du général grec Émène le Cardien (361-317 AV. J.-C.), dit que, même si les faveurs que lui avait témoignées la Fortune avaient été à la mesure de ses grandes capacités, il n'aurait pas pour cette raison été plus éminent; car les grands hommes doivent être mesurés par leurs qualités, et non par leur bonne ou leur mauvaise fortune. Le *savant* hollandais Desiderius Erasmus a écrit que Diogène avait l'habitude de réprimander avec aspérité ceux qui blâmaient la déesse lorsque leurs affaires ne prospéraient pas ; et il critiquait également sévèrement l'habitude répandue de désirer de la part de Maîtresse Fortune, non pas des choses qui étaient substantiellement bonnes, mais plutôt celles qui semblaient l'être dans l'imagination des pétitionnaires. Philippe de Macédoine, à la nouvelle des grandes victoires remportées par ses généraux, remercia la Fortune pour sa grande bonté, lui demandant modestement seulement « quelque tour léger et astucieux dans une autre saison ». Et Erastus, commentant la modération et le bon sens de Philippe qui ne se réjouissait pas indûment de la prospérité, remarquait étrangement que ce grand roi, doté d'une profonde sagesse et d'une profonde expérience, ne sautait pas et sautillait insolemment à la réception de joyeuses nouvelles, mais se méfiait plutôt des soins. de Fortune, qu'il savait être un jade inconstant.

III. LE CARACTÈRE DE FORTUNE

De toutes les divinités païennes, la Fortune était la plus absolue et la plus universellement vénérée ; car elle tenait tous les hommes à ses pieds, les prospères par la peur et les malheureux par l'espérance. [236] Elle était aussi une déesse excentrique, non seulement favorisant les braves, selon la maxime familière de Térence, mais étant également résolument partiale envers les imbéciles, si l'on en croit un autre dicton classique, Fortuna favet *fatuis* . Et encore, comme l'écrivait un poète ancien : *Legem veretur nocens, Fortunam innocens* . Le satiriste Juvénal disait que si les hommes étaient discrets, la Fortune n'avait aucun pouvoir sur eux. Lorsqu'elle entra à Rome, elle replia ses ailes en signe qu'elle souhaitait y rester ; et, comme on l'a fait remarquer à juste titre, elle est toujours là, car le Romain moderne croit aussi fermement à la chance, qu'elle soit bonne ou mauvaise, que l'était le citoyen romain il y a deux mille ans. [237] Chez les anciens, un événement heureux, quelque chose d'opportun survenant de manière inattendue, était attribué à un caprice ou à un caprice soudain de la déesse, tandis que le succès dans une entreprise était censé être dû à sa faveur lorsqu'elle était d'humeur sobre. [238]

« Pourquoi la Fortune a-t-elle été transformée en déesse ? » demanda saint Augustin, car elle est si aveugle qu'elle court vers tout le monde sans distinction, et passe souvent devant ses admirateurs pour s'accrocher à ceux qui la méprisent. [239] Et Cicéron remarqua que la Fortune était non seulement elle-même aveugle, mais qu'elle privait souvent ses fidèles de la vue.

Pline, parlant des croyances religieuses courantes à son époque, dit :

Partout dans le monde, en tous lieux et en tous temps, la Fortune est le seul Dieu que chacun invoque : on parle d'elle seule ; elle seule est accusée et est censée coupable ; elle seule est dans nos pensées, est louée et blâmée, et chargée de reproches ; aussi hésitante qu'elle soit, conçue par la généralité de l'humanité comme aveugle, errante, inconstante, incertaine, variable et favorisant souvent les indignes. A elle se rapportent toutes nos pertes et tous nos gains, et, en faisant les comptes des mortels, elle seule équilibre les deux pages de notre feuille. Nous sommes tellement au pouvoir du hasard, que le hasard lui-même est considéré comme un Dieu.

Les représentations de la Fortune, que l'on retrouve dans les statues antiques, les bas-reliefs, les médailles et les monnaies, montrent les nombreux attributs différents de son caractère. La première image de la déesse se trouvait probablement à Smyrne et était l'œuvre de l'éminent sculpteur Bupalus, qui vécut au VIe siècle avant JC. Elle était ici représentée portant sur sa tête un hémisphère et avec la corne d'Amalthée dans sa main gauche. , caractérisant ainsi la distribution de toutes les bonnes choses. [240]

Son manque de discernement a été symbolisé par les artistes, qui l'ont représentée avec un bandeau devant les yeux ; avec un gouvernail, pour guider les affaires du monde ; ou avec une roue ou une boule, comme types d'instabilité. Dans un tableau de Sulzer, la Fortune est représentée assise sur un trône, porté dans les airs par des vents contraires. Dans sa main se trouve une baguette magique, et son visage exprime l'inconstance et l'inconstance, tandis qu'à sa suite suivent la richesse, la pauvreté, le despotisme et l'esclavage. Dans la Villa d'Este, près de la ville italienne de Tivoli, se trouve un tableau de Zucchari représentant la Fortune à califourchon sur une autruche, ce qui est censé être une indication allégorique que la déesse a une préférence pour les niais. [241] Dans son temple de Thèbes, elle tenait la richesse dans ses bras. Quelquefois elle était accompagnée d'un jeune ailé nommé Faveur, pour indiquer avec quelle rapidité ses faveurs peuvent s'envoler de nous ; [242] ou par un Amour ailé, ce qui a semblé signifier que, dans l'Amour, la Beauté a une influence moins permanente que la Fortune. [243]

Ses nombreux titres étaient généralement élogieux, comme Golden ou Royal Fortune, mais Horace, Ovide et d'autres écrivains parlaient d'elle de manière irrespectueuse, par qui elle était qualifiée d'injuste, inconstante et se complétant dans les méfaits. Une épithète de reproche qu'on lui a appliquée était *viscose* , tenace ou collante, parce que les hommes sont pris dans ses labeurs comme les oiseaux dans la chaux vive. [244]

L'abbé Banier, dans sa Mythologie et Fables des Anciens, moralise ainsi sur la Fortune, bonne et mauvaise :

Comme les hommes ont toujours apprécié les biens terrestres, il n'est pas étonnant qu'ils aient adoré la Fortune. Imbéciles ! qui ainsi, au lieu de reconnaître une Providence intelligente qui distribue les richesses et les biens terrestres, à partir de vues toujours sages, bien que sombres et placées hors de portée de la découverte humaine, ont adressé leurs vœux à un être imaginaire, qui a agi sans dessein et sous l'impulsion d'une nécessité inévitable. ; car il est hors de doute que, dans le système païen, la Fortune n'était autre chose que le Destin. Aussi fut-elle confondue, comme nous le verrons plus tard, avec les *Parcæ* , qui étaient elles-mêmes cette Nécessité fatale sur laquelle les poètes ont tant raisonné.

L'historien Suétone nous apprend que les premiers empereurs romains avaient l'habitude de chérir de petites images de la Fortune, qu'ils vénéraient comme des divinités tutélaires spéciales.

On dit que la déesse est apparue un jour dans une vision à l'empereur Galba, qui régnait en 68-69 APRÈS J.-C. , et qu'elle l'avait informé qu'elle se tenait fatiguée devant sa porte et que, si elle n'était pas rapidement admise, tout le monde cher pour lui, elle deviendrait sa proie. À son réveil, il trouva devant le hall d'entrée de son palais une figure de bronze de la Fortune, qu'il cacha sous ses vêtements et qu'il emporta jusqu'à sa résidence d'été à Tusculum. Là, il aménagea un sanctuaire pour l'image et lui offrait des prières chaque mois, gardant en son honneur une veillée nocturne chaque année. Un jour, Galba avait eu l'intention d'offrir à son petit génie gardien un collier de perles et de pierres précieuses, mais il changea d'avis et le donna à la Vénus Capitoline. La nuit suivante, la Fortune, en colère, apparut de nouveau en rêve à l'empereur, se plaignant d'avoir été escroquée du cadeau prévu et menaçant de lui retirer les nombreux bienfaits qu'elle lui avait accordés. Alarmé de cela, Galba envoya de bon matin un messager pour préparer une offrande sacrificielle, et lui-même courut à Tusculum, mais ne trouva sur l'autel du sanctuaire que des cendres chaudes ; et à proximité se tenait un vieil homme vêtu de noir, tenant d'une main une assiette de verre contenant de l'encens et de l'autre un vase en terre cuite plein de vin sacrificiel. [245]

Certains vers contenant des allusions peu flatteuses au caractère de Fortune étaient autrefois visibles sur le mur d'une chambre du château de Wressell, dans le Yorkshire, un bâtiment de la dernière partie du XIVe siècle, qui fut détruit par un incendie en 1796 :

Le Proverbis dans le côté de la chambre totale au-dessus de la Maison dans le Gardyng à Wresyll.

Tu ne t'appliques pas à la fortune,

Pour ses gyftis vanyshithe comme le fait le fantasme,

Plus tu reçois ses cadeaux, plus tu es incertain,

D'autant plus à l'approche du mécontentement.

Alors, ne mets pas ta confiance dans la fortune aveugle.

Pour son éclat, quelqu'un reçoit de la rouille.

La fortune est fykill, la fortune est blynde.

Ses rawardes sont fekill et unkynde.

Abandonnez la gloire des fyckillnes de la fortune,

Dont vient la gloire du monde et pourtant beaucoup d'inconnus,

Place ta confiance et place-toi en lui,

Et quand la fortune s'en trouvera, elle ne sera jamais inconnue. [246]

Parmi les nations les plus civilisées d'aujourd'hui, la Déesse Fortune n'est pas ouvertement vénérée, bien que les Japonais aient leurs sept dieux de la chance, qui sont des divinités relativement modernes, rassemblées à partir de diverses sources, y compris leur propre religion shinto primitive, le bouddhisme et le taouisme . de Chine. [247]

Les Lamas du Tibet accomplissent chaque année un rite particulier du bouc émissaire appelé la chasse au démon de la malchance. L'un d'entre eux, en costume fantastique et avec un visage grotesquement peint, est assis sur la place du marché depuis une semaine, et le jour de la cérémonie, ce digne, connu sous le nom de roi fantôme, erre et secoue un yak noir. passe la queue au-dessus de la tête des gens, grâce à quoi leur malchance lui est transférée d'une manière mystique. [248]

IV. TEMPLES DE LA FORTUNE

Des temples en l'honneur de la déesse Tyché furent construits à Elis, à Corinthe et dans d'autres villes grecques ; et au deuxième siècle DE NOTRE ÈRE , l'éminent philanthrope Hérode Atticus érigea pour elle un temple à Athènes, dont on pense que les ruines existent encore. [249]

Le faubourg occidental de Syracuse, en Sicile, s'appelait Τύχη, du nom d'un temple de Tyché qui l'ornait.

Parmi les Italiens, le culte de la Fortune devint si populaire que ses temples dépassèrent en nombre tous les autres. « Nous avons bâti mille temples à la Fortune et pas un à la Raison », remarquait Fronton, le digne précepteur de l'empereur Marc Aurèle. De tous ces édifices païens à Rome, il n'en reste qu'un seul, le temple de Fortuna Virilis, aujourd'hui église de Santa Maria Egiziaca. [250] Il s'agit d'un petit édifice tétrastyle ionique sur la rive gauche du Tibre, un peu au nord de ce qu'on appelle le Temple du Soleil. Mais le temple italien de la Fortune le plus célèbre se trouvait à Preneste, une ancienne ville latine, aujourd'hui appelée Palestrina. Ici, les oracles étaient consultés et les fugitifs trouvaient refuge.

En Grande-Bretagne, il existe encore un certain nombre d'autels en l'honneur de la Fortune, qui datent de l'occupation romaine. L'une d'elles, sur la ligne du mur d'Antonin en Ecosse, fut érigée par des soldats des deuxième et sixième légions. Un autre autel, dédié à la même déesse, a été découvert au quartier général de la sixième légion à Eboracum, l'actuelle ville de York, et est toujours visible au musée. [251] L'inscription sur cet autel a été copiée par l'écrivain lors d'une récente visite à York et se lit comme suit : -

DEÆ FORTUNÆ
SOSIAIUNCINAQ. ANTONIISAURICILEG. AOÛT.

V. CHANCE, ANCIENNE ET MODERNE

Notre mot anglais *chance* , selon certaines autorités, est d'origine scandinave, tandis que d'autres le considèrent comme le passé d'un verbe anglo-saxon signifiant « attraper ». La chance signifie donc *une bonne prise* et est analogue au *Glück allemand*. On a fait remarquer avec justesse que de très nombreuses personnes dites fortes, qui ne s'avoueraient pas un instant qu'elles sont superstitieuses, ne sont pourtant pas insensibles à la fascination de ce petit monosyllabe. En tant que chrétiens, nous professons croire implicitement à la Divine Providence ; mais souvent, parce que nous ne pouvons pas comprendre son fonctionnement, nous retombons dans le paganisme au point d'adorer secrètement la Déesse Fortune. Le fait est que la superstition est un élément indéracinable de la nature humaine. Les forces combinées de la religion, de l'éducation, de la philosophie et du bon sens s'allient dans une guerre perpétuelle contre elle. Les mille et une petites crédulités qui constituent une partie si importante du folklore moderne sont peut-être intrinsèquement les plus petites fantaisies et les plus insignifiantes choses, mais elles témoignent de la ténacité des croyances traditionnelles.

Le marin moderne porte dans sa poche un morceau de peau de phoque, ou un bec d'aigle, pour se protéger de la foudre ; et le nègre du Sud a sa patte de lapin et une foule d'autres fétiches bizarres, tout cela pour porter chance.

Les millions de nègres américains ont, en effet, un amour profondément enraciné pour le surnaturel, et leur caractère présente un mélange particulier de superstition et de religion. Parmi les races métis du Missouri, par exemple, nous trouvons un fouillis ahurissant de crédulités vaudou africaines, de traditions amérindiennes et de fanatisme religieux. Ainsi, dans « Voodoo Tales », de Mary A. Owen, nous lisons l'histoire d'une vieille femme qui gardait son calumet et son sifflet en os d'aigle à côté de ses livres de dévotion, portait un chapelet et une patte de lapin dans la même poche, et portait un orteil de saint pendant sur sa poitrine et une boule porte-bonheur sous son bras droit.

On a dit à juste titre que seuls ceux dont l'esprit est prédisposé à entretenir des chimères vaines ont l'habitude de considérer le malheur comme une suite naturelle de la légion de prétendus mauvais présages. Pourtant, nous savons que de telles notions ont prévalu à toutes les époques et dans tous les pays. Les anciens Chaldéens utilisaient des formules magiques pour conjurer le malheur, et Tacite raconte que les événements les plus insignifiants étaient considérés comme de mauvais augure par le peuple romain. Quel contraste avec la crédulité d'une époque superstitieuse que la remarque souvent citée de Caton le Censeur, qui refusa de la considérer comme de mauvais augure lorsqu'il fut informé que ses bottes avaient été rongées par des rats ! « Si les bottes avaient rongé les rats, dit-il, cela aurait pu présager le mal. »

Il y a beaucoup de philosophie dans le dicton irlandais : « Chaque homme a de la malchance à un moment ou à un autre, mais laissez la malchance au dernier ; peut-être que cela n'arrivera jamais.

En attribuant les malheurs divers et divers de nos vies à la malchance, nous ignorons sûrement le fait que ces mêmes expériences indésirables sont souvent la suite logique de nos propres défauts, et que la déesse inconstante ne peut pas, en toute justice, être toujours amenée à se faire passer pour notre bouc émissaire. .

LE CONTEXTE POPULAIRE DU SEL COMMUN
[252]

Les plaisanteries, comme le sel, doivent être utilisées avec parcimonie. — *Similitudes de Démocrite.*

I. ORIGINE ET HISTOIRE

L'origine de l'utilisation du sel commun comme condiment se cache dans les dédales de l'Antiquité. Bien que nous n'ayons aucune preuve que cet article important de l'alimentation était connu des antédiluviens, il existe encore de nombreuses preuves qu'il était hautement estimé comme assaisonnement des aliments bien avant l'ère chrétienne. Dans une traduction grecque d'un curieux fragment des écrits du semi-fabuleux auteur phénicien Sanchoniathon, qui aurait vécu avant la guerre de Troie, la découverte des usages du sel est attribuée à certains descendants immédiats de Noé, l'un des qui était son fils Sem. [253]

De la tradition mythique de la Finlande, nous apprenons qu'Ukko, le puissant dieu du ciel, a allumé le feu dans les cieux, dont l'étincelle descendante a été reçue par les vagues et est devenue du sel. Les Chinois adorent une idole appelée Phélo, en l'honneur d'un personnage mythologique de ce nom, qu'ils croient avoir été le découvreur du sel et l'initiateur de son usage. Mais ses compatriotes ingrats tardèrent à reconnaître les mérites de Phelo, et celui-ci quitta alors son pays natal et n'y revint pas. Alors les Chinois le déclarèrent divinité, et chaque année au mois de juin ils organisent une fête en son honneur, au cours de laquelle il est partout avidement recherché, mais en vain ; il n'apparaîtra que lorsqu'il viendra annoncer la fin du monde.

Chez les Nahuas mexicains, les femmes et les filles employées à la préparation du sel avaient l'habitude de danser lors d'un festival annuel organisé en l'honneur de la déesse du sel, Huixtocihuatl, dont les frères, les dieux de la pluie, sont censés, à la suite d'une querelle, l'ont conduite à la mer, où elle a inventé l'art de fabriquer la précieuse substance. [254]

La première mention biblique du sel semble faire référence à la destruction de Sodome et Gomorrhe. (Genèse XIX, 24-26.) Lorsque le roi Abimélec détruisit la ville de Sichem, un événement qui se serait produit au XIIIe siècle AVANT JC, il aurait « semé du sel dessus », cette phrase exprimant l'intégralité de sa ruine. [255] (Juges ix. 45.) Il est certain que l'usage du sel comme condiment était connu du peuple juif à une période relativement ancienne de son histoire. Car dans le sixième chapitre du Livre de Job apparaît ce passage : « Ce qui n'est pas savoureux peut-il être mangé sans sel ?

Dans les pays de l'Est, c'est une coutume séculaire de placer du sel devant les étrangers en gage d'amitié et de bonne volonté. L'expression « manger le sel de quelqu'un » signifiait autrefois être au service de cette personne, et c'est dans ce sens qu'elle est utilisée dans le Livre d'Esdras, iv. 14, où l'expression « nous avons l'entretien du palais du roi » signifie littéralement « nous sommes salés avec le sel du palais », ce qui implique d'être au service du roi. Et de l'idée d'être au service d'un maître et de manger son sel, l'expression en question en est venue à désigner la fidélité et la loyauté. [256]

Comme exemple du respect superstitieux avec lequel le sel est considéré en Orient, on raconte que Yacoub ben Laith, qui fonda la dynastie des princes perses connus sous le nom de Saffarides, était d'origine très humble et, dans sa jeunesse, gagna sa vie comme un free-booter. Pourtant, il était si chevaleresque qu'il ne dépouille jamais ses victimes de tous leurs biens, mais leur laisse toujours de quoi recommencer la vie.

Un jour, ce vaillant voleur était entré de force et furtivement dans le palais d'un prince, et était sur le point de repartir avec un butin considérable, lorsqu'il trébucha sur un objet que son sens du goût révéla être un morceau de sel. Ayant ainsi involontairement pris un gage d'hospitalité dans la maison d'un autre homme, son honneur l'emporta sur son avidité de gain et il partit sans son butin. [257]

En raison de ses qualités antiseptiques et conservatrices, le sel était emblématique de durabilité et de permanence ; d'où l'expression « Alliance du Sel ». C'était aussi un symbole de sagesse, et c'est dans ce sens qu'il fut sans doute utilisé par saint Paul lorsqu'il dit aux Colossiens que leur discours devait être assaisonné de sel.

Homère qualifiait le sel de divin et Platon le décrivait comme une substance chère aux dieux.

Peut-être la croyance en ses attributs divins a-t-elle été une raison pour laquelle les Hébreux, les Grecs et les Romains utilisaient le sel comme offrande sacrificielle, qui, d'ailleurs, le considéraient tous comme un mets indispensable.

Plutarque disait que sans sel, rien n'était savoureux ni savoureux, et que cette substance donnait même une saveur supplémentaire aux vins, les faisant ainsi « descendre joyeusement dans la gorge ». Et le même auteur remarquait que, comme le pain et le sel étaient communément mangés ensemble, Cérès et Neptune étaient parfois adorés ensemble dans le même temple. [258]

II. LE SEL PEU CONVIVIAL POUR LES SORCIÈRES ET LES DIABLES

Grimm remarque que le sel ne se trouve pas dans les cuisines des sorcières, ni lors des fêtes du diable, parce que l'Église catholique romaine a pris sur elle la sanctification et la dédicace de cette substance. De plus, dans la mesure où les chrétiens reconnaissent le sel comme un article sain et essentiel de l'alimentation, il semble assez plausible qu'ils le considèrent comme impropre à l'usage des diables et des sorcières, deux classes d'êtres avec lesquels ils n'ont aucune sympathie particulière. D'où peut-être le dicton familier selon lequel « le Diable n'aime pas le sel dans sa viande ».

Il était une fois, selon la tradition, un paysan allemand dont la femme était une sorcière et le Diable les invita tous les deux à souper un beau soir. Tous les plats manquaient d'assaisonnement, et le paysan, malgré les remontrances de sa femme, réclamait du sel ; et quand au bout d'un moment on l'apporta, il dit avec ferveur : « Dieu merci, voici enfin du sel », après quoi toute la scène disparut. [259]

L'abbé Richalmus, qui vivait dans l'ancien duché allemand de Franconie au XIIe siècle, prétendait, par l'exercice d'une faculté spéciale et extraordinaire, pouvoir déjouer les machinations de certains mauvais esprits qui prenaient un plaisir particulier à jouer des tours espiègles. hommes d'Église. Ils semblent, en effet, avoir mis à rude épreuve la patience du bon abbé de plusieurs manières, comme, par exemple, en distrayant ses pensées pendant la messe et en interférant avec sa digestion, en favorisant les discordes dans la musique de l'église et en provoquant des ennuis en incitant la congrégation. tousser pendant le sermon. Heureusement, il possédait trois armes efficaces contre ces créatures gênantes, à savoir le signe de croix, l'eau bénite et le sel.

« Les mauvais esprits, écrit l'abbé, ne supportent pas le sel ». Lorsqu'il était à table, et que le Diable lui avait par malveillance enlevé son appétit, il goûta simplement un peu de sel et eut aussitôt faim. Puis, si peu après son appétit lui manquait à nouveau, il prenait encore un peu de sel, et son goût pour la nourriture revenait rapidement. [260]

Dans le folklore hongrois, contrairement à l'opinion habituelle, les mauvais personnages sont friands de sel, car lors de ces fêtes festives décrites dans les vieilles légendes et les contes de fées, où les sorcières et le diable se rencontraient, ils avaient l'habitude de cuire dans de grandes marmites un ragoût de sel. de la chair de cheval assaisonnée de sel, dont ils se régalaient avec avidité.

De là semble être née l'idée populaire répandue chez les Magyars selon laquelle une femme qui éprouve un besoin de sel tôt le matin doit être une sorcière et ne doit en aucun cas satisfaire son goût.

Il était une fois, dit la tradition, un homme s'est glissé dans la baignoire d'une sorcière afin d'espionner les débats lors d'une réunion de l'étrange confrérie.

Peu de temps après, la sorcière apparut, sella la cuve et la conduisit jusqu'au lieu de rendez-vous, et en arrivant là-bas, l'homme parvint à vider une quantité de sel dans la cuve. Après les festivités, il fut ramené chez lui de la même manière et montra le sel à ses voisins comme preuve positive qu'il avait réellement été présent à la réunion. Parfois, cependant, le sel est utilisé en Hongrie comme protection contre les sorcières. Le seuil d'une nouvelle maison en est saupoudré et les charnières des portes sont enduites d'ail, afin qu'aucune sorcière ne puisse entrer. [261]

Les paysans de l'Estonie russe sont conscients de la puissance du sel contre les sorcières et leur artisanat. Ils croient que la veille de la Saint-Jean, du beurre de sorcière est malicieusement enduit sur les portes de leurs fermes afin de propager la maladie parmi le bétail. Ainsi, lorsqu'un fermier esthonien trouve ce beurre odieux sur la porte de sa grange ou ailleurs, il charge son fusil de sel et chasse les germes de sorcière. [262]

Les hindous ont une théorie selon laquelle les esprits malins, ou *Bhúts* , sont particulièrement enclins à agresser les femmes et les enfants immédiatement après que ces derniers ont mangé des confiseries et autres friandises sucrées.

Bhúts toujours vigilants . [263]

III. LE MOT LATINE « SAL »

En raison de l'importance du sel en tant que condiment, son nom latin *sal* a fini par être utilisé métaphoriquement pour désigner un morceau mental savoureux et, dans un sens général, l'esprit ou le sarcasme. [264] Certains étymologistes soutenaient autrefois que ce mot avait une triple signification selon son genre. Ainsi, au masculin, il a la signification ci-dessus, mais au féminin, il signifie *la mer* , et ce n'est que lorsqu'il est neutre qu'il représente le sel commun. La description de la Grèce comme « le sel des nations » est attribuée à Tite-Live, et c'est probablement l'origine de l'expression « sel du grenier », qui signifie esprit délicat et raffiné. L'expression *cum grano salis* peut signifier le grain de bon sens avec lequel on devrait recevoir un rapport apparemment exagéré. Cela peut aussi signifier modération, même si le sel est utilisé avec parcimonie pour assaisonner les aliments.

Chez les anciens, comme chez nous, *Sol* et *sal* , le Soleil et le sel, étaient connus pour être deux choses essentielles au maintien de la vie.

Les soldats, les fonctionnaires et les travailleurs étaient payés en totalité ou en partie en sel, [265] qui était si généralement utilisé à cette fin que toute somme d'argent payée pour un travail ou un service de quelque nature que ce soit était appelée salaire *ou* salaire. c'est-à-dire les moyens d'obtenir son sel. [266]

Pline a fait remarquer que le sel était essentiel pour jouir pleinement de la vie, et pour confirmer cette affirmation, il a commenté le fait que le mot *ventes* était employé pour exprimer les plaisirs de l'esprit, ou une vive appréciation des effusions spirituelles, et, par conséquent, était associé à l'idée de bonne camaraderie et de gaieté. [267]

Une certaine signification mystique a été attribuée aux trois lettres composant le mot « sal ». Ainsi, la lettre S, seule, représente ou suggère deux cercles réunis, le soleil et la lune. Il caractérise en outre l'union des choses divines et mondaines, de même que le sel participe aux attributs de chacune. A, alpha, signifie le commencement de toutes choses ; tandis que L est emblématique de quelque chose de céleste et de glorieux. S et L représentent respectivement les influences solaires et lunaires, et le trio de lettres représente une substance essentielle fournie par Dieu pour le bien de son peuple. Dans un curieux traité sur le sel, initialement publié en 1770, l'écrivain lance avec passion les éloges les plus extravagants de cette substance, qu'il prétend être la quintessence de la terre. Le sel est ici caractérisé comme un trésor de la nature, une essence de perfection et un modèle de conservateurs. De plus, celui qui possède du sel s'assure ainsi un facteur primordial du bonheur humain parmi les choses matérielles. [268]

Les Français emploient le mot « sel » de manière métaphorique dans plusieurs expressions courantes. Ainsi, en parlant du manque de piquant ou de piquant dans un sermon ou un discours ennuyeux, ils disent : « Il n'y avait pas de sel dans ce discours ». Et à propos des brillantes productions d'un auteur préféré, ils remarquent : « Il a saupoudré ses écrits de sel par poignées. » [269] De la même manière, ils utilisent le terme *un épigramme salé* pour désigner un sarcasme ou une raillerie tranchante. La définition suivante d'un vieil écrivain anglais est également très appropriée : « Salt, un mot ^{agréable} et joyeux qui fait rire les gens et parfois pique ». L'expression « saler une facture » signifie augmenter la pleine valeur marchande de chaque article, et correspond à un emploi du verbe français *saler*, surfacturer, et donc « toison » ou « arracher ». Ainsi l'expression *Il me l'a bien salé* signifie « Il m'a facturé un prix excessif ». [271]

IV. LE SEL EMPLOYÉ POUR CONFIRMER UN SERMENT

Dans les archives du Presbytère d'Edimbourg, datées du 20 septembre 1586, se trouve la description suivante d'un serment que les marchands écossais devaient prêter lorsqu'ils se dirigeaient vers la Baltique :

Certains marchands passent à Danskerne (Danemark) et se rendent à Elsinnure, choisissant et quand ils ont pris en compte le paiement du travail des marchandises, et ce dépôt d'un autre dans la forme suivante, à savoir : Ils présentent et offrent *de la viande* et du *sel* au déponeur de l'autre, sur lequel il pose la main et dépose sa conscience et son sweiris. [272]

De même, les Tsiganes utilisent parfois du pain et du sel pour confirmer la solennité d'un serment. Un exemple de ceci est rapporté dans le « Pesther Lloyd » du 1er juillet 1881. Un membre d'une bande de gitans de l'ouest de la Hongrie s'était fait voler une somme d'argent et en informa son chef, qui convoqua les anciens du camp pour lui rendre visite. un conseil. Sur une croix verticale formée de deux perches était placé un morceau de pain saupoudré de sel, sur lequel chaque bohémien devait jurer qu'il n'était pas le voleur. Le véritable coupable, refusant de prêter un serment aussi solennel, fut ainsi découvert.

Chez les Juifs, l'alliance du sel est la plus sacrée possible. Même à l'heure actuelle, les princes arabes ont l'habitude de signifier leur ratification d'une alliance en saupoudrant du sel sur du pain, tout en s'écriant : « Je suis l'ami de tes amis et l'ennemi de tes ennemis. » De même, il existe une forme courante de requête parmi les Arabes : « Pour le pain et le sel qui sont entre nous, faites ceci ou cela. » [273]

En Orient, de nos jours, les pactes entre tribus sont encore confirmés par le sel, et les engagements les plus solennels sont ratifiés par cette substance. Lors de la mutinerie indienne de 1857, l'un des principaux motifs de retenue parmi les Cipayes était le fait qu'ils avaient juré par leur sel d'être fidèles à la reine d'Angleterre. [274]

L'ancienneté de la pratique consistant à utiliser du sel pour confirmer un serment est démontrée dans le passage suivant d'une ode du poète lyrique grec Archiloque, qui prospéra au début du septième siècle avant JC :

Tu as rompu le serment solennel et tu as déshonoré le sel et la table.

En 1731, les mineurs et les paysans protestants habitant les « terres de l'Échiquier du sel », avant d'être bannis du pays par Léopold, archevêque de Salzbourg, se réunirent dans le village pittoresque de Schwarzach et « ratifièrent solennellement leur alliance par l'ancien coutume de tremper ses doigts dans du sel. La table à laquelle a eu lieu cette cérémonie et une photo représentant l'événement sont toujours exposées au Wallner Inn, où s'est tenue la réunion. [275]

V. LE DÉVERSEMENT DE SEL COMME PRÉSAGE

L'idée largement répandue selon laquelle le déversement de sel produit des conséquences néfastes proviendrait de la tradition selon laquelle Judas aurait renversé une salière lors de la Cène pascale, comme le montre le tableau de Léonard de Vinci. Mais il semble plus probable que cette croyance soit due au caractère sacré du sel dans les premiers temps. Celui qui avait le malheur de renverser du sel était autrefois censé encourir la colère de tous les bons Esprits et être rendu vulnérable aux influences malveillantes des démons. [276] Lorsque, dans les pays orientaux, le sel était offert aux invités en signe d'hospitalité, il était considéré comme un malheur si des particules étaient dispersées lors de sa présentation, et dans de tels cas, une querelle ou une dispute était prévue. [277]

Bishop Hall écrivait, en 1627, que lorsque du sel tombait sur un invité superstitieux au dîner, celui-ci avait l'habitude de montrer des signes d'agitation mentale et refusait d'être réconforté jusqu'à ce qu'un des serveurs lui ait versé du vin sur ses genoux. Et dans « L'Art de la longévité » de Gayton, nous trouvons ces lignes : -

J'ai deux amis des deux sexes, qui mangent peu ou pas de sel, mais qui sont aussi amis ; Parmi les deux personnes que je peux vraiment dire, elles sont d'une patience des plus invincibles ; qu'aucun malheur ne peut mettre en colère ; non, si vers eux le sel tombait.

Les Allemands ont un dicton : « Quiconque renverse du sel suscite l'inimitié » et, dans certains endroits, la destruction d'une salière est considérée comme l'acte direct du Diable, le perturbateur de la paix. Le Parisien superstitieux, qui a peut-être été la malheureuse cause d'un tel accident, est tout prêt à adopter ce point de vue, et jette derrière lui un peu du sel renversé, afin de frapper, s'il est possible, le Diable invisible dans l'œil. ce qui, au moins temporairement, l'empêche de commettre d'autres méfaits. [278] Il s'agit probablement d'une relique d'une ancienne coutume idolâtre ; et le sel ainsi jeté était autrefois une sorte de pot à Cerbère, une offrande pour apaiser quelque divinité particulière. De la même manière, les indigènes de Pegu, province de la Birmanie britannique, lors de l'accomplissement d'un de leurs rites en l'honneur du Diable, ont l'habitude de jeter de la nourriture sur leur épaule gauche pour se concilier l'esprit principal du mal. [279]

Quand du sel était renversé à table, le pieux Romain avait l'habitude de s'exclamer : « Que les dieux détournent le présage ! » et le Sicilien moderne, dans un tel cas, invoque « la Mère de la Lumière ».

Chez les Grecs, il était d'usage d'offrir du sel aux dieux en guise d'offrande de remerciement au début de chaque repas. Louis Figuier, dans « Les merveilles de l'industrie », classe ces trois événements dans la catégorie des mésaventures inquiétantes dans une maison grecque : (1) l'omission d'une salière parmi l'ameublement d'une table à manger ; 2° l'endormissement d'un des convives lors d'un banquet, avant l'enlèvement de la salière pour faire place au dessert; (3) le renversement de cet important navire. Il semble donc évident que l'origine de la croyance au caractère inquiétant du déversement de sel est bien plus ancienne qu'on ne le suppose généralement ; et Léonard de Vinci, en décrivant Judas bouleversant une salière, avait probablement à l'esprit la signification sinistre, déjà bien connue, d'un tel acte. Mais certains observateurs n'ont découvert aucune trace d'une salière dans le *Cenacolo original* sur le mur du réfectoire du couvent milanais. Cependant, dans la gravure bien connue de Raphaël Morghen, la salière renversée est clairement délimitée et on voit le sel déversé en sortir. Une discussion animée sur ce point controversé a animé les colonnes de « Notes et requêtes » il y a quelques années.

Le passage suivant se trouve dans un ouvrage intitulé « Hieroglyphica, a Joanne Valeriano » (1586), étant un traité sur les symboles anciens :

Alioqui sal amicitiæ symbolum fuit, duréeis gratia. Corpora enim solidiora facit et diutissime conservat. Unde hospitibus ante alios cibos apponi solitum, quo amicitiæ firmitas ac perseverantia significetur. Quare plerique ominosum habent si sal in mensam profundi contigerit. Contra vero faustum si vinum atque id merum effusum sit.

Ce qui a été traduit en anglais comme suit : « Le sel était autrefois un symbole d'amitié, en raison de sa qualité durable. Car il rend les substances plus compactes et les conserve longtemps : c'est pourquoi il était généralement présenté aux invités avant les autres aliments, pour signifier la force constante de l'amitié. C'est pourquoi beaucoup considèrent qu'il est dangereux de renverser du sel sur la table et, d'autre part, qu'il est propice de renverser du vin, surtout s'il n'est pas mélangé avec de l'eau. [280]

Dans le Magastromancien de Gaule (1652), le renversement du sel est mentionné dans une liste d'« ominations superstitieuses ». Selon une croyance populaire norvégienne, on verse autant de larmes qu'il suffit de dissoudre la quantité de sel qu'on a renversé ; [281] et dans le Yorkshire de l'Est également, chaque grain de sel renversé représente une larme à verser. De plus, la salinité est considérée comme un attribut essentiel des larmes, et ce lien intime entre les deux peut avoir donné naissance à certaines des nombreuses superstitions liées au sel. [282] Dans le comté de Bucks, en Pennsylvanie, pour éviter le malheur après que du sel ait été renversé, il faut non seulement jeter une pincée de sel renversé par-dessus l'épaule gauche, mais aussi ramper sous une table et en ressortir par-dessus l'épaule gauche. le côté opposé. [283]

Dans le « British Apollo » (1708), on trouve ces lignes : -

Nous vous dirons la raison

Pourquoi déverser du sel

Est considéré comme une telle faute,

Parce qu'il fait tout ce qui est saison.

Les antiquités étaient d'accord

"C'était un signe d'amitié,

Alors je l'ai servi aux invités avec décorum,

Et je pensais que l'Amour s'était décomposé,

Quand la femme de chambre négligente

Que la salière s'écroule devant eux.

En Nouvelle-Angleterre, la gravité du déversement de sel en tant que présage, la déplorable rupture des liens d'amitié et la nécessité de mesures correctives rapides, sont tous pleinement reconnus.

Et ici, le fait de lancer habilement les particules déversées par-dessus l'épaule gauche n'est pas toujours suffisant ; car pour rompre complètement le charme, il faut jeter ces particules sur le poêle. [284]

Les Tsiganes ont un dicton : « Le sel des conflits est tombé ».

De l'idée de la profanation d'une substance sacrée, à laquelle il a été fait allusion, est née sans doute la superstition remarquable selon laquelle, pour être puni pour avoir répandu du sel, il faut attendre devant la porte du paradis autant d'années qu'il y a de grains de sel. déversé. [285]

Dans le MSS de Lansdowne. 231 (British Museum) apparaît ce passage : –

La chute du sel est un véritable **affaissement** de la malchance, et tout tempérament ne peut pas non plus le **mépriser** ; ce n'était pas non plus un grand **gnostique** parmi les anciens du mal futur, mais une omination **particulière** concernant la rupture de l'amitié. Car le sel, incorruptible, était un **symbole** d'amitié, et avant vous, un autre service était offert à **vos** invités. Mais si le sel n'était pas seulement un symbole d'amitié avec l' homme, mais aussi une figue. d'amitié et de réconciliation **avec Dieu** , et a donc été offert en sacrifices, est une spéculation plus élevée.

Herbert Spencer affirme [286] que la conscience qui nourrit l'idée que le mal résultera du sel répandu est manifestement alliée à la conscience du sauvage et est encline à entretenir d'autres croyances superstitieuses comme celles qui prévalent dans les terres barbares. Et bien que l'idolâtrie et le culte des fétichismes ne fleurissent pas dans les communautés civilisées, de nombreuses superstitions populaires s'apparentent par nature aux sentiments qui poussent le sauvage à se prosterner devant des images de bois ou de pierre.

VI. AIDER À SELER À TABLE

Dans les comtés du nord de l'Angleterre, et en général dans les communautés anglicanes, on considère comme malchanceux d'être aidé à saler à table, et cette idée a trouvé son expression dans le distique populaire : « Aide-moi à saler, aide-moi à souffrir ». Dans un petit volume intitulé « The Rules of Civility » (Londres, 1695), traduit du français et cité dans « Brand's Popular Antiquities », se trouve le passage suivant :

Certains sont si précis qu'ils trouvent incivique d'aider quiconque est assis à côté d'eux, soit avec *du sel*, soit avec *de la cervelle*. Mais à mon avis c'est un scrupule ridicule, et si votre voisin désire que vous lui fournissiez (du sel), vous devez soit en retirer avec votre couteau et le déposer sur son assiette, soit s'il y en a plusieurs, les présenter. avec le sel qu'ils peuvent se fournir.

En Russie, il existe un préjugé superstitieux contre le fait d'aider son voisin à saler à table, à cause du risque de querelles qui en résulteraient. Car ce faisant, on pense que l'on a l'air de sous-entendre : « Eh bien, vous avez reçu votre allocation de sel, maintenant partez. » Mais si en offrant le sel on sourit amicalement, tout danger de querelle est heureusement écarté, et l'acte est entièrement débarrassé de son caractère inquiétant. [287]

Le simple expédient d'une seconde aide est communément considéré comme tout aussi efficace à cette fin, mais il est difficile d'imaginer d'où dérive la prétendue puissance d'un tel antidote, ce qui est contraire à la théorie pythagoricienne du caractère divin de l'unité et du caractère diabolique de l'unité. attributs du numéro deux.

Mais dans de nombreux pays, ce n'est qu'une simple courtoisie que d'aider un ami à saler à table ; mais en Italie, cette délicate attention était autrefois considérée comme une marque de familiarité excessive, et, lorsqu'un gentleman offrait du sel à la femme d'un autre, c'était un motif suffisant de jalousie et même de querelle. [288]

VII. LE SEL COMME PROTECTION DES JEUNES NOURRISSONS

La coutume catholique médiévale consistant à utiliser du sel pour protéger les enfants du mal avant leur baptême est fréquemment évoquée dans la littérature romantique ancienne. Dans une ancienne ballade intitulée « La Fille du roi », la naissance d'un enfant survient dans des circonstances qui empêchent l'administration du rite du baptême. La mère expose donc le bébé dans un cercueil et prend soin de placer à ses côtés du sel et des bougies. Les paroles de la ballade sont :

Le bébé qu'elle portait dans du lin si fin,

Dans un cercueil doré, elle l'a déposé en syne,

Mickle saut et la lumière qu'elle y a déposée,

Parce que pourtant, dans la maison de Dieu, cela n'avait jamais été le cas. [289]

M. William G. Black, dans son ouvrage sur la médecine populaire, dit que dans certaines régions d'Écosse, c'était autrefois une coutume, avant le baptême, de porter du sel autour de l'enfant « à l'envers », une procédure qui On croyait qu'il protégeait l'enfant du mal pendant son voyage souvent long depuis la maison jusqu'à l'église où la cérémonie devait avoir lieu. A Marsala, les proches d'un nouveau-né ne dorment pas la première nuit, par peur de l'apparition de sorcières. En effet, une garde est souvent assurée pendant de nombreuses nuits, ou jusqu'au baptême de l'enfant. Une lumière brûle constamment dans la pièce et une image de quelque saint est accrochée à la porte de la maison. Un chapelet et une serviette effilochée sont attachés à l'image, et derrière la porte sont placés un pot de sel et un balai. Lorsqu'une sorcière vient et voit l'image du saint et le chapelet, elle s'en va généralement immédiatement ; mais même si ces talismans font défaut, le sel, la serviette et le balai offrent une protection adéquate. Car toute sorcière, avant d'entrer, doit compter les grains de sel, les fils de la frange de la serviette et les brindilles dont est fait le balai. Et elle n'a jamais assez de temps pour ces tâches, car elle ne peut apparaître avant minuit et doit se cacher avant l'aube. [290]

Cette croyance populaire dans le pouvoir magique du sel pour protéger les enfants du mal, en particulier entre la naissance et le baptême, est illustrée par l'allusion suivante à un enfant trouvé dans une « Histoire de la famille de Stanley » métrique qui date du début une partie du XVIe siècle (Harleian MSS. 541, British Museum) : « Il n'était pas criblé, semblant hors de doute, car le sel était lié à son cou dans un lien de lin. » [291]

En Sicile aussi, il est parfois de coutume que le prêtre mette un peu de sel dans la bouche de l'enfant lors du baptême, lui conférant ainsi de la sagesse. D'où le dicton populaire local, à l'égard d'une personne stupide, selon laquelle le prêtre ne mettait que peu de sel dans sa bouche. [292] Un usage similaire est en vogue dans le district de Campine en Belgique. L'utilisation du sel lors du baptême dans l'Église chrétienne date du IVe siècle. C'était une pratique ancienne de placer du sel, préalablement béni, dans la bouche de l'enfant, pour symboliser la lutte contre le caractère pécheur de sa nature. [293]

De même, lors des cérémonies de baptême de l'Église d'Angleterre à l'époque médiévale, du sel, sur lequel un exorcisme avait été prononcé, était placé dans la bouche de l'enfant, et ses oreilles et ses narines étaient touchées avec de la salive, pratiques devenues obsolètes à l'époque. à l'époque du règne d'Henri VIII.

Un bénitier octogonal du XVe siècle, dans l'église St. Margaret, Ipswich, Suffolk, porte sur l'un de ses côtés la figure d'un ange portant un parchemin, sur lequel apparaît une inscription partiellement illisible contenant les mots Sal et *Saliva* . [294]

Thomas Ady, dans « A Perfect Discovery of Witches » (Londres, 1661), dit que l'eau bénite, correctement évoquée, était utilisée pour garder le diable en admiration et pour l'empêcher d'entrer dans les églises ou les habitations.

Grâce à une telle eau bénite, les influences sataniques étaient éloignées de la viande et des boissons, ainsi que du « sel même sur la table ».

Dans les Highlands d'Écosse, au lieu d'utiliser le sel comme amulette pour protéger les jeunes bébés, il était d'usage que les surveillants restent constamment près du berceau jusqu'au baptême. Car on croyait que les fées malveillantes avaient l'habitude d'enlever des enfants en bonne santé, laissant à leur place de chétifs spécimens de leur propre progéniture elfique ; et les nourrissons ainsi kidnappés étaient parfois gardés au pays des fées pendant sept ans. De cette croyance populaire bien connue est née le mot « changeling », qui désigne « un enfant étrange, stupide et laid, laissé par les fées à la place d'un enfant beau ou charmant qu'elles ont volé ». [295] Et dans la mesure où les bébés elfes étaient invariablement rabougris et d'un faible intellect, tous les enfants idiots et nains étaient considérés comme des changelings. [296]

De là est partie une fée sans sucre,

Là, pendant que tu dormais dans un tendre lange,

Et son elfe de base couvait là, à gauche :

De tels hommes appellent les *chaungelinges* , tellement chaungés par le vol des fées. [297]

VIII. LE SEL COMME SUBSTANCE MAGIQUE

Les indigènes du Maroc considèrent le sel comme un talisman contre le mal, et une amulette courante parmi les pauvres napolitains est un morceau de gros sel suspendu au cou. [298] Les paysans de la région des montagnes Hartz en Allemagne croient que trois grains de sel dans un pot à lait éloigneront les sorcières du lait ; [299] et pour préserver le beurre de leurs étranges influences, c'était une coutume dans le comté d'Aberdeen, en Écosse, il y a quelques années, de mettre du sel sur le couvercle d'une baratte. [300] En Normandie aussi, les paysans ont coutume de jeter un peu de sel dans un récipient contenant du lait, afin de protéger la vache qui a donné le lait des influences de la sorcellerie.

Des notions particulières sur les propriétés magiques du sel sont courantes chez les nègres américains. Ainsi, dans certaines régions, un nouveau locataire n'emménagera dans une maison meublée que lorsque tous les objets qui s'y trouvent auront été soigneusement salés, en vue de détruire les germes de sorcière. [301] Un autre exemple des attributs surnaturels attribués au sel est l'opinion courante parmi les personnes sans instruction de certaines communautés selon laquelle son pouvoir est de jeter un sort sur des individus odieux. Il suffit pour cela soit de répandre du sel sur la forme endormie d'un ennemi, soit sur la tombe d'un de ses ancêtres. [302] Une autre sorte de sortilège de sel en vogue dans le sud de l'Angleterre consiste à jeter un peu de sel dans le feu trois vendredis soirs successifs, en prononçant ces mots :

Ce n'est pas ce sel que je souhaite brûler,

C'est le cœur de mon amant qui doit se retourner ;

Pour qu'il ne se repose ni ne soit heureux,

Jusqu'à ce qu'il vienne me parler.

Le troisième vendredi soir, la demoiselle inconsolable s'attend à ce que son amant apparaisse. [303] Tout le monde connaît le vieux dicton : « On peut attraper un oiseau avec la main, si d'abord on met du sel sur sa queue. » On a pensé que cette expression étrange impliquait que, si l'on peut s'approcher suffisamment d'un oiseau pour mettre du sel sur sa queue, sa capture est une affaire facile. L'expression, cependant, peut être plus correctement attribuée à une croyance dans les propriétés magiques du sel pour jeter un sort sur l'oiseau. Sinon, n'importe quelle substance pourrait être tout aussi efficace pour l'attraper. L'écrivain se souvient avoir lu quelque part une vieille légende à propos d'un jeune homme qui, par jeu, jetait du sel sur le dos d'une sorcière assise à table à côté de lui, et la sorcière avait alors acquis une telle augmentation d'avoirdupois qu'elle était incapable de bouger jusqu'à ce que le jeune l'homme essuya obligeamment le sel.

Les anciens Teutons croyaient que le vol rapide des oiseaux était provoqué par certains puissants esprits de l'air. Or le sel est un ennemi de la puissance fantomatique, donne du poids aux corps et entrave leur mouvement ; par conséquent, la raison de son fonctionnement lorsqu'il est placé sur la queue d'un oiseau est facilement intelligible.

lutins espiègles d'entrer et de taquiner les chevaux en leur plantant des bavures dans la crinière et la queue. [304] Le *lutin* ou *gobelin* s'apparente à l'esprit de famille scandinave, qui aime les enfants et les chevaux, et qui fouette et pince les premiers quand ils sont méchants, mais les caresse quand ils sont bons. [305] À Marsala, dans l'ouest de la Sicile, on pense qu'un cheval, un mulet ou un âne, entrant dans une nouvelle stalle, est susceptible d'être agressé par les fées. Par mesure de précaution, on place donc un peu de sel sur le dos de l'animal, ce qui est censé le protéger de la boiterie ou de tout autre mal résultant de la méchanceté des fées. [306] Le sel commun jouit depuis longtemps d'une réputation de moyen de désenchantement. C'était un ingrédient d'une pommade « contre les visiteurs gobelins nocturnes » utilisée par les Saxons en Angleterre et décrite dans l'un de leurs anciens livres sur les sangsues ; [307] tandis que dans les annales de la médecine populaire, on trouve de nombreuses références à ses vertus réputées en tant qu'agent thérapeutique magique. En Ecosse, lorsqu'une personne souffre d'une affection dont la nature n'est pas apparente, on dissout dans l'eau autant de sel qu'on peut en mettre sur six pence, et la solution est ensuite appliquée trois fois sur la plante des pieds du patient, sur la paumes de ses mains et sur son front. On s'attend ensuite à ce qu'il goûte le mélange, dont une partie est jetée sur le feu en disant : « Seigneur, préserve-nous frae a' skaith. » [308]

Les Allemands de Buffalo Valley, dans le centre de la Pennsylvanie, croient qu'un garçon peut être guéri du mal du pays en mettant du sel dans les ourlets de son pantalon et en lui faisant regarder par la cheminée. [309]

En Inde, les indigènes frottent du sel et du vin sur la partie du corps affectée pour soigner les morsures de scorpion, croyant que le succès de ce traitement est dû à la vertu surnaturelle du sel pour effrayer les démons qui ont causé la douleur. [310] Un ancien charme irlandais très réputé en cas de suspicion de « coup de fée » consistait à placer sur une table trois portions égales de sel sur trois rangées parallèles. Le magicien potentiel entoure ensuite le sel avec son bras et répète le Notre Père trois fois sur chaque rangée. Puis, prenant la main de la personne frappée par la fée, il dit par-dessus : « Par la puissance du Père, du Fils et du Saint-Esprit, que cette maladie disparaisse et que le charme des mauvais esprits soit brisé. » Suit alors une adjuration et un commandement solennels adressés au prétendu démon, et le charme est complet. [311]

En Bavière et en Ukraine, pour savoir si un enfant a été victime d'envoûtement, la mère lui lèche le front ; et si son sens du goût révèle ainsi une saveur saline marquée, elle est persuadée que son enfant a été sous l'influence d'un mauvais œil. [312]

Dans le canton suisse de Berne, on pense qu'une personne est largement protégée contre toutes sortes d'ennemis spirituels par le simple expédient qu'elle porte sur elle, respectivement, un morceau de pain frais et un livre de psaumes dans les poches droite et gauche de son manteau, à condition de prendre soin de ayez du gros sel soit dans chaque poche de votre gilet, soit à l'intérieur d'une canne en bois de bruyère sur laquelle trois croix ont été taillées. [313] En Bohême, une mère cherche à protéger sa fille des mauvais regards en mettant dans sa poche un peu de pain et de sel ; et quand une jeune fille sort se promener, la mère répand du sel sur le sol derrière elle, pour qu'elle ne se perde pas. [314]

L'eau bénite a été utilisée dans les cérémonies religieuses de nombreux peuples comme moyen de purifier les personnes et les choses, et aussi pour éloigner les démons. L'aspersion et le lavage avec étaient des éléments importants du rituel grec.

L'eau bénite de l'Église catholique romaine est préparée en exorcisant et en bénissant séparément le sel et l'eau, après quoi le sel est dissous dans l'eau et une bénédiction est prononcée sur le mélange. Dans le rituel hawaïen, l'eau de mer était parfois préférée. [315]

Une maîtresse de maison magyar ne donnera pas de sel à une femme qui viendrait à sa porte et en demanderait tôt le matin, croyant que cet emprunteur potentiel est sûrement une sorcière ; mais pour éloigner toutes les sorcières et les sorcières, elle jette du sel sur le seuil. Le jour de la Saint-Lucien, ni le sel ni le feu ne doivent être sortis de la maison. [316]

Chez les Japonais, les mystérieuses qualités de conservation du sel sont à l'origine de diverses superstitions. La maîtresse de maison ne l'achètera pas la nuit, et lorsqu'elle en achète pendant le jour, une petite quantité est jetée au feu afin d'éviter la discorde dans la famille et d'éviter le malheur en général. [317]

En Écosse, le sel était autrefois très réputé comme charme, et la salière fut le premier bien mobilier à être transféré dans une nouvelle habitation. Lorsque Robert Burns, en 1789, était sur le point d'occuper une nouvelle maison à Ellisland, il fut escorté sur sa route le long des rives de la rivière Nith par un cortège de parents, et au milieu d'eux était porté un bol de sel reposant sur la Bible familiale. [318]

Dans certaines régions du nord de l'Angleterre, donner du sel est une procédure dangereuse ; car si le sel ainsi donné entre en possession d'un méchant, il place le donateur entièrement au pouvoir d'une telle personne. [319]

En haute Egypte, avant le départ d'une caravane, il est d'usage que les femmes indigènes jettent du sel sur des charbons ardents, qui sont transportés dans des vases de terre et déposés devant les différents chargements. Ce faisant, ils s'écrient : « Puissiez-vous être bénis en allant et en venant », et de telles incantations, selon eux, rendent inertes toutes les machinations des mauvais esprits. [320]

IX. REMARQUES DIVERSES SUR LE SEL

Chez les paysans de la province espagnole d'Andalousie, le mot « sel » est synonyme de grâce et de charme dans les manières, et il n'y a pas de langage plus attachant ou plus flatteur pour s'adresser à une femme, qu'elle soit épouse ou amie, que de l'appeler « le sel ». -boîte de mon amour. L'expression « Puissiez-vous être bien salés » est également courante comme expression d'un regard affectueux. [321]

Les pêcheurs écossais ont pour tradition de saler leurs filets « pour porter chance », et ils jettent aussi parfois un peu de sel dans la mer « pour aveugler les fées ».

Dans l'île de Man, l'échange de sel est considéré comme indispensable à toute transaction commerciale, tandis que l'on sait même que les mendiants de Manx refusent une aumône si elle ne leur est pas offerte. [322]

À Syracuse, en Sicile, le sel s'est distingué comme symbole de sagesse à cause d'une curieuse interprétation erronée des mots *sedes sapientiæ* de la litanie dite de Lauretane ; ces paroles devenant dans la bouche du peuple *sale e sapienza* , [323] sel et sagesse.

Le sel et le pain, qui représentent les nécessités de la vie, sont les premiers articles apportés dans la demeure d'un couple nouvellement marié en Russie. Et en Poméranie, à la fin d'un petit-déjeuner de noces, un serviteur transporte une assiette contenant du sel, sur laquelle les invités déposent des cadeaux en argent. [324]

Autrefois, le pain et le sel étaient considérés comme les aliments les plus simples et les plus indispensables et étaient offerts aux hôtes comme garantie d'hospitalité et de convivialité. La réputation universelle du sel comme symbole de bonne volonté se reflète dans les proverbes et les dictons courants de nombreuses nations. Cicéron, dans son traité sur l'Amitié, écrivait que l'âge augmentait la valeur des amitiés, tout en améliorant la qualité de certains vins ; et il ajouta en outre qu'il y avait du vrai dans le proverbe : « Il faut manger plusieurs morceaux de sel ensemble pour amener l'amitié à la perfection. »

Dans la mesure où le sel est un article de régime nécessaire et sain, une consommation généreuse est considérée comme bénéfique. Evan Marlett Boddy, FRCS, dans son « Histoire du sel », p. 78, commente avec une certaine aspérité la coutume, répandue aux tables des gentilshommes anglais, de placer le sel dans les plus petits récipients, comme s'il s'agissait d'une substance des plus coûteuses. Il considère comme tout sauf édifiant « de voir l'hôte et ses invités, de la manière la plus délicate et la plus grotesque, se servir de quantités presque infinitésimales de sel, comme si c'était une marque de bonne éducation et de délicatesse ». Au contraire, poursuit-il, ces coutumes stupides de la « bonne société » sont véritablement révélatrices d'une faiblesse mentale et d'une profonde ignorance.

Dans un traité sur la Dignité et l'utilité du sel de Jean de Marcounille Percheron, Paris, 1584, ce minéral est comparé en valeur aux quatre éléments reconnus par les anciens : la terre, l'air, le feu et l'eau ; et en effet, en raison de son importance pour le maintien de la santé dans l'économie animale, le sel a été qualifié de « cinquième élément ». Les Thraces d'autrefois accordaient une telle importance à cette marchandise qu'ils troquaient des esclaves en échange, d'où l'expression *Sale empum mancipium* .

Le géographe égyptien Cosmas a déclaré qu'une monnaie de sel était utilisée en Afrique au VIe siècle ; [325] et Marco Polo a écrit que le sel était un moyen d'échange courant chez certains peuples asiatiques au XIIIe siècle. Au Tibet, par exemple, des morceaux de sel façonnés dans un moule et pesant environ une demi-livre chacun servaient de petite monnaie ; quatre-vingts de ces pièces valaient autant qu'un *saggio* d'or fin, correspondant au *solidus romain* , valant environ trois dollars. Le sel était d'ailleurs utilisé à cette époque comme monnaie dans le Yun-Nan et dans d'autres provinces du sud-ouest de la Chine. [326]

Félix Dubois, dans son « Tombouctou la Mystérieuse », p. 123, commente la rareté du sel dans l'intérieur du Soudan, et dit que c'est la denrée la plus précieuse de cette région, le *véritable or* des Soudanais. La majeure partie de l'approvisionnement en sel de Tombouctou provient des mines de sel de Taudeny, situées dans le grand désert du Sahara, à environ trois cents milles au nord. Ici, le sel se trouve en abondance sous une maigre couche de sable, et est déterré en morceaux et façonné en blocs. De petits morceaux de ce sel gemme sont utiles au voyageur comme monnaie et sont facilement acceptés comme tels par les marchands soudanais.

Les chameaux du sud de la Mongolie ont besoin d'une certaine quantité de sel pour rester en bonne santé. Instinctivement, ils broutent donc les efflorescences salines que l'on trouve dans les plaines herbeuses ou les steppes d'Asie. Le baron Humboldt, dans ses « Aspects de la nature » (Berlin, 1808), écrit que ces plaines étaient couvertes de plantes à soude juteuses et à feuilles persistantes ; et que beaucoup d'entre eux brillaient de loin avec des flocons de sel exsudé, qui ressemblaient beaucoup à de la neige fraîchement tombée. Lorsque les chameaux ne trouvent pas cette efflorescence, ils manifestent parfois leur envie de sa saveur saline en prenant des cailloux blancs dans leur bouche, les supposant être des morceaux de sel. [327]

En raison de l'universalité de son utilisation, le sel a été qualifié de « condiment cosmopolite ». Le besoin de cette substance n'est pas réservé à l'homme, mais est partagé par les animaux inférieurs, et sa valeur hygiénique pour les chevaux et les vaches est bien connue. Les animaux sauvages parcourent de longues distances à travers les déserts et les prairies, ou à travers les marécages et les jungles, pour atteindre les « salines ».

Il se peut que ce besoin naturel de sel, commun à l'homme et à la bête, ait suggéré une coutume d'étiquette en Abyssinie. Car lorsqu'un indigène de ce pays désire accorder une attention particulièrement délicate à un ami ou à un invité, il présente un morceau de gros sel et permet gracieusement à celui-ci de le lécher avec sa langue ; une coutume qui n'est pas du tout plus ridicule que l'offrande cérémonieuse de tabac à priser et l'éternuement social de la civilisation moderne.

Dans certaines régions du Continent Noir, le sel est considéré comme un grand luxe et est apprécié par les enfants indigènes tout aussi vivement que les bonbons dans les pays plus favorisés.

Dans la région d'Accra, sur la côte guinéenne, le sel aurait une valeur comparable à celle de l'or ; et selon Mungo Park, chez les Mandingues et les Bambaras, tribus d'Afrique de l'Ouest dont les membres sont particulièrement intelligents, l'expression « aromatiser sa nourriture avec du sel » implique la possession de richesses. [328]

Les Namaquas, habitants du pays Hottentot, partagent si peu les sentiments de leurs voisins à l'égard du sel, qu'ils le considèrent comme un article superflu et sans aucune valeur.

Vers 1830 parut en Angleterre un volume d'un certain docteur Howard, avec le titre curieux suivant : « Le sel, le fruit ou la nourriture défendu ; et la principale cause des maladies du corps et de l'esprit de l'homme et des animaux, telle qu'enseignée par les anciens prêtres et sages égyptiens et par les Écritures, conformément à l'expérience de l'auteur pendant de nombreuses années. [329]

Comme on peut bien l'imaginer d'après son titre, ce livre traite du sel comme d'une substance des plus nocives, dont l'abstinence, en tant qu'article de régime, est essentielle au maintien de la santé.

On pensait en outre que l'utilisation du sel comme aliment rendait irascible et mélancolique, et pour illustrer ce point de vue, on peut citer le passage suivant de «Euphues and his England», de John Lyly, maître d'art (1580).):—

En vérité, messieurs, je mange rarement du salé par peur de la colère, et si vous me donnez en signe que je manque d'esprit, alors vous me préparerez du choléricke avant que je le mange ; car les femmes, même si elles ne sont jamais aussi stupides, seront toujours considérées comme sages.

Je n'attendis pas longtemps ma réponse, mais aussi bien vivifié par son discours précédent que désireux de crier quittance pour sa langue actuelle, je dis ainsi : « Si vous mangez une réserve de sel, faites-vous *inquiéter* ; et ne pas avoir *de sel* , c'est manquer d'esprit, alors m'étonnez-vous que, ne mangeant pas *de sel*, vous soyez si captif ; et n'aimant pas *le sel*, vous êtes si sage, alors qu'en effet tant d'esprit suffit à une femme, que lorsqu'elle est sous la pluie, vous pouvez l'avertir d'en sortir. [330]

Dans un article récent du « Journal of Hygiene », l'auteur affirme que la croyance générale en la nécessité de l'usage du sel pour le maintien de la santé est malveillante ; car beaucoup de gens, dans leur zèle à tirer le meilleur parti des bonnes choses, ont coutume de manger du sel pour assaisonner toutes sortes d'aliments. Ainsi, une envie anormale de saveur saline est acquise et le condiment est utilisé en excès, ce qui sollicite indûment les organes sécrétoires, alors qu'en réalité une petite quantité de sel est nécessaire. Les personnes dépendantes de ce qu'on appelle « l'habitude du sel » ont un goût pervers et sont naturellement de parfaits ratés en tant qu'épicuriens ; car comment peut-on se prendre pour un mangeur délicat qui déguise la vraie saveur de chaque plat, et dont le palais refuse d'être chatouillé par les morceaux les plus choisis, à moins qu'ils ne sentent fortement le sel ?

Mais même à notre époque, l'utilisation du sel comme condiment est parfois déconseillée car inutile, voire même dangereuse. On avance ainsi que cette substance arrête ou retarde les processus physiologiques de désintégration et de renouvellement des cellules qui composent les tissus du corps vivant, processus essentiels au maintien de la vie et de la santé.

Un récent partisan de cette théorie soutient que le penchant pour le sel manifesté par certains animaux domestiques est dû à un goût acquis plutôt qu'à un besoin instinctif ; car les chiens et les chats apprennent facilement à aimer les produits artificiels comme la glace et la bière. Quant aux visites occasionnelles d'animaux sauvages aux salines, le fait que ces visites soient relativement rares a été considéré comme prouvant que ces animaux ont périodiquement besoin des effets médicinaux des eaux salées, selon le même principe qui conduit les gens riches et élégants à visitez certains spas d'Europe ou d'Amérique. L'auteur mentionné ci-dessus suggère que, même si chaque aliment a sa propre saveur, l'ajout de sel leur donne à tous un goût identique. Et si un utilisateur invétéré de sel renonce pendant un mois à ce condiment favori, il pourra alors pour la première fois apprécier correctement les vraies saveurs des viandes et des légumes. [331]

Dans les « Révélations des mystères égyptiens » de Robert Howard, l'utilisation du sel comme condiment est caractérisée comme une violation de la loi de la nature qui interdit aux animaux de consommer des substances minérales comme nourriture. L'histoire peut, en effet, témoigner de l'ancienneté de cette coutume, mais elle ne peut fournir aucune preuve de son bien-fondé. En effet, l'auteur allègue dans l'ouvrage ci-dessus que le sel est une substance des plus pernicieuses et la cause directe de nombreux maux.

L'idée véhiculée par l'expression « Assez vaut comme un festin » s'applique pleinement à l'utilisation du sel comme condiment, car un excès de cette substance dans l'alimentation en gâte certainement la saveur. Selon une version d'un mythe forestier roumain, un prince, en poursuivant la chasse, tomba sur un magnifique laurier dont les branches étaient d'une teinte dorée. Cet arbre lui plaisait tellement, qu'il résolut de dîner sous son ombre et donna des ordres à cet effet. Des préparatifs furent faits en conséquence ; mais pendant l'absence momentanée du cuisinier, une belle jeune fille sortit de l'arbre et répandit une quantité de sel sur les viandes, après quoi elle rentra dans l'arbre , qui se referma sur elle. Lorsque le prince revint et commença à dîner, il gronda le cuisinier pour avoir utilisé trop de sel, et le cuisinier protesta tout naturellement de son innocence.

Le lendemain, la même chose se produisit, et le prince résolut alors de veiller, afin de découvrir si possible le coupable. Le troisième jour, lorsque la jeune fille, courbée vers le mal, sortit de l'arbre, le prince la rattrapa et l'emporta, et elle devint sa fidèle épouse. [332]

Cette section peut être conclue de manière appropriée par la traduction suivante d'une légende romaine illustrant la valeur du sel commun en tant qu'aliment : [333] -

La valeur du sel. Un conte populaire romain.

Il était une fois un roi qui avait trois filles, et il désirait beaucoup savoir laquelle d'entre elles l'aimait le plus ; il les essayait de diverses manières, et il semblait toujours que c'était la plus jeune fille qui sortait la meilleure du test. Pourtant, il n'était jamais satisfait, car il était obsédé par l'idée que les aînés l'aimaient le plus.

Un jour, il crut régler l'affaire une fois pour toutes, en demandant à chacune séparément combien elle l'aimait. Il appela donc l'aînée seule et lui demanda combien elle l'aimait.

« Autant que le pain que nous mangeons », fut sa réponse ; et il se dit en lui-même : « Elle doit, comme je le pensais, m'aimer le plus ; car le pain est le premier besoin de notre existence, sans lequel nous ne pouvons vivre. Elle veut donc dire qu'elle m'aime tellement qu'elle ne pourrait pas vivre sans moi.

Puis il appela seule la deuxième fille et lui dit : « Combien m'aimes-tu ?

Et elle répondit : « Autant que le vin. »

«C'est aussi une bonne réponse», se dit le roi. « Il est vrai qu'elle ne semble pas m'aimer autant que l'aînée ; mais pourtant, on ne peut guère vivre sans vin, de sorte qu'il n'y a pas beaucoup de différence.

Alors il appela seule la plus jeune et lui dit : « Et toi, combien m'aimes-tu ?

Et elle répondit : « Autant que du sel. »

Alors le roi dit : « Quelle comparaison méprisable ! Elle m'aime seulement autant que la chose la moins chère et la plus courante qui se présente à la table. C'est autant dire qu'elle ne m'aime pas du tout. J'ai toujours pensé qu'il en était ainsi. Je ne la reverrai plus jamais.

Puis il ordonna qu'une aile du palais soit fermée du reste, où on lui servirait tout ce qui concernait sa condition de vie, mais où elle vivrait seule, à l'écart, et ne s'approcherait jamais de lui.

Ici, elle vivait donc toute seule. Mais même si son père croyait qu'elle ne se souciait pas de lui, elle se languit tellement d'être tenue loin de lui, qu'à la fin elle fut épuisée et ne put le supporter plus longtemps.

La chambre qu'on lui avait donnée n'avait pas de fenêtres sur la rue, pour qu'elle n'eût pas le plaisir de voir ce qui se passait dans la ville, mais elles donnaient sur une cour intérieure. Ici, elle voyait parfois le cuisinier sortir laver les légumes à la fontaine.

« Cuisinez, cuisinez ! » appela-t-elle un jour, en le voyant passer ainsi sous la fenêtre.

La cuisinière leva la tête avec un visage bon enfant, ce qui l'encouragea.

"Tu ne penses pas, cuisinier, que je dois être très seul et misérable ici, tout seul ?"

« Oui, Signorina, » répondit-il ; « Je pense souvent que je voudrais vous aider à sortir ; mais je n'ose pas y penser, tant le roi serait en colère.

"Non, je ne veux pas que vous fassiez quoi que ce soit qui désobéisse au roi",
répondit la princesse ; "Mais voudriez-vous vraiment me rendre un service,
ce qui me rendrait vraiment très reconnaissant ?"

— Oh oui, Signorina, tout ce que je peux faire sans désobéir au roi, répondit
le fidèle serviteur.

"Alors ça y est", dit la princesse. « Voudriez-vous simplement m'obliger à
préparer le dîner de papa aujourd'hui sans aucun sel ? Pas le moindre grain
du tout. Que ce soit un dîner aussi bon que vous le souhaitez, mais sans sel
dans quoi que ce soit. Veux-tu faire ça ?

«Je vois», répondit le cuisinier avec un signe de tête entendu. "Oui, compte
sur moi, je le ferai."

Ce jour-là, au dîner, le roi n'avait pas de sel dans la soupe, pas de sel dans la
viande bouillie, pas de sel dans le rôti, pas de sel dans les frites.

"Qu'est-ce que cela veut dire?" dit le roi en repoussant les plats les uns après
les autres. « Il n'y a rien que je puisse manger aujourd'hui. Je ne sais pas ce
qu'ils ont fait de tout, mais il n'y a pas une seule chose qui ait le moindre goût.
Qu'on appelle le cuisinier.

Alors le cuisinier est venu avant lui.

« Qu'avez-vous fait des vivres aujourd'hui ? dit sévèrement le roi. « Vous avez
envoyé beaucoup de plats, et personne vivant ne peut les distinguer les uns
des autres. Ils sont tous exactement pareils et aucun d'entre eux ne peut être
mangé. Parler!"

Le cuisinier répondit :

« En entendant Votre Majesté dire que le sel était la chose la plus commune
qu'on vienne à table, et en somme si sans valeur et si méprisable, je me suis
demandé si c'était une chose qui méritait vraiment d'être servie à la table du
roi ; et, jugeant qu'il n'en valait pas la peine, je le supprimai de la cuisine du
roi, et j'en habillai toutes les viandes sans. Sauf cela, les plats sont les mêmes
qui sont envoyés chaque jour à la table du roi.

Alors le roi comprit la valeur du sel, et il comprit combien était grand l'amour
de son plus jeune enfant pour lui ; il envoya donc ouvrir son appartement et
l'appela auprès de lui pour ne plus s'en aller.

X. LA SALIÈRE

Le rhéteur Arnobius, dans son ouvrage « Disputationes contra Gentes », a
écrit que les païens avaient l'habitude de sanctifier ou de sanctifier leurs tables

en y installant des caves à sel. En effet, en raison du fait que le sel était utilisé dans chaque sacrifice comme offrande aux dieux, et en raison également de ses attributs divins réputés, les récipients contenant du sel étaient également tenus pour sacrés.

En effet, la salière participait de la nature d'un vase sacré, associé au temple en général, et plus particulièrement à l'autel. [334]

Pythagore disait que le sel était l'emblème de la justice ; car, de même qu'elle préserve toutes choses et prévient la corruption, de même la justice préserve tout ce qu'elle anime, et sans elle tout est corrompu. Il ordonna donc qu'une salière soit placée sur la table à chaque repas, afin de rappeler aux hommes cette vertu emblématique du sel. [335]

Les Romains considéraient le sel comme un aliment sacré, et c'était pour eux une question de principe religieux de veiller à ce qu'aucun autre plat ne soit placé sur la table avant que le sel ne soit en place. [336] Une coquille servait de récipient à sel sur la table du paysan romain, mais lors du repas du citoyen riche, la salière en argent, qui était habituellement un héritage, était placée au milieu de la table ; et la même coutume prévalait en Angleterre à l'époque médiévale.

Dans un ouvrage intitulé « Antiquitates Culinariæ », compilé par le révérend Richard Warner, Londres, 1791, on trouve, réimprimées à partir d'un vieux rouleau de papier, des instructions élaborées pour la préparation de la table du banquet à l'occasion d'un grand fête lors de l'intronisation de George Neville comme chancelier d'Angleterre et archevêque d'York en la sixième année d'Édouard IV après J.-C. 1466.

Après la pose de la « serviette du chef », les fonctionnaires de la maison du roi chargés de ces fonctions reçurent l'ordre d'apporter du sel, du pain et des trancheuses, et de « mettre le sel juste au milieu du tissu de propriété ».

Des instructions minutieuses suivent concernant la disposition appropriée des trancheuses, des couteaux, des cuillères et du pain, ainsi que leurs relations exactes avec le sel, qui a été traité avec une déférence particulière tout au long de la cérémonie.

Le député. Horace Walpole a publié un récit des formalités observées lors de la « mise » de la table du dîner de la reine Elizabeth, telles que décrites par un voyageur allemand présent à une telle occasion. Après que la nappe fut étendue, deux messieurs parurent, l'un portant une verge, l'autre une salière, une assiette et du pain. Après s'être agenouillés trois fois avec le plus grand respect, ils posèrent ces trois objets sur la table et se retirèrent. Plus tard dans la cérémonie vinrent une dame célibataire vêtue de soie blanche et une matrone portant un couteau de dégustation. La première, s'étant prosternée trois fois, s'approcha de la table de la manière la plus gracieuse, et frotta avec du pain et du sel les assiettes prévues pour les convives. Après cela, les yeomen de la garde, vêtus d'écarlate et portant chacun une rose d'or sur le dos, entrèrent tête nue, apportant un service de vingt-quatre plats. Dans les foyers de la noblesse anglaise, une coutume similaire prévalait. Un code d'instructions rythmé destiné aux serviteurs du XVe siècle exigeait que le sel soit toujours le premier article placé sur le plateau de fête après la pose du drap : [337] -

Tu dois mettre premièrement en tous lieux et en tout Hostel

La nappe, et après le sel;

Cousteaulx, pain, vin et puis viande,

Puis apporter ce qu'on demande.

Dans le « Havre de Santé » (Thomas Coghan, Londres, 1636) se trouvent ces versets, cités d'un auteur antérieur : —

Sal primo poni debet, primoque reponi,

Omnis mensa mâle ponitur absque vente.

Un curieux petit traité, intitulé Comment servir un seigneur, précise comment sera placée la salière principale :

Ensuite, le boteler ou le panter apportera son sel principal... il placera le vendeur dans le milieu du tabul selon l'endroit où le souverain principal s'installera... puis le second sel à l'extrémité inférieure... alors les selers devront soyez assis sur les syde tablys.

On pense que l'habitude de mettre du sel sur la table avant tout trouve son origine dans l'ancienne conception de cette substance comme symbole de l'amitié ; et en effet, aucun banquet, aussi élaboré soit-il, n'était complet sans cela. Le sel était d'ailleurs le dernier article à être retiré du plateau hospitalier.

C'était comme si nos ancêtres voulaient ainsi que les invités, voyant du sel sur la table, se rendent compte qu'ils étaient « invités avec amour et aimés avant de venir » ; et le fait qu'il était permis de rester après que les autres plats aient été retirés pourrait leur rappeler que même si les fêtes, comme beaucoup d'autres bonnes choses, prennent fin, l'amour et l'amitié peuvent être perpétuels. [338]

Macrobe a écrit, au cinquième siècle APRÈS JC , que les anciens ne se considéraient pas comme les bienvenus ou en sécurité lors d'un banquet à moins que le sel et les sanctuaires de leurs dieux ne soient placés sur la table ; le premier indiquant un salut cordial, et le second étant une garantie de protection.

L'ancien « Boke de Keruynge » dit : « Alors placez votre sel du côté droit où votre souverain sera assis, et sur le côté gauche le sel posez vos tranchées. »

Les salines médiévales étaient souvent des pièces d'argent élaborées. Dans «Mœurs, coutumes et tenues vestimentaires au Moyen Âge» de Paul Lacroix, on trouve des illustrations d'une salière en argent émaillé à six faces, représentant les travaux d'Hercule, qui fut réalisée à Limoges pour le roi de France François Ier, dans le début du XVIe siècle. Au Corpus Christi College de Cambridge, en Angleterre, est conservée une salière en argent et en or élégamment ouvragée qui appartenait à Matthew Parker, nommé archevêque de Cantorbéry en 1558. [339]

Dans « Art Journal » (vol. xxxix. 1887), on trouve une description de la salière d'État de Mostyn Hall, Flintshire, au nord du Pays de Galles, qui avait été récemment découverte dans un coffre ancien. Cette magnifique pièce d'assiette, qui porte la date de Londres 1586-87, mesure dix-huit pouces et demi de hauteur et de forme cylindrique, surmontée d'un vase et richement ornée de groupes de fruits, de feuillages, d'animaux et d'oiseaux.

Dans l'Angleterre médiévale, la salière principale avait parfois la forme d'un navire en argent, évoquant ainsi à la fois les profondeurs saumâtres et l'embarcation qui y navigue.

Le roi Henri III. commanda vingt sels d'argent en 1243. [340]

Dans la salle des joyaux de la couronne, dans la Tour de Londres, se trouvent onze magnifiques salières en or, la plus ancienne datant du règne d'Élisabeth. Parmi celles-ci, la salière dite d'État, qui est un modèle de la Tour Blanche, fut offerte par la ville d'Exeter au roi Charles II et fut utilisée lors des banquets de couronnement.

Des descriptions et des illustrations d'anciennes salines anglaises de différentes époques se trouvent dans un volume intitulé « Old English Plate », par Wilfred Joseph Cripps, MA, FSA, Londres, 1886 ; et dans « Old Plate », de JH Buck, New York, 1888. Dans le premier ouvrage, il est fait mention d'une magnifique salière, « en forme d'olifaune », propriété de John, comte de Warrenes, en 1347. ; et un autre, « en forme de chien », appartenant à Edmund Mortimer, comte de March, en 1380.

Depuis les débuts jusqu'à la fin du XVIIe siècle, le rang des convives lors d'un banquet dans les maisons riches, comme dans les salles des hobereaux de campagne, en Angleterre, était indiqué par la situation de leurs places à table en référence à l'argenterie massive. les pièces maîtresses qui contenaient le sel, [341] parfois appelées « cuve à sel » ou « pied de sel ».

Au bout de la table, qu'on appelait *le bout du plateau* , et « au-dessus du sel », étaient assis l'hôte et ses invités les plus distingués ; et sous les règnes d'Henri

VII. et VIII. il fut enjoint aux huissiers de veiller à ce que personne n'occupe une place plus élevée que celle à laquelle il avait droit. Aucune sanction n'a probablement été imposée aux invités qui ont involontairement choisi un siège plus honorable que celui que leur rang le justifiait, autre que la révocation à un poste inférieur. Mais à l'époque moins civilisée du XIe siècle, les lois du roi Canut prévoyaient que toute personne assise à un banquet au-dessus de sa position devait être « chassée de sa place par des os, à la discrétion de la compagnie, sans le privilège de prendre infraction." [342]

Dans un livre intitulé « Strange Foot-Post, with a Packet full of Strange Petitions », de Nixon (Londres, 1613), l'auteur dit en référence à un pauvre érudit :

Or, quant à son repas, il est léger à la table la moins chère, mais il doit s'asseoir sous le sel, c'est un axiome dans de tels endroits ; puis après avoir tranquillement dégainé son couteau, déplié convenablement sa serviette après s'être essuyé deux ou trois fois la barbe, s'il l'a, il peut atteindre le pain sur la pointe de son couteau.

Le « Babees Book » (1475) dit : « Le sel ne touche pas non plus dans sa salere avec du nokyns mete, mais le pose honnêtement sur le Trenchoure, car c'est de la courtoisie ; » et le « Livre de la Jeunesse » (1500) contient ce passage : « Il n'était pas gracieux de prendre le sel sauf avec le couteau clène ; encore moins pour tremper sa viande dans la salière.

Joseph Hall, dans ses « Satires » (1597), parlant des conditions imposées par un doux écuyer au précepteur de son fils, dit que celui-ci devait dormir dans un lit gigogne au pied du canapé de son jeune maître, et que sa place à table était invariablement « en dessous du sel ».

Encore une fois, dans un volume des « Essais », de Sir William Cornwallis (1632), on trouve ce qui suit :

Il y en a une autre espèce pire que celles-là, qui ne disent jamais rien d'elles-mêmes, mais qui font des plaisanteries par cœur, et qui volent aux livres et aux hommes de jolis contes, et pourtant espèrent que celle-ci ait une place au-dessus du *sel*.

Les paroles d'une vieille ballade anglaise sont tout à fait à propos de notre sujet :

Tu es un carle de niveau médiocre,

Le sel est entre moi et toi.

Le passage suivant de « La vie des Berkeley » de Smyth fait référence à Lord Henry Berkeley, qui demeurait au château de Caludon, près de Coventry, dans le Warwickshire, à la fin du XVIe siècle, et peut servir à illustrer l'importance du sel central. cave comme limite:—

A Noël et autres fêtes, lorsque ses voisins faisaient la fête dans sa salle, il se levait de la sienne au milieu de leur dîner et se rendait à chacune de leurs tables pour leur souhaiter joyeusement la bienvenue ; et lorsque des invités d'honneur et de haut rang remplissaient sa propre table, il s'asseyait au fond ; et lorsque de tels invités ne remplissaient que la moitié de son repas et ceux de moindre degré l'autre moitié, il prenait place entre eux au milieu de sa longue table *près du sel* , ce que des actes gracieux et prévenants faisaient beaucoup pour gagner l'amour que son peuple. avait pour lui.

Et en commentant ce passage, un auteur récent fait remarquer que son épouse hautaine, Lady Katherine, si née, belle et intelligente qu'elle fût, ne pouvait guère être imaginée assise « sous le sel », par considération pour les sentiments d'un être inférieur. . [343]

Dans les maisons des fermiers aisés parmi la paysannerie écossaise de la fin du XVIIIe siècle, une nappe en lin était parfois étalée sur la partie supérieure de la table à manger, où étaient assis le fermier et les membres de sa famille. Assez souvent, cependant, une ligne à la craie séparait cette extrémité du plateau de la partie inférieure où étaient assis les ouvriers salariés ; et dans les maisons les plus prétentieuses, le plat à sel servait de limite. [344]

Dans « Glossaire de Nares », vol. ii. p. 763, sous le titre « Au-dessus ou au-dessous du sel », l'auteur commente les distinctions odieuses autrefois faites entre les invités assis à la même table, et cite comme suit « Cynthia's Revels » de Ben Jonson en référence à un fat vaniteux :

Sa mode n'est pas de reconnaître celui qui est au-dessous de lui dans ses vêtements ; il ne boit jamais en dessous du sel.

La société des propriétaires adhère toujours à la coutume d'indiquer le rang et la position sociale à table au moyen d'une belle salière de l'époque de Jacques Ier, à laquelle est assignée la fonction responsable de séparer la cour de la livrée lors des dîners de la livrée. ; ces derniers occupant les sièges correspondant à ceux des serviteurs dans l'ancienne salle des barons. [345]

Chez les puritains de la Nouvelle-Angleterre, « la salière était le point central du conseil d'administration d'autrefois ». Nos ancêtres ont apporté d'outre-mer non seulement les idées sur l'étiquette à table qui prévalaient dans l'ancien pays, mais aussi des vanités tangibles comme l'argenterie. Miss Alice Morse Earle, dans son livre sur les « Coutumes et modes de la vieille Nouvelle-Angleterre », dit que le « sel debout » était souvent le plus bel article de mobilier de table, et mentionne parmi les biens de Comfort Starr, de

Boston, en 1659. , une « grande salière double en vermeil ». Au début du XVIIIe siècle, ces lourds récipients en argent furent remplacés par les petits « sels de trancheuse », de motifs variés, qui sont encore utilisés.

Les présages des éternuements

C'est un ami au moment d'éternuer ; tout ce qu'on peut obtenir de lui, c'est un « Que Dieu vous bénisse ! » – *proverbe italien*.

I. DANS LES TEMPS ANTIQUES

Les anciens Égyptiens considéraient la tête comme une citadelle ou une forteresse dans laquelle résidait la faculté de raisonnement. [346] C'est pourquoi ils vénéraient particulièrement toute fonction qui semblait appartenir à une partie si noble du corps, et honoraient même l'acte insignifiant d'éternuer en lui attribuant des augures du bien ou du mal, selon la position de la lune par rapport aux signes. du zodiaque. [347] Les Grecs et les Romains aussi, qui considéraient les événements les plus insignifiants de la vie quotidienne comme des présages de bonne fortune ou inversement, considéraient également le phénomène des éternuements comme non le moins important à cet égard. Homère nous raconte dans l'Odyssée que la princesse Pénélope, troublée par les importunités de ses prétendants, pria les dieux pour le prompt retour de son mari Ulysse. A peine sa prière était-elle terminée que son fils Télémaque éternua, et cet événement fut considéré par Pénélope comme un signe que sa requête serait accordée.

Aristote disait qu'il existait un dieu des éternuements et que lorsqu'en Grèce une entreprise commerciale devait être entreprise, deux ou quatre éternuements étaient considérés comme favorables. S'il y en avait plus de quatre, les auspices étaient indifférents, tandis qu'un ou trois rendaient la poursuite des opérations dangereuse. [348] Il semble cependant qu'il n'y ait pas eu de règle constante à ce sujet. Les Romains considéraient qu'éternuer lors d'un banquet était particulièrement inquiétant ; et lorsque cela arrivait malheureusement, certains plats étaient ramenés à la table et dégustés à nouveau, car on pensait que cela contrecarrait tout effet néfaste. Les Grecs considéraient que le cerveau contrôlait la fonction des éternuements. Ils prenaient donc autant soin d'éviter de manger cette portion d'un animal que les Pythagoriciens l'étaient d'éviter les haricots comme article de régime. [349]

On raconte que juste avant la bataille de Salamine, en 480 AVANT JC , et tandis que Thémistocle, le commandant athénien, offrait un sacrifice aux dieux sur le pont de sa galère, un éternuement se fit entendre dans la main droite, qui fut salué comme un éternuement. heureux présage d'Euphrantide le devin. Il arriva encore une fois que, tandis que Xénophon s'adressait à ses soldats, faisant référence à la justesse de leur cause et à la faveur divine qui en découlait, on pouvait s'y attendre, quelqu'un par hasard éternua. S'arrêtant dans son discours, le grand général remarqua que Jupiter avait voulu leur envoyer un heureux présage, et qu'il semblait donc juste de faire une offrande aux dieux. Puis, après que toute la troupe eut chanté un hymne d'action de grâce, le sacrifice fut fait, et Xénophon continua son exhortation.

Parmi les anciens, éternuer à droite était considéré comme une chance et à gauche comme une mauvaise chose. Dans certains vers érotiques intitulés « Acmé et Septime », du poète romain Catulle (87-47 AV. J.-C.), ces vers sont répétés deux fois :

L'amour écoutait avec délice,

Et a éternué sous son auspice à droite.

Les présages des éternuements étaient considérés comme revêtant une importance particulière dans les relations amoureuses, et en effet les poètes classiques avaient coutume de dire des belles femmes que l'Amour avait éternué à leur naissance. Le poète italien Propertius, tout en affirmant son affection durable pour Cynthia, la fille du poète Hostius, apostrophe ainsi le thème principal de ses éloges funèbres : « Dans tes jours nouveau-nés, ma vie, l'Amour doré a-t-il éternué haut et fort un discours favorable ? présage."

Les Égyptiens, les Grecs et les Romains considéraient l'acte d'éternuer comme une sorte de divinité ou d'oracle, qui les avertissait à diverses occasions de la voie à suivre et prédisait également le bien ou le mal futur. [350]

Plutarque disait que l'esprit familier ou démon de Socrate était simplement l'éternuement du philosophe lui-même ou de son entourage. Si quelqu'un dans son entreprise éternuait sur sa main droite, Socrate se sentait encouragé à poursuivre le projet ou l'entreprise qu'il avait peut-être en tête. Mais si l'éternuement était sur sa main gauche, il abandonnait l'entreprise. S'il éternuait lui-même lorsqu'il hésitait à faire quelque chose ou à ne pas le faire, il considérait cela comme une preuve affirmative ; mais s'il lui arrivait d'éternuer après avoir commencé un travail, il s'en abstenait immédiatement. [351] Le démon, nous dit-on, l'avertissait toujours par un léger éternuement lorsque sa femme Xantippe était sur le point d'avoir une crise, de sorte qu'il pouvait ainsi s'absenter opportunément. Et ce faisant, Socrate semble avoir donné la preuve, s'il en était besoin, de sa sagesse supérieure ; car Xantippe était connue pour renverser la table du souper dans sa colère, et cela aussi lorsqu'un invité était présent.

Sur une colonne du jardin de la Maison du Faune, à Pompéi, il y a une inscription latine qui peut être librement traduite ainsi :

Victoria, bonne chance à toi et partout où tu veux, éternue agréablement. [352]

Clément d'Alexandrie, dans un traité de politesse, qualifie les éternuements d'efféminés et de signe d'intempérance.

La seule référence biblique au sujet des éternuements se trouve probablement dans 2 Rois iv. 35, où le fils de la Sunamite éternua sept fois puis ressuscita à la prière d'Élisée.

Hor-Apollon, dans son traité sur les hiéroglyphes égyptiens, dit que les habitants de l'Egypte ancienne croyaient que la capacité d'éternuer était en raison inverse de la taille de la rate ; et ils représentaient le chien comme la personnification de l'éternuement et de l'odorat, parce qu'ils croyaient que cet animal avait une très petite rate. D'un autre côté, ils estimaient que les animaux dotés d'une grosse rate étaient incapables d'éternuer, de sentir ou de rire, c'est-à-dire d'être ouverts, joyeux ou francs. [353]

La fonction de la rate dans l'économie animale n'est pas entièrement comprise aujourd'hui. Si la théorie ci-dessus était correcte, on pourrait s'attendre à ce que l'ablation de la rate d'un chien provoque une sternutation excessive et rende l'odorat plus aigu, alors que le seul résultat marqué de l'opération est un appétit vorace. La théorie est certainement unique, mais aussi illogique et absurde.

Saint Augustin a écrit qu'à son époque, la foi dans les présages des éternuements était si répandue qu'un homme retournait au lit s'il lui arrivait d'éternuer en mettant ses chaussures le matin.

Le savant prélat anglais Alcuin (735-804) exprimait l'opinion que les éternuements n'avaient aucune valeur d'augure, sauf pour ceux qui s'y fiaient. Mais il remarqua en outre qu'« il était permis au mauvais esprit, pour tromper les personnes qui observent ces choses, de faire en sorte que, dans une certaine mesure, les pronostics prédisent souvent la vérité ». [354]

Dans un ancien sermon anglo-saxon, dont un exemplaire se trouve à la bibliothèque de l'Université de Cambridge, en Angleterre, il est fait référence à certaines superstitions existant parmi les Saxons avant leur conversion au christianisme. L'écrivain dit : « Quiconque se fie aux divinations, soit par les oiseaux, soit par les éternuements, soit par les chevaux ou les chiens, n'est pas un chrétien, mais un apostat notoire. »

II. Croyances médiévales sur les éternuements

D'après certains anciens poèmes gallois, il semble que les éternuements étaient considérés comme malchanceux au Pays de Galles au XIIe siècle ; [355] mais en Europe en général, à l'époque médiévale, l'éternuement d'un chat à la veille d'un mariage était considéré comme de bon augure. [356] Dans les écrits du poète français Pierre de Ronsard (1524-1585), on exprime l'opinion

que ne pas éternuer en regardant le soleil est un signe de malchance ; et du «
Livre de tous les arts interdits, de l'incrédulité et de la sorcellerie » du docteur
Hartlieb, 1455, nous apprenons qu'en Allemagne, il existait une croyance
populaire selon laquelle trois éternuements indiquaient la présence de quatre
voleurs autour de la maison.

Jérôme Cardan, le célèbre philosophe et médecin italien (1501-1576), en
parlant des génies ou esprits familiers, remarqua que, à son avis, les
éternuements étaient un phénomène surnaturel et, comme le
bourdonnement dans les oreilles, étaient prémonitoires de un événement
important. [357]

On peut avoir une idée des idées crédules au sujet des éternuements qui
prévalaient en Angleterre pendant le règne de la reine Elizabeth à partir des
extraits suivants des « Burghley Papers », Lansdowne MSS. (n° 121) au British
Museum. [358]

1. Si quelqu'un parle avec un autre de quelque chose et parle deux fois ou
trois fois, qu'il se lève peu à peu, s'il s'installe ou s'il se tient debout, qu'il se
mette en mouvement et s'en aille immédiatement sans s'arrêter à ses affaires,
car il prospérera.

2. S'il a dormi plus de trois fois, qu'il reste, car on ne sait pas comment il
s'enfuira.

3. Si un homme en a une ou trois fois, qu'il n'avance pas plus loin dans aucune
affaire, mais qu'il se laisse aller tout seul, car cela n'aboutira à rien.

4. Si deux hommes se rencontrent en même temps, c'est une bonne chose, et
laissez-les vaquer à leurs fins, que ce soit par eau ou par terre, et ils
prospéreront.

5. Sentir deux fois est une bonne syne, mais ronronner une ou trois fois est
une bonne syne. Si quelqu'un entre soudainement dans une maison et s'en
rend compte une fois, c'est un bon signe.

6. Un bruit fait pendant la nuit par n'importe quel membre de la maison
signifie bonne chance à la maison, mais s'il fait deux bruits, cela signifie un
dommage.

7. Il est vrai que celui qui prend une partie de la signification dans cet état,
qu'il partage une partie avec une autre.

8. Si quelqu'un passe deux nuits ensemble, c'est un signe que l'un des
membres de la maison mourra, sinon quelque grande bonté ou méchanceté
arrivera dans la maison.

9. Si un homme va habiter dans une maison et qu'il y habite une fois, qu'il y habite, mais s'il y habite à nouveau, qu'il ne s'attarde pas et qu'il n'y habite pas non plus.

10. Si un homme reste éveillé dans son lit et tombe une fois, c'est le signe d'une grande maladie ou d'une hyndrausse.

11. Si un homme dort dans son lit et s'endort une fois, cela indique de grands problèmes, la mort d'une personne ou une extrême hyndraunissement dans la perte de substance.

12. Si un homme couche dans son lit et fait un sommeil une fois, c'est un bon synonyme de santé et de gain, mais s'il dort, c'est mieux.

13. Si un homme passe trois nuits ensemble, c'est une bonne chose, quoi qu'il fasse.

14. Si un homme voyage par les chemins et entre dans un Inne et un Snese Twyse, qu'il quitte la maison et aille dans un autre, sinon il ne prospérera pas.

15. Si un homme part chercher du travail et en prend la main, et qu'ensuite il s'en va une fois, qu'il s'en aille, laissant son travail derrière lui, et cherche du travail ailleurs, et ainsi il fera du bien ; mais s'il s'en rend compte, qu'il le laisse prendre son travail et n'aille pas plus loin.

16. Si quelqu'un, après avoir fait un marché avec un autre pour quelque chose, et qu'il fait ensuite une fois, cela signifie que son marché ne continuera pas.

17. Si un homme se lève un lundi matin de son lit et couche une fois, c'est un signe qu'il prospérera et qu'il sera heureux toute cette semaine, ou qu'il aura une autre joie et commodité.

18. Mais s'il en est ainsi, c'est tout à fait le contraire.

19. Si un homme perd un cheval ou quoi que ce soit d'autre, et s'arrête (*sic*) par enthousiasme pour le chercher, faites-le une fois, c'est un signe qu'il le récupérera à nouveau, mais s'il le fera à nouveau, il ne l'aura jamais. c'est encore une fois.

20. Si un homme se lève un dimanche et se couche deux fois, c'est un bon jeton, mais s'il se couche une fois, c'est un bon jeton.

21. Si un homme, au tout début du dîner ou du souper, a envie de manger et qu'il dit cela, c'est un bon geste, mais s'il dit une fois, c'est tout à fait vrai.

22. Si un homme tombe malade au lit, se méfie de lui-même et renifle une fois, c'est un signe de mort, mais s'il renifle à ce moment-là, il s'échappera.

23. Une femme étant très malade, si elle éructe une fois, c'est un signe de santé, mais si elle éructe deux fois, elle mourra.

III. SUPERSTITIONS MODERNES SUR LES ÉTERNUEURS

Éternuer au début d'une entreprise, qu'il s'agisse d'une entreprise importante ou de l'acte le plus banal, est généralement considéré comme malchanceux. Ainsi, selon une croyance teutonique moderne, si un homme éternue en se levant le matin, il doit se recoucher pendant encore trois heures, sinon sa femme sera son maître pendant une semaine. [359] De même, le pieux hindou, qui peut éternuer par hasard en commençant ses ablutions matinales dans le Gange, recommence immédiatement ses prières et sa toilette ; et chez les Alfoorans ou aborigènes de l'île de Célèbes, dans l'archipel indien, s'il arrive à quelqu'un d'éternuer en sortant d'une réunion d'amis, il reprend aussitôt sa place pendant un moment avant de repartir. [360]

Lorsqu'un natif des îles Banks, en Polynésie, éternue, il s'imagine que quelqu'un l'appelle avec une intention bonne ou mauvaise, le motif étant indiqué par le caractère de l'éternuement. Ainsi, un léger éternuement implique un sentiment de bienveillance de la part de celui qui parle de lui, tandis qu'un accès violent indique une malédiction.

Dans ce dernier cas, il recourt à une forme particulière de divination pour savoir qui le maudit. Cela consiste à lever les bras au-dessus de la tête et à faire tourner les poings fermés l'un autour de l'autre. La révolution des poings est la question : « Est-ce une telle révolution ? Puis les bras sont jetés en dehors, et la réponse, vraisemblablement affirmative, est donnée par le craquement des articulations du coude. [361]

En Écosse, même des gens instruits soutiennent que les idiots sont incapables d'éternuer, [362] et donc, si cela est vrai, la conclusion est claire que l'acte de sternutation est une preuve *prima facie* de la possession d'un certain degré d'intelligence. .

Les infirmières britanniques pensaient que les nourrissons étaient sous le charme des fées jusqu'à ce qu'ils éternuent. « Que Dieu sauve l'enfant », s'est exclamée une vieille infirmière écossaise lorsque sa petite pupille a longuement éternué, « ce n'est pas un sorcier. »

Les Irlandais entretiennent également des convictions similaires. Ainsi, dans « Ancient Cures, Charms, and Usages of Ireland » de Lady Wilde (p. 41), on trouve la description suivante d'une cérémonie magique pour la guérison d'un enfant frappé par les fées. On fait un bon feu, dans lequel on jette une quantité de certaines herbes prescrites par les fées femmes ; et après qu'une épaisse fumée se soit élevée, l'enfant est porté trois fois autour du feu pendant qu'une incantation est répétée et que de l'eau bénite est généreusement aspergée. En attendant, toutes les portes doivent être fermées, de peur qu'une fée curieuse n'entre et n'espionne les débats ; et les rites magiques doivent être continués *jusqu'à ce que l'enfant éternue trois fois*, car cela perd le charme, et le petit est définitivement racheté du pouvoir des sorcières.

Chez les peuples non civilisés, l'éternuement d'un jeune enfant a une certaine signification mystique et est intimement associé à son avenir de bien-être ou de malchance. Ainsi, lorsqu'un enfant maori éternue, sa mère récite immédiatement un long charme de mots. Si l'éternuement survient pendant un repas, on pense qu'il s'agit du pronostic d'une visite ou d'une nouvelle intéressante ; alors qu'aux Tonga, cela est considéré comme un signe du mal.

De même, chez les Néo-Zélandais, si un enfant éternue à l'occasion de recevoir son nom, le prêtre officiant tient aussitôt à son oreille l'image en bois d'une idole et chante quelques paroles mystiques.

Dans une note annexée à son « Mountain Bard », le berger d'Ettrick dit à propos des superstitions du Selkirkshire : « Lorsqu'ils éternuent en sortant du lit le matin, ils sont alors certifiés que des étrangers seront là au cours du voyage. jour, en nombre correspondant aux heures où ils éternuent. [363]

C'était une croyance flamande qu'un éternuement au cours d'une conversation prouvait que ce qu'on disait était la vérité, [364] une doctrine qui devait se recommander aux priseurs.

Dans la tradition folklorique shetlandaise et galloise, l'éternuement d'un chat indique des vents froids du nord en été et de la neige en hiver ; [365] et les Bohémiens ont un test prétendument infaillible pour reconnaître le Diable, car ils croient qu'il doit forcément éternuer violemment à la vue d'une croix. [366]

Selon une superstition chinoise, un éternuement le soir du Nouvel An est de mauvais augure pour l'année à venir ; et, pour compenser cela, l'éternuement doit rendre visite à trois familles de noms différents, et mendier à chacune un petit gâteau en forme de tortue, qu'il faut manger avant minuit. [367]

Au Turkistan, lorsqu'une personne à qui une remarque est adressée éternue, c'est une affirmation que l'opinion ou la déclaration est correcte, tout comme si la personne interrogée s'écria : « C'est vrai ! Dans un même pays, trois éternuements portent malheur. De plus, lorsque quelqu'un a le hoquet, il est de bon ton de dire : « Vous m'avez volé quelque chose », et cette phrase, dans de tels moments, est censée porter chance. [368]

Les Japonais attachent de l'importance au nombre de fois qu'un homme éternue. Ainsi, un éternuement indique que quelqu'un le loue, tandis que deux éternuements indiquent une censure ou un dénigrement ; un triple éternuement est monnaie courante et signifie simplement qu'une personne a pris froid. [369] Au Mexique également, on croyait autrefois soit que quelqu'un disait du mal de celui qui éternuait, soit que l'on parlait de lui par une ou plusieurs personnes. [370]

Les habitants du Sussex ont des préjugés à l'égard des chats qui développent une propension à éternuer, car ils pensent que lorsqu'un félin de compagnie éternue trois fois, cela augure d'un mauvais sort pour la santé de la maison et est prémonitoire d'une grippe et d'affections bronchiques. [371]

Dans un article intéressant du « Macmillan's Magazine », intitulé « Extrait du carnet d'un médecin de campagne », [372] un médecin exerçant dans une région reculée de Cornwall raconte un traitement particulier contre la surdité qui lui est récemment venu à l'esprit.

Une de ses patientes, une femme âgée qui s'appelait Grace Rickard, se plaignait de ne plus entendre les grognements de ses cochons, un son qui, depuis son enfance, la tirait du sommeil au petit matin. Le médecin fut obligé de lui dire que la difficulté était due à l'avancée en âge.

Peu de temps après, en passant chez elle, il la trouva assise devant le feu avec un morceau de planche sur ses genoux et profondément absorbée dans ses pensées. Au moment où la porte s'ouvrait, elle s'écria : « Seigneur, délivre-moi de mes péchés », et cette supplication fut suivie d'un bruit particulier qui ressemblait à un éternuement avorté. "Ne sois pas frit, zur," dit-elle, "c'est aussi un éternuement." « C'est l'éternuement le plus étrange que j'aie jamais entendu », dit le docteur ; "Pourquoi ne peux-tu pas éternuer de la manière habituelle ?" « Alors je le fais, quand je peux », a-t-elle expliqué ; "Mais maintenant, ça fait neuf fois de suite, et je sais où d'où viennent neuf éternuements."

Il semblait que Grace essayait un remède infaillible contre la surdité, dont l'appareil nécessaire consistait en un morceau de planche et de grosses épingles. L'une de ces dernières est enfoncée chaque matin dans la planche, les index du patient étant croisés sur l'épingle, tandis que la pieuse éjaculation mentionnée ci-dessus se répète simultanément avec un éternuement vigoureux. Le lendemain matin, deux épingles doivent être plantées dans le tableau, la pétition et l'éternuement étant répétés une fois ; le lendemain matin, trois épingles, trois prières et trois éternuements, et ainsi de suite jusqu'à neuf fois.

IV. LA DOCTRINE DE LA POSSESSION DÉMONIAQUE

L'instinct naturel du sauvage inculte est de considérer l'acte d'éternuer comme la manifestation d'une attaque démoniaque. Certaines tribus africaines, par exemple, croient que quiconque éternue est possédé par un mauvais esprit, à l'action malveillante duquel est dû la violence du paroxysme et son mépris total des temps et des saisons.

Le Dr Edward B. Tylor, dans son « Primitive Culture » (vol. ip 97), affirme que les Zoulous ont également confiance dans l'action des esprits bienveillants, et dit que, lorsque l'un de ces gens éternue, il a l'habitude de s'exclamer : « Je suis maintenant béni ; l'esprit ancestral est avec moi. Laissez-moi me hâter de le louer, car c'est cela qui me fait éternuer. Là-dessus, il loue les esprits des morts et demande diverses bénédictions. Mais chez la plupart des peuples non civilisés, les éternuements sont rangés dans la catégorie des maladies paroxystiques et considérés comme d'origine démoniaque.

Dans la mesure où les éternuements sont souvent un symptôme d'un rhume naissant, qui est une maladie physique, et que, chez les tribus sauvages, toute maladie physique est considérée comme un cas de possession démoniaque, le recours aux charmes et aux exorcismes pour contrecarrer les efforts des mauvais esprits semble un expédient naturel. [373]

Lorsqu'un Indien d'Amérique tombe malade, il croit que sa maladie est l'œuvre d'un démon malveillant. Par conséquent, quand il se rétablit, il change de nom, afin que le démon ne puisse plus le reconnaître. [374]

Le but principal du guérisseur, lorsqu'il traite un patient, est d'expulser le mauvais esprit ; et c'est l'objet principal des diverses cérémonies et incantations superstitieuses qui sont un trait dominant de la pratique médicale chez les sauvages. [375] Le guérisseur s'efforce de chasser le démon par des sons et des gesticulations effrayants, par des grimaces et des contorsions hideuses. Parfois, il réalise une petite image typique de l'esprit de maladie, et cette image est ensuite brisée en morceaux par malveillance. [376]

Les indigènes de l'Afrique de l'Ouest croient que la simple mention de noms désagréables suffit à effrayer les démons qui causent la maladie ; et ces Esprits peuvent d'ailleurs se tromper en changeant simplement le nom d'un enfant malade. Dans la province du Tonquin, possession française du sud-est asiatique, on pense également que les noms haineux donnés aux enfants malades terrifient les mauvais esprits ; mais quand les petits malades sont convalescents, on leur substitue des noms plus agréables. [377]

Les Indiens de Nootka Sound, dans l'île de Vancouver, attribuent les maladies physiques soit à l'absence ou à la conduite irrégulière de l'âme, soit à l'action des esprits, et la pratique médicale est régie en conséquence ; c'est pourquoi les Okanogons de l'État de Washington soumettent les patients atteints de maladies graves au traitement magique du guérisseur. [378]

Les insulaires du Pacifique Sud ont leur propre doctrine sur la philosophie des éternuements. Ils croient que, lorsque l'esprit voyage, son retour provoque naturellement une certaine agitation, comme le montre l'acte violent des éternuements. Ils jugent donc opportun d'accueillir à nouveau l'esprit errant, la forme de salutation variant selon les différentes îles. L'expression employée par les indigènes de Raratonga, par exemple, signifie « Ha ! tu es revenu ! [379]

La « Sadda », un des livres sacrés des Parsis, conseille aux fidèles de recourir à la prière lorsqu'ils éternuent, car à ce moment critique le démon est particulièrement actif.

Les Parsis considèrent les éternuements comme une manifestation du fait que les mauvais esprits, qui cherchent constamment à pénétrer dans le corps, ont été expulsés de force par le feu intérieur qui, selon eux, anime tout être humain. C'est pourquoi, lorsqu'un Parsi entend quelqu'un éternuer, il s'écrie : « Béni soit Ormuzd ! louant ainsi sa divinité principale. Il est interdit aux Parsis de parler en mangeant, car à ces moments-là les démons sont en alerte, guettant les opportunités d'accéder au corps par la bouche pendant qu'une personne est engagée dans une conversation. [380]

Les brahmanes pieux prennent soin de toucher l'oreille droite lorsqu'ils éternuent, soit pendant l'accomplissement d'une cérémonie religieuse, soit à certains autres moments spécifiés dans le « Shastra », ou livres saints des hindous. On croyait que les mauvais esprits pénétraient dans le corps par les oreilles, ainsi que par le nez ou la bouche, et que le but de toucher l'oreille était de les empêcher d'y entrer.

En référence à ce sujet, Gerald Massey dit, dans « Natural Genesis » (vol. I. pp. 83-85) :

L'éternuement n'est pas seulement une forme de respiration vigoureuse, mais il est involontaire ; donc inspiré, ou d'origine extraordinaire. Un éternuement chaleureux, quand on est malade et évanoui, impliquerait une augmentation soudaine de la puissance respiratoire, qui inspirait intérieurement et expulsait extérieurement. Le bon esprit entre et le mauvais esprit s'en va, chassé par l'impulsion soudaine. L'expulsion et la répudiation qu'implique l'éternuement sont pourtant évoquées dans le dicton selon lequel une telle chose n'est « pas à dédaigner ».

Les indigènes du Turkistan considèrent le bâillement comme un acte répréhensible, provenant d'un mauvais endroit du cœur et révélateur d'un état de préparation à l'accueil de démons. Quand donc ils bâillent, la main est placée, paume vers l'extérieur, devant la bouche ouverte, excluant ainsi les démons. [381]

L'opinion autrefois populaire, et encore répandue aujourd'hui, selon laquelle l'efficacité d'un médicament est proportionnelle à la dureté de son goût, est probablement un vestige de l'ancienne théorie qui attribuait les maladies à la possession par de mauvais esprits. Lorsqu'on croyait que le corps était la demeure d'un tel esprit, le désir naturel était de chasser le visiteur indésirable et de le forcer à chercher une autre habitation. Aujourd'hui, nous avons jusqu'à présent abandonné cette théorie selon laquelle, même si nous pouvons croire aux vertus des herbes amères, nous sommes prêts à accueillir également les remèdes savoureux de la pharmacopée moderne ; mais jusqu'à une époque relativement récente, la science thérapeutique était dominée par la superstition, et les médecins prescrivaient des remèdes composés des ingrédients les plus répugnants et les plus étranges.

Au Tibet, les antiseptiques sont employés dans les opérations chirurgicales, la raison de leur emploi dans ce pays étant de préserver la plaie des mauvais esprits ; et lorsque la variole sévit aux environs de la ville de Leh, capitale de la province du Ladakh, les gens des campagnes cherchent à conjurer l'épidémie en plaçant des épines sur leurs ponts et à leurs frontières. [382] Cette pratique est étonnamment analogue en principe à certaines des utilisations superstitieuses du fer et de l'acier sous la forme d'instruments tranchants, dont mention a été faite ailleurs dans ce volume.

Les Tibétains aborigènes attribuent les maladies à la méchanceté des démons, et c'est pourquoi l'un des principaux objectifs de leurs rites religieux est la pacification de ces êtres malins par le sacrifice d'une vache, d'un cochon, d'une chèvre ou d'un autre animal. [383]

Dans toute la chrétienté, il est d'usage que les personnes présentes invoquent la bénédiction divine sur une personne qui éternue, et le musulman, dans des circonstances similaires, prie Allah de l'aider contre les puissances du mal. Dans les deux cas, l'idée sous-jacente semble être la même, à savoir la doctrine des esprits envahisseurs.

Dans l'Égypte ancienne, on pensait que les maladies étaient causées par des démons qui étaient entrés d'une manière ou d'une autre dans le corps du patient et y avaient élu domicile ; et les médecins chaldéens, animés par la même croyance, avaient coutume de prescrire les médicaments les plus nauséabonds afin de dégoûter complètement le démon en possession et de forcer ainsi son départ. [384]

Cette doctrine de la possession spirituelle était même autrefois censée être justifiée par l'Écriture, et notamment par un verset du 141e Psaume : « Place une montre, Seigneur, devant ma bouche ; garde la porte de mes lèvres. Ce passage a été interprété comme une supplication pour la préservation des mauvais esprits, qui étaient susceptibles de pénétrer dans le corps par la bouche, [385] en particulier lors des actes de bâiller, d'éternuer, de parler et de manger. Les hindous considèrent pour cette raison que le bâillement est dangereux, d'où la pratique du lavage de bouche, qui fait partie de leur rituel quotidien. D'où aussi leur habitude de se casser les doigts et de s'exclamer « Grand Dieu ! après avoir bâillé, pour intimider les *Bhúts* , ou esprits malins. Les éternuements sont généralement considérés comme une chance en Inde, sauf au début d'une entreprise, car ils signifient l'expulsion d'un *Bhút* . [386]

Josèphe raconte avoir vu un juif nommé Éléazar exorciser les démons des possédés, en présence de l'empereur Vespasien et de plusieurs de ses soldats. Son procédé consistait à appliquer sur le nez du démoniaque un anneau contenant un morceau de racine d'herbe magique, puis à retirer l'esprit maléfique par les narines, tout en répétant certaines incantations originellement composées par Salomon.

V. SALUTATION APRÈS UN ÉTERNUAGE

L'origine de la bénédiction après un éternuement, coutume presque universelle, est plongée dans l'obscurité. Une légende populaire raconte qu'avant l'époque de Jacob, les hommes n'éternuaient qu'une seule fois, car le choc s'avérait fatal. Le patriarche obtint cependant par intercession un assouplissement de cette loi, à condition que tout éternuement soit consacré par une prière jaculatoire. [387] Selon un mythe bien connu de l'Antiquité classique, Prométhée formait avec de l'argile le modèle d'un homme et, désireux d'animer la figure sans vie, fut porté au ciel par la déesse Minerve, où il remplit un roseau de feu céleste volé. d'une roue du char du Soleil. De retour sur terre, il appliqua le roseau magique aux narines de l'image, qui devint alors un homme vivant, et commença son existence en éternuant. Prométhée, ravi de son succès, exprima un fervent souhait pour le bien-être de sa créature nouvellement formée. Celui-ci répétait désormais toujours à haute voix la même bénédiction chaque fois qu'il entendait quelqu'un éternuer, et enjoignait à ses enfants la même pratique, qui se transmettait ainsi aux générations suivantes.

Famianus Strada, l'historien jésuite italien (1572-1649), raconte dans ses « Prolusiones Academicæ » qu'un jour, alors que Cicéron assistait à une représentation de l'opéra romain, il se mit à éternuer, ce sur quoi tout le public, quel que soit son rang. , se leva et s'écria d'un commun accord : « Que Dieu vous bénisse ! » ou, comme l'était l'expression courante : « Que Jupiter soit avec toi ! » Alors trois jeunes gens, nommés Fannius, Fabalus et Lemniscus, qui se prélassaient dans l'une des loges, commencèrent une discussion animée sur l'antiquité de cette coutume, que tous croyaient avoir pour origine Prométhée. [388]

Même à l'époque d'Aristote, la salutation après avoir éternué était considérée comme une coutume ancienne ; [389] et des références à celui-ci se trouvent dans les écrits des auteurs romains. Pline raconte dans son Histoire naturelle que l'empereur Tibère César, qui était connu comme l'un des hommes les plus mélancoliques et les plus insociables, exigeait scrupuleusement une bénédiction de ses serviteurs chaque fois qu'il éternuait, que ce soit dans son palais ou en conduisant son char ; et Apulée, le philosophe platonicien du deuxième siècle, fait allusion à ce sujet dans son histoire de « La femme du foulon ».

Bien que l'existence de cette coutume des siècles avant l'ère chrétienne soit incontestable, une croyance populaire très générale attribue son origine à une période beaucoup plus tardive. L'historien italien Carlo Sigonio exprime cette conviction en affirmant que cette pratique a commencé au VIe siècle, sous le pontificat de Grégoire le Grand. A cette époque, une peste virulente faisait rage en Italie, et elle était mortelle pour ceux qui éternuaient. Le Pape a donc ordonné que des prières soient dites contre elle, accompagnées de certains signes de croix. [390] Et les gens disaient aussi à ceux qui éternuaient : « Que Dieu vous aide ! [391] renaissance d'une coutume remontant à la préhistoire.

Encore une fois, Jacobus de Voragine (1230-1298) a écrit ce qui suit dans la « Légende dorée », un ouvrage religieux populaire du Moyen Âge :

Pour une vraie et grave maladie : car comme les Romains avaient vécu pendant le Carême sobrement et dans la continence, et qu'après à Ester ils avaient reçu leur Sauveur ; après ils les ont désorganisés en etyng, en drynkyng, en playes et en lecherye. Et c'est pourquoi notre Seigneur s'est adressé à eux et leur a envoyé une grande peste, qui s'appelait la Botche d'impedymye, et qui était cruelle et sodaine, et faisait mourir les gens en chemin, en plaidant, en levant la table, et en parlant les uns aux autres de manière sodeynly, ils disaient. C'est ainsi qu'ils ont agi quelquefois en silence ; de sorte que lorsque quelqu'un était en train de renifler le troupeau, quelqu'un qui était là lui disait : *Dieu t'aide*, ou *Cryst t'aide*, et pourtant il endure la coutume. Et aussi lorsqu'il renifle ou reste bouche bée, il fait devant son visage le signe de la croix et bénit l'hymne. Et pourtant, il endure cette coutume.

L'Islandais, lorsqu'il éternue, dit : « Que Dieu m'aide ! » et à une autre personne qui éternue, il dit : « Que Dieu t'aide ! Dans la tradition islandaise, cette coutume remonte à une époque reculée, lorsque la peste noire faisait rage avec virulence dans certaines parties du pays et que la mortalité en résultait était grande. Enfin le fléau atteignit une certaine ferme où demeuraient un frère et une sœur, et ils remarquèrent que les membres de la maison qui succombaient à la maladie étaient d'abord attaqués par un violent paroxysme d'éternuements ; c'est pourquoi ils avaient l'habitude de s'exclamer : « Que Dieu me vienne en aide ! quand ils éternuaient eux-mêmes. De tous les habitants de cette région, ces deux-là furent les seuls à avoir survécu à la peste, et c'est pourquoi les Islandais, au fil des générations successives, ont perpétué la pieuse coutume ainsi née. [392]

Dans la poésie allemande médiévale, on trouve des références occasionnelles à ce sujet, comme dans le passage suivant cité dans la « Mythologie teutonique » de Grimm : « Les païens n'osaient pas éternuer, même si l'on disait : « Dieu t'aide ». Dans la même œuvre, une allusion est faite à un conte pittoresque sur des esprits enchantés éternuant sous un pont, afin que quelqu'un puisse crier « Que Dieu nous aide » et annuler le sort.

En 1542, l'explorateur espagnol Hernando de Soto reçut la visite en Floride d'un chef indigène nommé Guachoya, et au cours de son entretien, ce dernier éternua. Aussitôt ses serviteurs se levèrent et le saluèrent avec des gestes respectueux, en disant en même temps : « Que le Soleil te garde, soit avec toi, t'éclaire, te magnifie, te protège, te favorise », et d'autres bons vœux similaires. Et les Espagnols présents furent impressionnés par le fait que, à propos des éternuements, des cérémonies encore plus élaborées étaient observées par les tribus sauvages que celles qui prévalaient chez les nations civilisées. Et c'est pourquoi ils pensaient que de telles observances étaient naturelles et instinctives chez toute l'humanité. [393] Nous avons le témoignage des premiers explorateurs anglais que la coutume de saluer après un éternuement était courante dans les régions les plus reculées de l'Afrique et en Extrême-Orient. Speke et Grant n'ont pu découvrir aucune trace de religion parmi les indigènes de l'Afrique équatoriale, sauf dans leur pratique consistant à prononcer une éjaculation ou une prière arabe chaque fois qu'une personne éternuait. [394]

Le voyageur portugais Godinho a écrit que chaque fois que l'empereur de Monomotapa éternuait, les acclamations étaient universelles dans tout son royaume ; et en Guinée, au siècle dernier, chaque fois qu'une personne de haut rang éternuait, toutes les personnes présentes s'agenouillaient, frappaient dans leurs mains et lui souhaitaient toute la bénédiction. Les courtisans du roi de Sennaar en Nubie ont coutume, à l'occasion d'un éternuement royal, de tourner le dos à leur souverain en se frappant vigoureusement la hanche droite. [395] Parmi les tribus zoulous, les éternuements sont considérés comme un symptôme favorable chez une personne malade, et les indigènes ont l'habitude de rendre grâce après cela. A Madagascar, lorsqu'un enfant éternue, sa mère invoque la bénédiction divine, conformément à l'usage européen ; et en Perse, l'éternuement est le destinataire des félicitations et des bons vœux.

Dans le « Zend-Avesta », ou écrits sacrés de la religion persane, se trouve l'injonction : « Et chaque fois que tu entendras un éternuement émis par ton voisin, tu lui diras : Ahunavar Ashim-Vuhu, et ainsi de *suite* . sois bien avec toi. [396] En Égypte, si un homme éternue, il dit : « Dieu soit loué ! et tous ceux présents, à l'exception des serviteurs, répondent : « Que Dieu ait pitié de vous ! [397]

Les Omahas, les Dakotas et d'autres tribus Sioux d'Indiens d'Amérique attachent une importance particulière aux éternuements. Ainsi, si l'un d'entre eux éternue une fois, il croit que son nom a été appelé soit par son fils, soit par sa femme, soit par quelque ami intime. C'est pourquoi il s'écrie aussitôt : « Mon fils ! Mais s'il éternue deux fois, il dit : « Mon fils et sa mère ! » [398]

En France, les règles de l'étiquette exigeaient autrefois qu'un gentleman qui éternuait en présence d'un autre devait enlever son chapeau, et lorsque le paroxysme s'apaisait, il était censé rendre formellement le salut de toutes les personnes présentes. Le salut des éternuements en retirant le chapeau était également courant en Angleterre. Joseph Hall, qui était évêque d'Exeter en 1627, a écrit que lorsqu'un homme superstitieux éternuait, il ne comptait pas parmi ses amis ceux qui ne parvenaient pas à se découvrir.

Les Italiens ont coutume de saluer l'éternuement avec l'éjaculation *Viva* , ou *Felicità* ; et on a pensé que cette dernière expression aurait pu être parfois employée dans des circonstances similaires par les anciens Romains, parce qu'une publicité sur les murs de Pompéi se termine en souhaitant bonne chance au peuple avec le seul mot *Felicitas* !

De même, en Irlande, l'éternuement est accueilli par de ferventes bénédictions, telles que : « La bénédiction de Dieu et de la sainte Marie soit sur vous ! » car on pense que de telles invocations contrecarrent les machinations des fées mal intentionnées. [399]

Les Siamois ont leur propre théorie sur ce sujet. Ils croient que le Juge suprême du monde spirituel feuillette continuellement les pages d'un livre contenant un récit de la vie et des actes de chaque être humain ; et lorsqu'il arrive à la page relative à un individu quelconque, celui-ci ne manque jamais d'éternuer. De cette manière, les Siamois s'efforcent de donner une raison plausible à la prévalence des éternuements chez les hommes, ainsi qu'à la salutation qui les accompagne. Au Siam et au Laos, l'expression ordinaire est : « Que le jugement vous soit favorable ». [400]

Aux Pays-Bas, on croit qu'une personne qui éternue se met au pouvoir d'une sorcière, à moins que quelqu'un n'invoque une bénédiction divine ; et de telles notions fournissent une explication plausible d'une théorie sur l'origine de cette coutume. [401]

Grimm (vol. iv, p. 1637) fait référence à un passage des « Avadanas », ou paraboles bouddhistes, dans lequel le rat est représenté comme souhaitant de la joie au chat lorsqu'il éternue. Et dans le département du Finistère, dans le nord-ouest de la France, lorsqu'un cheval éternue ou tousse, les gens disent : « Que Saint-Éloy vous assiste ! » Saint Eloy était le gardien des maréchaux-ferrants et le dieu tutélaire des chevaux. [402]

Les indigènes des îles Fidji s'écrient après un éternuement : « *Mbula* », c'est-à-dire « Puissiez-vous vivre ! » ou "La santé à vous!" Et l'éternuement répond poliment par « *Taupe* », « Merci ». Autrefois, l'étiquette fidjienne était encore plus exigeante et exigeait que celui qui éternuait ajoute : « Puissiez-vous matraquer quelqu'un ! ou "Que votre femme ait des jumeaux!" [403]

Un écrivain espagnol, Juan Cervera Bachiller, dans son livre « Creencias y superstitiones », Madrid, 1883, dit que cette pratique largement répandue semble avoir pour origine en partie des motifs religieux et en partie de la bravoure, et qu'elle est tout aussi évidemment une relique de l'idéologie païenne. de même que les divers présages qui ont toujours été associés aux éternuements.

L'origine apparemment indépendante de la coutume de saluer après avoir éternué parmi des nations éloignées les unes des autres, et sa prévalence depuis des temps immémoriaux aussi bien dans les communautés les plus cultivées que parmi les races non civilisées, ont été considérées comme fournissant une preuve frappante de la similitude essentielle des esprits humains. quel que soit leur environnement.

VI. LÉGENDES RELATIVES AUX ÉTERNUEURS

Dans la tradition de l'ancienne Picardie se trouve la légende suivante :

Dans les environs d'Englebelmer, les voyageurs nocturnes étaient souvent surpris d'entendre des éternuements répétés au bord de la route, et les jeunes des villages voisins tentaient fréquemment de connaître l'origine de ces bruits mystérieux, mais en vain. L'esprit malicieux ou *lutin* prenait plaisir à les voir courir dans une vaine recherche alors que lui-même restait invisible. Finalement, les gens s'habituèrent à entendre ces éternuements fantômes, et, comme aucun mal n'avait jamais résulté pour personne, avec le mépris né de la familiarité, ils ne prêtèrent guère attention aux manifestations spirituelles et se contentèrent de se signer dévotement.

Un beau soir d'été au clair de lune, un paysan revenant du marché entendit l'habituel *Atchi, atchi* , mais poursuivit son chemin avec sérénité. Cependant, le *lutin* le poursuivit sur environ un kilomètre et demi, éternuant à plusieurs reprises. Enfin le paysan s'écria avec impatience : « Que le bon Dieu vous bénisse ainsi que votre rhume à la tête ! » A peine avait-il parlé qu'apparut devant lui l'apparition d'un homme vêtu d'un long vêtement blanc. « Merci, mon ami, dit-il : vous venez de me délivrer du charme sous lequel je reposais depuis longtemps. A cause de mes péchés, Dieu m'a condamné à errer dans ce village en éternuant sans repos du soir au matin, jusqu'à ce qu'une personne charitable me délivre en me disant une bénédiction. Depuis au moins cinq cents ans, j'erre ainsi, et vous êtes le premier à me dire : « Que Dieu vous bénisse ». Heureusement, j'ai eu l'idée de vous suivre et j'ai ainsi été libéré. Je te remercie. Au revoir.

Dès lors, les sons mystérieux ne se firent plus entendre ; et c'est ainsi que, dans la croyance des paysans picards, est née la coutume de saluer après avoir éternué. [404]

Sous un pont près de la ville de Paderborn, en Prusse, vit une pauvre âme qui ne fait qu'éternuer à intervalles fréquents. Si un chariot passe sur le pont au moment où un éternuement se fait entendre et que le conducteur ne dit pas « Que Dieu te vienne en aide », le véhicule sera sûrement renversé, et le conducteur deviendra pauvre et se cassera la jambe.

La tradition raconte qu'un impie mort il y a longtemps d'éternuements incessants, lors d'une épidémie de peste à Wurmlingen dans le Wurtemberg, fut condamné, en raison de ses péchés, à errer dans les environs, éternuant encore de temps en temps. Un jour, alors qu'un des villageois traversait un pont au-dessus de prairies près de la ville, il entendit quelqu'un en dessous éternuer à deux reprises, et à chaque fois il répondait pieusement : « Que Dieu t'aide ! Cependant, lorsqu'il entendit un troisième éternuement, le villageois pensa : « Cet homme peut continuer à éternuer pendant longtemps et se moquer de moi. » Alors il s'écria avec colère : « Que le Diable t'aide ! » Là-dessus, une voix venant de dessous le pont s'écria pitoyablement : « Si seulement tu avais dit : « Que Dieu t'aide ! une troisième fois, j'aurais dû être libéré du charme qui m'enchaîne. [405]

JOURS DE BON ET DE MAUVAIS PRÉSAGE

La lune de vendredi,

Viens quand ça viendra, ça arrive trop tôt.

Proverbe.

I. JOURNÉES ÉGYPTIENNES

La croyance aux jours chanceux et malchanceux semble avoir été enseignée pour la première fois par les magiciens de l'ancienne Chaldée, et l'histoire nous apprend que des notions similaires affectaient chaque détail de la vie primitive babylonienne, des milliers d'années avant Jésus-Christ. La référence à un « mois de malchance » se retrouve dans une liste d'incantations désobligeantes contenue dans un document de la bibliothèque du palais royal de Ninive. Ce document est rédigé dans le dialecte accadien de la langue touranienne, qui s'apparente à celle parlée dans la région du bas Euphrate ; une langue déjà obsolète et inintelligible pour les Assyriens du septième siècle AVANT JC. [406] Certains jours étaient appelés *Dies Egyptiaci* , car on pensait qu'ils avaient été déclarés malchanceux par les astrologues de l'Égypte ancienne.

Dans ce pays, les jours malheureux étaient cependant moins nombreux que les jours heureux, et ils différaient également par le degré de leur malchance. Ainsi, alors que certains étaient nettement inquiétants, d'autres menaçaient simplement le malheur, et d'autres encore étaient de mauvais augure, en partie bons et en partie mauvais. Il y avait certains jours où l'oisiveté absolue était enjointe aux gens, où ils étaient censés rester assis tranquillement chez eux, s'adonnant au *dolce far niente* . [407]

Le poète Hésiode, dont on pense qu'il a prospéré environ mille ans AVANT JC , dans le troisième livre de son poème, « Travaux et jours », qui est en effet une sorte d'almanach métrique, distingue les jours chanceux des autres et donne des conseils aux agriculteurs. concernant les jours les plus favorables pour les diverses opérations de l'agriculture. Ainsi il recommande le onzième du mois comme excellent pour récolter le blé, et le douzième pour tondre les moutons. Mais le treizième fut un jour malheureux pour les semailles, quoique favorable à la plantation. Le cinq de chaque mois était un jour particulièrement malheureux, tandis que le trentième était le plus propice de tous.

Certains des Grecs les plus intelligents et les plus érudits étaient très pointilleux dans leur observance des jours égyptiens. Le philosophe Proclus (412-485 APRÈS J.-C.) était considéré comme encore plus scrupuleux à cet égard que les Égyptiens eux-mêmes. Et Plotin (204-270 APRÈS J.-C.), un autre éminent philosophe grec, croyait, avec les astrologues des temps ultérieurs, que la position des planètes dans le ciel exerçait une influence sur les affaires humaines. [408]

Dans un ancien calendrier de l'année 334, sous le règne de Constantin le Grand, vingt-six jours égyptiens étaient désignés. [409] Cependant, très tôt, les autorités ecclésiastiques ont interdit l'observance superstitieuse de ces jours.

Certains des premiers écrivains les plus éminents de l'Église chrétienne, saint Ambroise, saint Augustin et saint Chrysostome, dénoncèrent sérieusement la coutume répandue de régler les affaires de la vie en se référant aux prétendus présages du calendrier. Le quatrième concile de Carthage, en 398, censura de telles pratiques ; et le synode de Rouen, sous le règne de Clovis, jetait l'anathème sur ceux qui mettaient foi dans de telles reliques du paganisme. [410]

Nous apprenons, sous l'autorité de Marco Polo, que les brahmanes de la province du Laristan, dans le sud de la Perse, au XIIIe siècle, étaient extrêmement pointilleux dans le choix des jours propices à l'accomplissement de leurs affaires. Ce célèbre voyageur a écrit qu'un brahmane qui envisageait de faire un achat, par exemple, mesurerait la longueur de sa propre ombre au soleil du petit matin, et si l'ombre était de la bonne longueur, comme prescrit officiellement pour ce jour-là, il procéderait pour effectuer l'achat ; sinon, il attendrait que l'ombre soit conforme en longueur à une norme prédéterminée pour ce jour de la semaine.

L'historien latin Rolandino (1200-1276), dans le troisième livre de sa « Chronique », décrit une entreprise qui eut un résultat désastreux parce que, comme on le prétendait, elle fut commencée de manière imprudente un « jour égyptien ». Ces jours sont fréquemment mentionnés dans de nombreux manuscrits anciens de la Bibliothèque Ambrosienne de Milan. [411]

Dans un soi-disant « Livre des précédents », imprimé en 1616, cinquante-trois jours sont spécifiés comme étant « tels que les Égyptiens considéraient qu'il était dangereux de commencer ou de prendre quoi que ce soit en main, ou d'entreprendre un voyage ou quelque chose de ce genre ». » Un manuscrit ancien mentionne vingt-huit jours dans l'année « qui furent révélés par l'Ange Gabriel au bon Joseph, qui ont toujours été remarqués comme des jours très chanceux soit pour verser le sang, guérir les blessures, utiliser les marchandises, semer les graines, construire les maisons, ou faire des voyages.

Autrefois, les astrologues précisaient les jours particuliers où il était dangereux pour les médecins de saigner leurs patients ; et il fallait surtout éviter le premier lundi d'avril, jour de la naissance de Caïn et de la mort de son frère Abel ; le premier lundi d'août, prétendu anniversaire de la destruction de Sodome et Gomorrhe ; et le dernier lundi de décembre, qui était l'anniversaire réputé de Judas Iscariote.

Dans « Anatomie of Sorcerie » de Mason (1612), les notions dominantes sur ce sujet étaient caractérisées comme de vaines spéculations des astrologues, n'ayant ni fondement dans la parole de Dieu ni raison naturelle pour les soutenir, mais étant fondées uniquement sur l'imagination superstitieuse des hommes . . Un ouvrage de 1620, intitulé « Melton's Astrologaster », dit que la foi chrétienne est violée lorsque, comme un païen et un apostat, un homme « observe ces jours appelés Egyptiaci, ou les calendes de janvier, ou n'importe quel mois, *jour*, une période ou une année, que ce soit pour voyager, se marier ou faire quoi que ce soit. Et le savant Sir Thomas Browne, dans sa « Pseudodoxia Epidemica », publiée en 1658, déclamait dans un langage étrange mais énergique contre la frivolité de telles doctrines.

II. SUPERSTITION ROMAINE CONCERNANT LES JOURS

Les Romains avaient leur *dies fasti* , correspondant à l'époque moderne de la cour d'Angleterre. Ces jours-là, au nombre de trente-huit dans l'année, il était permis au préteur d'administrer la justice et de prononcer les trois mots : *Do, dico, addico* : « Je donne des lois, je déclare le droit et je juge les pertes. »

Les jours où les tribunaux n'avaient pas lieu étaient appelés *nefasti* (de *ne* et *fari*), car les trois mots ne pouvaient alors pas être légalement prononcés par le préteur. Mais ces jours en vinrent à être considérés comme malchanceux, un fait rendu évident par une expression d'Horace. Les Romains classaient aussi comme malheureux les jours qui suivent immédiatement les calendes, les nones et les ides de chaque mois. Les jours malchanceux étaient appelés *dies atri* , car ils étaient marqués dans le calendrier au fusain noir, les plus chanceux étant indiqués au moyen de craie blanche. Il y avait aussi des jours qu'on croyait particulièrement propices aux opérations militaires, mais l'anniversaire d'un malheur national était considéré comme très peu propice. Ainsi, après la défaite des Romains face aux Gaulois sous Brennus sur les rives du fleuve Allia, le 16 juillet 390 AVANT JC , cette date fut mise en bonne place parmi les jours noirs du calendrier. Mais tous les généraux n'étaient pas influencés par de telles superstitions. Lucullus, lorsqu'on tenta de le dissuader d'attaquer Tigrane, roi d'Arménie (qu'il battit en 69 AVANT JC), parce qu'à cette date les Cimbres avaient vaincu une armée romaine, répondit : « *J'en* ferai un jour de *bon* augure pour les Romains." [412] Les dames romaines, nous dit-on, accordaient moins d'attention aux jours malheureux de leur propre calendrier qu'aux travaux des astrologues égyptiens, parmi lesquels Petosiris était leur autorité préférée, lorsqu'elles voulaient connaître le jour approprié, et même le heure, pour l'exécution des tâches ménagères et autres. [413]

Horace (livre II, ode XIII) apostrophe ainsi un arbre, par la chute duquel il échappa de peu à être écrasé à Sabinum : « Toi, arbre maudit ! celui qui t'a planté le premier l'a sûrement fait un jour malheureux et d'une main sacrilège.

L'écrivain latin Macrobius a déclaré que lorsque l'un des *nundinæ* ou jours de marché tombait sur le Nouvel An, cela était considéré comme très malheureux. Dans un tel cas, l'empereur Auguste, très superstitieux, adopta la méthode consistant à insérer un jour supplémentaire dans l'année précédente et à en soustraire un à celle suivante, préservant ainsi la régularité du calcul du temps dans le style julien. Or, d'ordinaire, le jour du Nouvel An était considéré comme propice et, ce jour-là, comme aujourd'hui, les gens avaient l'habitude de se souhaiter mutuellement bonheur et bonne fortune.

III. CROYANCE MÉDIÉVALE EN LA FATALITÉ JOURNÉE

Les premiers Saxons d'Angleterre étaient extrêmement crédules quant à la chance ou au malheur de certains jours du mois et tiraient une légion de pronostics, bons et mauvais, à partir de l'âge de la lune. Ainsi, ils considéraient le douzième jour du mois lunaire comme un jour propice pour semer, se marier, voyager et saigner, mais le treizième jour était mal vu parmi les Saxons, un mauvais jour pour entreprendre n'importe quel travail. Le quatorzième était bon à tout, pour acheter des serfs, se marier et mettre les enfants à l'école ; tandis que le seizième n'était profitable qu'au vol. Le vingt-deuxième était un moment propice pour acheter des méchants ou des esclaves agricoles, et un garçon né ce jour-là deviendrait médecin. Le vingt-cinquième était bon pour la chasse, et une fille alors née serait d'un caractère avare et « taquine ». [414]

Dans un manuscrit anglais du XIIe siècle mentionné dans le « Livre des Jours » de Chambers et connu sous le nom de « Calendrier d'Exeter », le Nouvel An est décrit comme un Dies *mala* . Pour illustrer la crédulité qui prévalait en Angleterre au XVe siècle quant aux influences météorologiques et morales de la survenue d'importantes fêtes religieuses certains jours de la semaine, quelques lignes d'un manuscrit de la collection Harleian du British Museum sont ici cité: -

Seigneurs, je vous préviens tous,

Si le jour où le Christ est né

Tombé un dimanche,

L'hiver sera bon, dis-je,

Mais il y aura de grands vents en altitude ;

L'été sera beau et sec,

Par aimable compétence et sans perte.

Dans tous les pays, il y aura la paix.

Bon moment pour que tout soit fait,

Mais celui qui vole sera bientôt retrouvé.

Quel enfant pourrait être né ce jour-là

Il vivra pour être un grand seigneur.

Non seulement en Grande-Bretagne, mais partout dans le monde, les hommes ont estimé un jour au-dessus d'un autre. Cette tendance universelle de l'esprit humain est exprimée laconiquement dans une traduction par Barnaby Googe de quelques vers attribués au théologien bavarois Thomas Kirchmaier (1511-1578), dont le pseudonyme littéraire était Naogeorgus :

Et d'abord, entre les jours, ils ne font pas peu de différence,

Car tous ne soient pas semblables à la vertu, ni semblables à la prééminence,

Mais certains d'entre eux sont égyptiens et pleins de dangers,

Et certains encore, à côté des autres, à la fois bonnes et chanceuses,

Comme la différence des nuits qu'ils font, comme si le Roi Tout-Puissant,

Cela les rendait tous peu aimables envers eux en tout. [415]

Jean Gaule, dans son "Magastromancien" (1652), remarque que, selon les enseignements des astrologues,

Les temps peuvent donner une certaine fortune à notre entreprise. Les magiciens ont également observé, et tous les anciens hommes de vers s'accordent sur ce point, qu'il est très préoccupant de savoir à quel moment du temps et à quelle disposition des cieux tout, qu'il soit naturel ou artificiel, a reçu son être dans ce monde : car ils ont démontré que le premier moment a une si grande puissance que tout le cours de la fortune en dépend et peut être prédit par lui.

Dans les âges sombres, ainsi qu'au début des temps modernes, les fausses doctrines de l'astrologie, héritage des anciens, dominaient les actions des hommes. Dans toutes les entreprises importantes, ainsi que dans les travaux quotidiens, il était jugé essentiel de commencer sous l'influence d'une planète favorable. Ces croyances ne prévalaient pas non plus exclusivement parmi les ignorants, mais faisaient également partie des croyances des érudits, de la noblesse et de la petite noblesse. Les découvertes astronomiques modernes, et notamment le système copernicien, ont permis de bannir une grande partie des superstitions concernant le caractère malveillant de certaines journées. Mais ni la science ni la religion n'ont encore réussi à l'éradiquer complètement, comme en témoigne la mauvaise réputation associée au sixième jour de la semaine, même à l'heure actuelle, sujet qui sera examiné plus tard.

Dans les "Manuscrits Loseley", édités par Alfred John Kempe, Londres, 1836, se trouve une lettre dont quelques extraits peuvent servir à illustrer l'influence primordiale de l'astrologie en Angleterre au XVIe siècle. La lettre est adressée à M. George More, à Thorpe :—

Quant à ma venue chez vous mercredi prochain… Je ne peux pas être avec **vous** avant jeudi.

Le vendredi et le samedi, le signe sera dans le cœur, le dimanche, le lundi et le mardi dans le stomake, pendant les heures d'ouverture, il ne sera pas bon de faire des affaires **avec** votre **phisicke** ordinaire jusqu'à mercredi, sept heures au plus proche, et à partir de ce moment-là pour 15 ou 16 jours, ça passe bien. À l'heure où il vous plaira de me faire comprendre votre opportunité et votre saison, je ne manquerai pas de venir immédiatement avec **votre** messager.

Votre culte est assuré d'un ami aimant

Simon Trippe, MD

WINTON. Septembre. 18. 1581.

L'influence de la position de la lune dans la détermination des saisons appropriées pour les opérations chirurgicales et pour l'administration des médicaments peut être mieux illustrée par quelques extraits d'almanachs anciens.

Un ancien almanach manuscrit illustré de l'année 1386 contient les conseils suivants aux médecins :

Dans un nouveau monnaie, on ne dépose pas de sang, car vous êtes des corps de Menny voyés de sang et d'humos, et vous en déposant du sang, vous pouvez être plus ennuyé.

Et encore:-

Il s'agit de savoir d'une manière générale, quand vous choisissez de donner un médicament, quand vous et votre Seigneur ascendant êtes libres de tout mal et que vous n'y êtes pas laissés,… et c'est essentiellement de vous méfier d'un médecin pourquoi vous avez de l'argent. un mauvais aspect, avec Satne ou Mars.

Un almanach pour l'année 1568, publié par John Securis, Londres, contient une liste des jours de cette année favorables ou non à la préservation de la santé de l'homme.

Le deuxième jour de janvier y était déclaré tout à fait propice. Le douzième était défavorable, en raison de l'aspect furieux de Mars par rapport au Soleil, qui n'était cependant pas de nature à causer des maladies corporelles, mais plutôt à incliner le cœur de certaines personnes à imaginer le mal de leurs dirigeants. Le 15 avril était particulièrement redoutable. Ce jour-là, dit l'écrivain, « Dieu nous garde de la fureur de Mars ».

En juin, les mauvaises passions devaient attiser les cœurs des hommes, la colère, la haine et les conflits ; car en ce mois-là il n'y avait pas moins de six quartiles d'aspects des planètes les uns par rapport aux autres.

De nombreux jours propices sont également mentionnés, et en conclusion *tous* les jours sont déclarés favorables à un homme bon.

"A New Almanacke and Prognostication for the Yeare of our Lord God 1569" (Londres) dit que les opérations chirurgicales doivent être effectuées uniquement lorsque "la Lune ou le Seigneur de la première maison" se trouve dans le signe zodiacal régissant le membre ou l'organe particulier qui est être opéré.

Et dans un almanach anglais de l'année 1571, nous trouvons le passage suivant :

Aucune partie du corps de l'homme ne doit être touchée avec les instruments chirurgicaux, ou les cauteries actuelles ou potentielles, lorsque le Soleil ou la Lune, ou le Seigneur de l'Ascendant, est dans le même signe qui gouverne cette partie du corps de l'homme.

De plus, *les Gémeaux*, *le Lion*, la dernière moitié de *la Balance* et les 12 premiers degrés du *Scorpion* : avec *le Taureau*, *la Vierge* et *le Capricorne*, ne sont pas bons pour laisser couler du sang. Deux jours avant le changement de Lune, et un jour après, c'est à vous de laisser couler votre sang.…

S'il en est de même pour la Peste, la Phrensie, la Pluresie, le Squincie, ou pour un mal de tête continu, procédant de la colère ou du sang ; ou pour une fièvre brûlante ou une douleur extrême des parties, un homme ne peut pas rester avec autant de soin pendant un jour choisi par l'*Almanach* : car en attendant, le patient peut peut-être mourir. Pour cette raison, que le chirurgien habile ouvre une veine, à moins qu'il ne trouve le patient très faible, ou que la Lune soit dans la même syne qui gouverne cette partie du corps de l'homme.

La persistance de croyances similaires est démontrée par l'extrait suivant de « A Briefe Prognosticon ou plutôt Diagnosticon pour cette année de grâce » (1615), de John Keene, Londres :

Voyant que ces corps mixtes inférieurs et sublunaires sont gouvernés par les corps supérieurs et simples, et surtout par le mouvement de notre Planète voisine, la Lune, les maladies varient et diffèrent, et non pour cela qu'elle dépasse les autres en vertu et en puissance, mais parce que elle est plus près de nous et plus rapide dans ses mouvements ; car, voyons, la Lune augmentant, les humeurs augmentent ; et quand elle diminue, les humeurs diminuent : car les os dans le plein de la Lune sont pleins de moelle, tous les êtres vivants, tant sur la mer que sur la terre, sont alors augmentés en humidité, comme le crabe, le homard, l'huître, etc. le corps de l'homme et les plantes augmentent alors : car lorsque le Soleil et la Lune sont dans des signes chauds, la chaleur augmente, dans des signes froids, le froid dépasse la chaleur ; c'est pourquoi nous avons une juste raison, en purgeant les humeurs, de considérer le mouvement de la Lune à travers chaque signe du Zodiacke, non seulement en purgeant les humeurs, mais aussi en guérissant les maladies et en renforçant les facultés et les vertus.

Dans le « Dialogue of Dives and Pauper », imprimé par Richard Pynson en 1493, ce sujet est évoqué comme suit :

Tous ceux qui prennent garde aux jours dysmiques, ou utilisent les observances de New York dans la nouvelle lune, ou dans la nouvelle année, comme réglage du mete ou du drynke la nuit sur le banc pour nourrir l'alholde (ou le gobelyn).

Le voyageur français Jean Chardin (1643-1713) a déclaré qu'en 1668 les Cosaques avaient envahi les provinces du nord de la Perse ; et lorsque les habitants firent appel au gouvernement perse pour obtenir de l'aide, ils reçurent seulement la réponse qu'aucune assistance ne pourrait leur être envoyée avant que la lune ne soit sortie du signe du Scorpion. Les Perses divisaient autrefois tous les jours de l'année en trois classes : les jours préférables ou chanceux, les jours moyens ou indifférents, et les jours malchanceux ou détestés ; [416] et l'empereur Frédéric le Grand de Prusse (1712-86) était gouverné dans ses opérations militaires par les conseils des astrologues et attendait toujours qu'ils lui indiquent le moment heureux pour commencer.

L'« Apollon anglais, de Richard Saunders, étudiant en sciences divines, louables et célestes, Londres, 1656 », en donnant des conseils aux marins, dit que la bonne ou la mauvaise position des planètes au moment de la navigation a une grande influence sur les fortunes d'un voyage. Les anciens sages déclaraient en outre que le principal moyen de conjurer le mal était, premièrement, l' invocation pieuse de la Providence ; et, deuxièmement, le choix judicieux d'un moment approprié pour naviguer en observant les règles de l'astrologie.

Dans « Credulities Past and Present » de William Jones (1525), saint Augustin est cité comme suit :

Personne ne devra noter par jours le jour où il voyage, ni le jour où il revient ; parce que Dieu a créé les sept jours qui courent dans la semaine jusqu'à la fin de ce monde. Mais partout où il désire aller, qu'il chante et récite son *Paternoster* , s'il le sait, qu'il invoque son Seigneur, qu'il se bénisse et qu'il voyage sans soucis, sous la protection de Dieu, sans les sorcelleries du diable.

IV. PRÉVALENCE DE CROYANCES SIMILAIRES À L'ÉPOQUE MODERNE

Chez les Chinois d'aujourd'hui, comme chez les habitants de l'ancienne Babylone, les jours jugés favorables ou non aux transactions commerciales, aux opérations agricoles ou aux voyages sont encore déterminés par les astrologues et sont indiqués dans un almanach officiel publié chaque année à l'adresse suivante : Pékin par le Conseil Impérial des Astronomes. Les diverses tribus de l'île de Madagascar sont également extrêmement superstitieuses à l'égard de la chance ou de la malchance qui surviennent certains jours, et la vie des enfants nés à une époque malheureuse est parfois sacrifiée pour les sauver d'un malheur anticipé.

Les indigènes de la Côte d'Or de l'Afrique de l'Ouest, dans leurs divisions de l'année, observent un « temps long » composé de dix-neuf jours chanceux, et un « temps court » de sept jours également propices. Les sept jours qui séparent ces deux périodes sont considérés comme malheureux, et pendant ce temps ils n'entreprennent aucun voyage ni entreprise guerrière. Des idées quelque peu similaires prévalent à Java et à Sumatra, ainsi que dans de nombreuses petites îles de l'archipel malais. Les Cosaques de la Sibérie occidentale, les indigènes des provinces baltes de l'Empire russe et les Lapons de l'extrême Nord adaptent tous leur vie aux jours noirs et blancs de leur calendrier. Les paysans du West Sussex, en Angleterre, ne permettront pas à leurs enfants d'aller mûrir le 10 octobre, parce qu'ils croient que le diable s'en va ce jour-là et que la malchance s'abattrait sûrement sur quiconque serait assez téméraire pour manger les fruits cueillis. dans de telles circonstances. Les mêmes personnes croient que tous les chats nés au mois de mai sont hypocondriaques et ont la désagréable habitude d'introduire des serpents et des vipères dans la maison.

Chez les musulmans de l'Inde, il y a chaque mois sept jours mauvais, pendant lesquels aucune entreprise ne doit être entreprise, sous quelque considération que ce soit. Certaines des superstitions particulières de ces gens concernant les voyages les différents jours de la semaine sont illustrées dans « Zanoon-E-Islam, ou les coutumes des musulmans de l'Inde », de Jaffur Shurreef. Ainsi, si quelqu'un propose de voyager le samedi, il doit manger du poisson avant de partir, afin que son projet puisse être réalisé avec succès, mais le dimanche, la feuille de bétel est préférable à cet effet. De la même manière, lundi, il devrait se regarder dans un miroir pour obtenir de la richesse. Le mardi, il devrait manger des graines de coriandre et le mercredi, du lait caillé avant de commencer. Jeudi, s'il mange du sucre brut, il peut espérer revenir avec beaucoup de marchandises ; et le vendredi, s'il mange de la viande habillée, il rapportera des perles et des bijoux à gogo.

On peut avoir une idée des croyances courantes dans la mère patrie au cours du siècle dernier en étudiant les annonces d'astrologues et de charlatans médicaux dans la presse publique de cette période. Par exemple, en 1773, un certain Sylvester Partridge, propriétaire et vendeur d'antidotes, d'élixirs, de nettoyants pour les taches de rousseur, de repulpants pour arrondir les joues, d'yeux, de mollets et de nez en verre, de mâchoires en ivoire et d'un nouveau reçu pour changer la couleur des cheveux. , offert contre rémunération pour fournir des conseils sur les moments et les saisons appropriés pour saigner, et pour indiquer l'aspect de la lune le plus favorable pour arracher les dents et couper les cors. Il donna en outre des conseils pour éviter les jours malheureux pour se couper les ongles, et pour choisir le signe zodiacal le plus favorable pour la greffe, l'inoculation et l'ouverture des ruches.

Dans l'Angleterre éclairée, on trouve encore beaucoup de gens qui croient que les positions relatives du soleil, de la lune et des planètes sont des facteurs essentiels pour déterminer les moments et les saisons appropriés pour entreprendre des entreprises terrestres. L'Almanach de Zadkiel de 1898 déclare que l'astrologie naturelle fait de bons progrès pour redevenir une science reconnue. Pour citer la préface de cette publication:—

De même que l'ensemble de l'océan n'est pas capable de retenir une seule particule d'air libre, qui doit assurément se frayer un chemin vers la surface pour s'unir à l'atmosphère, de même les forces combinées des préjugés et du mépris étudié de tous les soi ne *peuvent Les prétendus* « hommes vraiment scientifiques » de la fin du siècle empêchent la vérité de *l'astrologia sana* de s'élever au-dessus de leurs vains efforts pour l'écraser, pour rejoindre la grande atmosphère des sciences naturelles, pour éclairer l'esprit humain dans sa marche et ses efforts. , — « s'élever à travers la nature jusqu'au Dieu de la nature ».

Un exemple peut suffire pour montrer le caractère des prédictions données dans ce même ouvrage. Sous le titre « Voix des étoiles », août 1898, l'auteur dit que les positions stationnaires de Saturne et d'Uranus sont susceptibles de secouer l'Espagne (et peut-être la Toscane) physiquement et politiquement vers le 10 ou le 11 mois. Les relations diplomatiques entre les États-Unis et l'Espagne seront tendues ; car Mars dans le signe des Gémeaux et Saturne dans le Sagittaire doivent créer des frictions et des perturbations dans les deux pays.

Les croyances juives actuelles quant à l'influence de certains jours et saisons semblent avoir été principalement dérivées des Romains d'autrefois. Même de nos jours, parmi les Juifs, aucun mariage n'est célébré pendant l'intervalle de cinquante jours entre la fête de Pâque et la Pentecôte ; et autrefois les jours de mariage préférés étaient ceux de la nouvelle ou de la pleine lune. [417] Au Siam, les huitième et quinzième jours de la lune sont observés comme sacrés et consacrés au culte et au repos du travail ordinaire. Il est interdit aux sportifs de chasser ou de pêcher ces jours-là. Les astrologues siamois indiquent le caractère probable d'une année en l'associant à un animal sur le dos duquel le Nouvel An est représenté comme étant monté. [418]

V. LE SIXIÈME JOUR DE LA SEMAINE

Considérons maintenant le sujet du vendredi comme un prétendu *dies mala* . Les sept jours de la semaine portaient à l'origine les noms de Saturne, Jupiter, Mars, le Soleil, Mercure, Vénus et la Lune, dans l'ordre indiqué, et ces noms se retrouvent dans les premiers calendriers chrétiens. Les nations teutoniques, cependant, ont adopté des noms correspondants dans la mythologie du Nord : le Soleil et la Lune, Tyr, le dieu nordique de la guerre, Wodan, Thor, Freyja et Saturne ; et nos premiers ancêtres saxons adoraient des images représentant toutes ces divinités jusqu'à ce que le christianisme supplante le paganisme en Grande-Bretagne. Il a été suggéré que notre vendredi pourrait avoir été nommé d'après Frigga, l'épouse d'Odin et la principale déesse des anciens Scandinaves. Mais il est bien plus probable que le jour tire son nom de Freyja, la déesse de l'amour, divinité correspondant à la Vénus romaine et à l'Aphrodite grecque. Freyja, la déesse la plus facilement apaisée, avait l'habitude d'écouter favorablement tous ceux qui invoquaient son aide, et était particulièrement tendre pour inconsoler les amants. Elle habitait un magnifique palais et se déplaçait dans une voiture tirée par deux chats. [419]

On a laissé entendre que le caractère de Freyja n'était pas irréprochable, et que de là était née la mauvaise réputation de vendredi, mais une telle hypothèse est totalement intenable.

De la prose « Edda », nous apprenons que cette déesse était l'épouse d'un certain Odur et qu'elle avait une fille nommée Hnossa, qui était merveilleusement belle. C'est triste à raconter, Freyja a été abandonnée par son mari, parti visiter des pays étrangers, et depuis, elle a passé beaucoup de temps à pleurer, ses larmes se transformant en gouttes d'or pur. [420]

Le poisson était un emblème de Freyja et, à ce titre, était offert par les Scandinaves à leur déesse le sixième jour de la semaine. [421] Le poisson était également considéré comme sacré par les Babyloniens et les Assyriens, ainsi que par les anciens Romains comme symbole de Vénus.

La théorie généralement acceptée est que la crucifixion de Notre Seigneur le Vendredi Saint serait à l'origine des superstitions largement répandues concernant le sixième jour de la semaine. Il est cependant fort probable que ces croyances soient originaires d'une époque bien antérieure ; car des idées similaires sont courantes parmi les habitants des pays païens, comme dans l'Hindostan, par exemple. Selon une ancienne légende monastique, Adam et Ève mangeaient le fruit défendu un vendredi ; et au Moyen Âge, on pensait que de nombreux événements peu propices de l'histoire ou de la tradition s'étaient produits ce jour-là.

Dans un manuscrit français de l'année 1285, conservé à la Bibliothèque Nationale de Paris, intitulé « Recommandation du Vendredi », les événements suivants se seraient produits un vendredi : la création d'Adam, son péché et son expulsion d'Eden, le meurtre d'Abel , la crucifixion du Christ, la lapidation d'Étienne, le massacre des Innocents par Hérode, la crucifixion de Pierre, la décapitation de Paul et celle de Jean-Baptiste, et la fuite des enfants d'Israël à travers la mer Rouge ; aussi le déluge, la confusion des langues à la tour de Babel et l'infliction des plaies sur le pays d'Égypte. [422]

L'extrait suivant d'une traduction d'un manuscrit saxon datant d'environ 1120 peut servir à illustrer la crédulité de cette époque en Angleterre et l'odieux attaché au vendredi :

Celui qui est né un dimanche ou sa nuit vivra sans inquiétude et sera beau. S'il est né un lundi ou dans la nuit, il sera tué par les hommes, qu'il soit laïc ou clerc. Si c'est mardi ou sa nuit, il sera corrompu dans sa vie, pécheur et pervers. S'il naît un mercredi ou sa nuit, il sera très paisible et facile, grandira bien et sera un amoureux du bien.... S'il naît un vendredi ou sa nuit, il sera maudit des hommes, stupide et rusé. et répugnant à tous les hommes et pensera toujours du mal dans son cœur, et sera un voleur et un grand lâche, et ne vivra pas plus longtemps que jusqu'à la quarantaine. S'il est né un samedi ou sa nuit, ses actes seront renommés, il sera échevin, qu'il soit homme ou femme ; beaucoup de choses lui arriveront, et il vivra longtemps. [423]

Bien que les superstitions des âges obscurs puissent nous paraître si puériles, on peut néanmoins affirmer avec raison que, proportionnellement aux lumières de l'époque, les croyances alors courantes concernant la fatalité diurne n'étaient pas plus absurdes que celles de notre propre époque. . Dans les « Reliques de la poésie anglaise ancienne », de Thomas Percy, DD, on trouve « l'excellent moyen d'obtenir une fée » suivant :

Tout d'abord, procurez-vous un large verre carré en cristal ou en verre de Venise, d'une longueur et d'une largeur de trois pouces. Ensuite, déposez ce verre ou ce cristal dans le sang d'une poule blanche, trois mercredis ou trois vendredis. Ensuite, sortez-le et lavez-le avec de l'aq sacré ; et fumigez-le. Ensuite, prenez trois bâtons de noisette ou baguettes d'un an; pilule-les fayre et blanc; et faites-les tant que vous écrivez le nom de l'esprit, ou le nom de la fée, que vous appelez trois fois sur chaque bâton étant aplati d'un côté. Ensuite, enterrez-les sous quelque colline, où vous supposez que les fées hantent, le mercredi avant de l'appeler ; et le vendredi suivant, prenez-les debout à huit, ou trois ou dix heures, ce qui sera de bonnes planètes et heures pour ce tour ; mais quand tu l'appelleras, sois dans une vie pure et tourne ton visage vers l'est, et quand tu lui demanderas de la lier dans cette pierre et ce verre. [424]

Whiston, le traducteur de Josèphe, proclama publiquement à Londres que la comète de 1712 serait visible le 14 octobre de la même année et que le vendredi matin suivant, le monde serait détruit par un incendie. Dans la panique qui en a résulté, de nombreuses personnes ont embarqué sur des bateaux sur la Tamise, estimant que l'eau était l'élément le plus sûr, du moins ce vendredi-là.

M. Charles Godfrey Leland, dans ses « Vestiges romains étrusques », dit que dans certains manuscrits médiévaux, la déesse Vénus était représentée comme la reine de cœur et une marchande de cartes porte-bonheur. C'est pourquoi le vendredi, le *Dies Veneris*, était parfois considéré comme un jour de chance, notamment pour le mariage. Cette opinion trouve grâce à Glasgow, où une grande partie des mariages ont lieu ce jour-là ; tandis que, dans les comtés du Midland en Angleterre, moins de deux pour cent. des mariages ont lieu le sixième jour de la semaine. [425]

Les références au sentiment populaire concernant le vendredi sont fréquentes dans les œuvres des écrivains anglais. Sir Thomas Overbury, dans sa description d'une « belle et heureuse Milk-mayd », dit : « Ses rêves sont si chastes qu'elle ose les raconter ; seul le rêve d'une Fridaie est toute sa superstition : qu'elle cache par peur de la colère. Encore une fois, dans la pièce de « Sir John Oldcastle », on trouve ce passage : « Vendredi, dit-il, un jour lugubre, la Chandeleur cette année était vendredi. » [426] Et dans « Marmion » de Scott, on lit ce qui suit : -

Le Highlander, dont la claymore rouge

La bataille s'est déroulée sur le rivage de Maldas,

Un vendredi matin, aura-t-il l'air pâle

Si on lui demande de raconter un conte de fées.

Il craint le roi elfique vengeur,

Qui quitte ce jour-là son anneau herbeux ;

Invisible aux yeux des humains,

Il marche parmi les fils des hommes.

Comme exemple rafraîchissant d'indépendance de pensée à une époque crédule, nous pouvons citer une lettre écrite par Sir Winston Churchill, père du duc de Marlborough, et imprimée dans un tract de 1687. La lettre, bien que peu grammaticale, est donnée textuellement : —

J'en ai fait une grande expérience et j'ai fixé le vendredi comme mon jour de chance, le jour où je suis né, baptisé, marié, et qui, je crois, sera le jour de ma mort. Le jour où j'ai eu diverses délivrances de périls sur mer et sur terre, de périls de faux frères, de périls de procès, etc. J'ai été fait chevalier (par hasard inattendu de ma part) le même jour et il m'est arrivé plusieurs bons accidents. moi ce jour-là ; et je suis si superstitieux dans la croyance en son bon présage, que je choisis de commencer le même jour toute action considérable qui me concerne. [427]

VI. LE VENDREDI DANS LES TEMPS MODERNES

Le vendredi est le sabbat des musulmans, correspondant au dimanche des chrétiens et au samedi des juifs. En Egypte, le vendredi est donc béni par-dessus tous les autres jours, tandis que le samedi est le plus malheureux.

Cependant, bien que le vendredi fût le jour choisi par Mahomet pour la tenue de l'Assemblée musulmane, il n'était pas entièrement consacré au culte religieux et, à la fin des prières publiques, les affaires se traitaient comme n'importe quel autre jour de la semaine. [428] Parmi les mahométans, le vendredi est considéré comme le jour le plus chanceux ; et c'est aussi le plus populaire pour commencer toute entreprise importante, qu'il s'agisse de construire une maison, de planter un jardin, d'embarquer pour un voyage, de contracter un mariage ou de confectionner un vêtement. [429]

Une des raisons pour lesquelles Mahomet a choisi le vendredi comme jour de prière publique était probablement parce que ce jour était consacré par les peuples de nombreuses nations à Alilat, la céleste Vénus ou Uranie, que les anciens Arabes adoraient. [430] Mahomet a déclaré que quiconque se baignait le vendredi et se rendait à pied au service religieux public, s'asseyait près de l' *Imam* ou *du Khalifah* (le chef d'une tribu musulmane), et écoutait attentivement le sermon, évitant entre-temps les conversations frivoles, obtiendrait le récompense d'une année entière de prières nocturnes pour chaque pas qu'il faisait entre sa maison et le lieu de cette assemblée. [431]

Les musulmans parmi les paysans habitant la région frontière entre l'Afghanistan et l'Hindostan ont un respect particulier pour le vendredi ; car ils croient que ce jour-là Dieu se reposa, après avoir créé le monde. La veille du vendredi, selon leur croyance, les esprits des défunts ont l'habitude de revisiter leurs anciennes demeures, et c'est pourquoi la coutume prévaut d'envoyer des friandises à la mosquée à de telles heures. [432]

Le vendredi était le jour le plus populaire pour les mariages parmi les Juifs à l'époque médiévale, et son choix semble avoir été dû à des raisons d'opportunité, en raison de sa proximité avec le sabbat juif et de la commodité d'associer la cérémonie du mariage aux services à la synagogue le jour même. le dernier jour. Les mariés jeûnèrent le matin du mariage et des cendres furent répandues sur leurs têtes pendant la cérémonie. [433]

Selon les enseignements du Talmud, on croyait qu'une seconde âme pénétrait dans le corps des hommes chaque vendredi soir et y restait tout au long de la journée suivante, sa présence étant indiquée par un appétit accru pour la nourriture. [434]

Le vendredi, dit une vieille tradition, a lieu le sabbat ou l'assemblée des sorcières, et il faut se garder de parler de ces créatures ce jour-là, car leur ouïe est alors particulièrement fine, et des remarques irrespectueuses exposent à leur peine. dépit.

Dans la croyance populaire des Souabes, le vendredi est le jour où les sorcières célèbrent leur fête commune avec le Diable sur le Heuberg, près de Rotenburg, et parcourent ensuite le pays, avec l'intention de faire toutes sortes de méfaits sur les gens et leur bétail. [435]

Cependant, selon une superstition écossaise, les sorcières étaient censées tenir leurs réunions hebdomadaires le samedi, dans des lieux peu fréquentés. Les procédures formelles à ces occasions comprenaient un discours du diable et la tenue d'un tribunal au cours duquel chaque sorcière devait donner un rapport détaillé de ses actes ; et ceux qui étaient restés oisifs étaient battus avec leurs propres balais, les diligents étant récompensés par des cadeaux d'os enchantés. Une danse suivit, le Diable jouant de la cornemuse et menant la musique. [436]

Les Irlandais se gardent bien de nommer les fées ni le mercredi ni le vendredi, car ces créatures invisibles sont particulièrement alertes ces deux jours-là.

Le vendredi surtout, leur pouvoir maléfique est très fort. Ce jour-là donc, une surveillance attentive est exercée sur les enfants et le bétail ; un brin de paille allumé est agité autour de la tête du bébé, et un charbon éteint est placé sous le berceau et la baratte. Et si les chevaux sont plus agités que d'habitude dans leurs stalles, c'est un signe certain que les fées les montent ; c'est pourquoi le peuple crache trois fois sur les animaux, et les fées s'en vont aussitôt. [437]

En Irlande, le vendredi est *un jour facile* parmi les jours de malchance, et il faut faire particulièrement attention à ne pas ouvrir la porte de sa maison à un étranger ce jour-là. Ni beurre ni lait ne doivent être distribués, et un chat ne doit pas non plus être emmené d'une maison à une autre le vendredi. Pour défaire le sortilège d'un sorcier, il faut manger des gâteaux d'orge sur lesquels une incantation a été prononcée ; mais les gâteaux doivent être consommés un lundi ou un jeudi, et jamais le vendredi. [438]

Dans la tradition galloise, on pense que les esprits aquatiques surveillent particulièrement la mer le vendredi, la rendant agitée et tumultueuse.

Un vendredi matin de l'an 1600, raconte une vieille légende, un navire quitta un port du Nord, ayant à son bord un jeune homme et une jeune fille d'une rare beauté, dont les actions et le comportement étranges semblaient indiquer qu'il s'agissait d'êtres surnaturels. Le navire n'a jamais atteint le port, mais une nuit de tempête, un navire fantôme a été aperçu, enveloppé dans une lumière étrange ; et sur son pont se tenaient le jeune homme et sa bien-aimée, une vision étrange, alors que l'engin spectral se déplaçait au-dessus de la mer agitée contre le vent. [439]

En Hesse, Frau Hölle, la Freyja moderne, est la gardienne et la protectrice spéciale des personnes nouvellement mariées, et cette vieille croyance est si tenace dans l'esprit des paysans hessois que le jour de Vénus est toujours en grande faveur parmi eux comme le jour le plus propice aux mariages. [440]

Dans certains endroits, il est malheureux de recevoir des nouvelles, bonnes ou mauvaises, un vendredi ; et, selon un dicton du Shropshire, « si vous entendez quelque chose de nouveau un vendredi, cela vous donne une autre ride sur le visage et ajoute une année supplémentaire à votre âge ». [441] En effet, le terme « visage du vendredi » était utilisé pour désigner un visage sombre ou déprimé, comme dans la citation suivante : –

Mariez-vous, sur lui ! quel esclave au visage de vendredi ! Je pense que dans ma conscience, son visage ne reste jamais en vacances. [442]

En Serbie, les enfants nés un vendredi sont réputés invulnérables aux assauts de toute une armée de sorcières et de sorciers. En Allemagne, le vendredi est considéré comme le jour de la semaine le plus fatidique, que ce soit pour le bien ou pour le mal. Les croyances varient selon les différentes parties de l'empire, mais il existe un préjugé universel contre le fait de partir en voyage, d'emménager dans une nouvelle maison ou de changer de serviteur ce jour-là. En Prusse orientale, celui qui cuisine le vendredi ne reçoit que peu de pain ; mais on pense que les baptêmes du dimanche compensent les mauvais auspices des enfants nés le vendredi. Les agriculteurs du nord de l'Allemagne considèrent le vendredi comme le meilleur jour pour commencer à récolter. [443]

Autrefois, le vendredi était le jour le plus propice pour faire la cour et se marier en Allemagne et, à moins qu'une mariée n'entre pour la première fois dans sa nouvelle maison ce jour-là, des conflits domestiques risquaient de s'ensuivre.

Si elle voulait apprivoiser un mari colérique, son premier soin était de lui préparer une soupe faite avec l'eau de pluie d'une averse du vendredi. Le charme magique des paroles par lesquelles le bétail fut libéré de la gale fut prononcé un vendredi matin ; et un lièvre abattu le premier vendredi de mars avait une grande valeur thérapeutique, surtout ses yeux, séchés et emportés comme remède souverain contre une vision défectueuse.

Ce n'est que le vendredi que les cloches des églises sonnaient l'heure de la libération des esprits ensorcelés et de la délivrance des âmes enchantées de leurs sortilèges. [444]

Le docteur M. Höfler, dans son « Volksmedizin und Aberglauben in Oberbayern » (p. 208), dit que les paysans bavarois nourrissent encore de nombreuses superstitions à propos du sixième jour de la semaine, jour consacré à Freyja, la vieille déesse allemande de l'amour. De plus, de merveilleuses vertus amulétiques sont attribuées aux œufs de poule pondus la nuit du Vendredi Saint, et quiconque mange ces œufs est ainsi assuré contre les dommages corporels. La durée pendant laquelle cette immunité dure n'apparaît pas ; mais probablement jusqu'à ce qu'un autre œuf du Vendredi Saint soit mangé. Dans les ménages de fermiers, ces précieux œufs sont donc avidement recherchés par la maîtresse de maison, qui a coutume de les donner à son mari et aux ouvriers agricoles ; ou bien elle les utilise comme ingrédient des figures de pâte qui ornent le pain de Pâques.

Dans certaines régions de Hongrie, la coutume particulière suivante est en vogue :

Chaque fois que la fête d'une personne tombe un vendredi, cette personne sélectionne un morceau d'un de ses vêtements usagés, y frotte quelques gouttes de son propre sang et de sa salive, puis brûle le fragment de vêtement. Ce faisant, il brûle également toute la malchance qui aurait pu lui arriver au cours de l'année suivante. Dans le sud-est de la Transylvanie, un chiffon mystiquement traité comme ci-dessus est accroché à un arbre avant le lever du soleil le jour en question ; s'il disparaît avant l'aube du lendemain, celui qui célèbre ainsi superstitieusement son jour férié un vendredi peut rire de malchance pendant un an. [445]

Les Magyars ne commencent aucun travail le vendredi, car cela échouerait forcément ; ils ne donnent pas non plus de lait hors de la maison ce jour-là, car ils s'imaginent ainsi que l'utilité de la vache est diminuée. Dans le comté de Bihar, en Hongrie, une miche de pain cuite le vendredi et empalée sur un bâton est considérée comme une protection contre la propagation du feu. Les indigènes de cette région entretiennent également diverses fantaisies curieuses et résolument uniques. Par exemple, lorsqu'un nouveau-né est cagneux, la mère le considère comme un changeling. Elle s'assied donc sur le seuil le mardi ou le vendredi, lorsque les sorcières sont à l'étranger, et s'adresse péremptoirement à ces créatures, exigeant la restitution de son propre enfant, qu'elle croit qu'elles ont volé. « Pfui ! Pfui ! espèce de canailles ! » s'exclame-t-elle, "rendez-le!" [446]

Les Siciliens ont une foule de superstitions à ce sujet. Voici quelques-uns des éléments les plus intéressants de leur folklore concernant le vendredi. Ce jour-là, le propriétaire d'une maison louée ne remettra pas les clés à un nouveau locataire et celui-ci ne les recevra pas non plus. Dans le sud de la province de Palerme, aucun voleur n'ose voler un vendredi, et l'exactitude de cette affirmation est corroborée par les statistiques criminelles. En effet, ce jour-là, le maître de maison le plus timide peut voyager en toute sécurité partout dans la province, fait que le voyageur avisé dans un pays réputé pour le brigandage ne manquera pas de noter. Cette immunité n'est pas imputable à une vénération particulière pour l'époque de Freyja, mais plutôt à une croyance populaire selon laquelle les vols et autres délits commis alors sont sûrs d'être rapidement détectés. On pense que le rire offense la déesse, et le proverbe dit : « Celui qui rit le vendredi pleure le samedi ». Dans un manuscrit anonyme de la bibliothèque municipale de Palerme apparaît une déclaration selon laquelle quiconque découpe des vêtements un mardi ou un vendredi court le risque de les rendre trop courts et de perdre le tissu. De tels vêtements sont peu usés, car rien de ce qui est commencé ces jours-là n'a de durabilité. [447]

Les habitants de l'ancienne Gascogne ne sont pas moins crédules, comme le montrent les extraits suivants de la tradition du vendredi. Quiconque est assez téméraire pour se lancer dans un voyage à cheval court un risque particulier de tomber de cheval et de se noyer en tentant de franchir un ruisseau à gué. Il est même arrivé que des pains fraîchement cuits soient trouvés teintés de sang dans le four. Cependant le vendredi est un bon jour pour faire du vinaigre, et les tonneaux remplis à trois heures de l'après-midi ce jour-là se révèlent supérieurs aux autres. C'est que notre Seigneur, alors qu'il était sur la croix, a reçu à boire du vinaigre mêlé de fiel, à trois heures de l'après-midi du Vendredi Saint. [448]

En Normandie aussi, le vendredi est le jour préféré pour mettre de l'eau dans le vin ou le cidre, car on croit qu'un autre jour le mélange deviendrait aigre. [449]

Selon une vieille croyance italienne, quiconque naît un vendredi sera de tempérament sanguin, passionné, léger et beau. Il appréciera la musique, tant vocale qu'instrumentale, et aura un penchant pour les beaux vêtements. De plus, il sera volubile dans son discours, bien que de caractère instable. [450]

Les Tyroliens ont un dicton : « Celui qui naît un vendredi doit avoir des ennuis » et ils considèrent comme une folie de se marier ce jour-là. [451]

Les Français partagent pleinement la méfiance générale à l'égard du sixième jour de la semaine. C'est ce que montrent les statistiques des théâtres parisiens, où l'on produit en moyenne près de deux cents pièces nouvelles par an, et depuis de nombreuses années, aucune d'elles n'a été créée un vendredi. [452]

En Alsace, le mercredi et le vendredi sont des jours de malheur, et le premier n'est jamais choisi pour un mariage ou un baptême. Mais des deux, le vendredi est le plus indésirable, et aucune affaire importante n'y est faite, ni aucun voyage entrepris. C'est le jour le plus important parmi les jours de sorcières, car les mauvais esprits sont alors à l'étranger et leur activité le vendredi est proverbiale. Ces sentiments prédominent dans d'autres régions allemandes et sont entretenus par des gens cultivés et instruits. En effet, on peut affirmer avec raison que la possession de la force intellectuelle n'est nullement incompatible avec une croyance superstitieuse dans la chance ou le malheur de certains jours. La crédulité du grand Napoléon à cet égard est bien connue. Bismarck aurait écrit un jour à sa femme de Letzlingen, un village de la Saxe prussienne : « Je n'ai pas eu autant de chance à la chasse aujourd'hui qu'il y a trois ans ; mais alors… c'est un vendredi. [453] L'homme d'État français Gambetta aurait organisé ses voyages et ses affaires en fonction d'heures propices, déterminées par un lecteur de cartes professionnel ; et le président Félix Faure, nous dit-on, est tout aussi crédule. En effet, ces notions sont si répandues dans la capitale française que des cartes ornées avec goût d'une liste des « heures à éviter » se vendent facilement dans les rues. [454]

Chez les Slaves, sainte Prascovie, la moderne successeure de Vénus et de Freyja, passe pour visiter les maisons des paysans tous les vendredis, et malheur à la malheureuse femme qu'elle trouve alors occupée à certaines occupations. La tradition locale dit que coudre, filer et tisser ce jour-là sont des péchés et sont particulièrement désagréables pour Sainte Prascovie, familièrement connue sous le nom de « Mère Vendredi », car la poussière ainsi produite pénètre dans ses yeux. Elle a très tendance à se venger en infligeant aux délinquants diverses affections physiques, telles que des maux d'yeux, des panaris ou des ongles. Dans certains districts, les paysans se retirent plus tôt que d'habitude le vendredi soir, croyant que la Mère Vendredi punira ceux qu'elle trouvera éveillés lors de ses visites du soir. Ces croyances populaires sont illustrées dans la tradition suivante : -

Il était une fois une certaine femme qui ne respectait pas Mère Vendredi comme il se doit, mais se mettait au travail sur une quenouille pleine de lin, la peignant et la faisant tournoyer. Elle tourna jusqu'à l'heure du dîner, puis le sommeil la saisit. Soudain, la porte s'ouvrit et Mère Vendredi entra, sous les yeux de tous ceux qui étaient là, vêtue d'une robe blanche et si en colère ! Et elle s'est dirigée droit vers la femme qui filait, elle a ramassé sur le sol une poignée de poussière qui était tombée du lin et elle a commencé à en bourrer et à en remplir les yeux de cette femme ! Après les avoir remplis, elle partit en colère et disparut sans dire un mot.

Quand la femme se réveilla, elle se mit à crier à pleine voix à propos de ses yeux, mais elle ne pouvait pas dire ce qui leur arrivait. Les autres femmes, très effrayées, se mirent à crier : « Oh ! misérable, toi ! vous vous êtes infligé une terrible punition de la part de Mère Vendredi. Puis ils lui racontèrent tout ce qui s'était passé. Elle écouta tout, puis se mit à implorer : « Mère Vendredi, pardonne-moi ! Pardonnez-moi, le coupable ! Je t'offrirai un cierge, et je ne laisserai jamais ni ami ni ennemi te déshonorer, mère !

"Bien, qu'en pensez-vous? Dans la nuit, Mère Vendredi revint et enleva la poussière des yeux de cette femme pour qu'elle puisse se déplacer à nouveau. C'est un grand péché de déshonorer Mère Vendredi, en peignant et en filant le lin, vraiment ! [455]

Le professeur Max Müller, dans ses « Contributions à la science de la mythologie » (New York et Bombay, 1897), cite une tradition de la mythologie encore peu connue des Mordviniens, une race finlandaise habitant les provinces russes de la Moyenne Volga. Une femme qui avait travaillé toute la journée du vendredi à préparer du pain pour des enfants orphelins, fut transportée en rêve vers le soleil et, alors qu'elle était presque épuisée, à cause des effets de la chaleur et de l'augmentation rapide du de la taille d'un morceau de pâte qu'elle avait mis dans sa bouche, elle fut abordée par Chkaï, le dieu solaire mordvin aux grands yeux, qui lui dit qu'elle était punie parce qu'elle avait fait du pain pour les orphelins un vendredi. Elle était d'ailleurs chargée de le dire à tout le monde. "Mais qui sera assez fou pour me croire ?" » demanda la femme avec le plus grand manque de respect. Chkaï apposa alors sur son front sa marque écarlate et bleue, emblème censé porter chance. Et après cela, les femmes mordvines prenaient soin de ne pas faire de pain ni de faire aucun autre travail le vendredi.

C'était une coutume très ancienne en Angleterre de fixer le vendredi comme jour de l'exécution des criminels, et jusqu'à récemment, la même chose était vraie dans ce pays, mais grâce aux efforts persistants du « Thirteen Club » de New York, dont l'objet est Grâce au découragement de certaines superstitions populaires, le sixième jour de la semaine a été partiellement débarrassé de l'odieux d'être le « jour du bourreau » aux États-Unis.

Un auteur à l'esprit inventif a suggéré que l'impopularité du vendredi est en partie due au fait qu'il tombe tard dans la semaine et que les pauvres manquent d'argent. Le samedi étant la fin de la semaine, et le jour de paye aussi, il n'y a pas de temps pour être superstitieux.

Certains écrivains modernes ont fait preuve d'un zèle malavisé dans la collecte de preuves statistiques démontrant que vendredi a été le jour le plus propice de l'histoire américaine et ont cité, entre autres événements, la reddition de Burgoyne à Saratoga et celle de Cornwallis à Yorktown, comme survenues ce jour-là. jour. Mais un tel argument plaira-t-il avec succès aux lecteurs anglophones ? Si, d'un commun accord, nous apprenions à nos enfants que le vendredi est le jour le plus chanceux de la semaine, les preuves en faveur de cette théorie s'accumuleraient sans doute rapidement, et la nouvelle croyance vaudrait bientôt autant que l'ancienne.

RAPPORTS SUPERSTITIEUX AVEC LES ANIMAUX

I. LES RATS ET LES SOURIS COMME VENGEURS

Lorsque, dans l'Antiquité, les champs étaient envahis et les récoltes détruites par des essaims d'animaux ou d'insectes nuisibles, ces créatures étaient considérées soit comme des agents du Diable, soit comme de véritables démons. Nous apprenons en outre que les rats et les souris étaient autrefois des objets de superstition particuliers et que leurs actions étaient soigneusement notées comme des augures du bien ou du mal. [456] Un mythe rabbinique dit que le rat et le porc ont été créés par Noé comme charognards de l'Arche ; mais le rat devenant gênant, le patriarche évoqua un chat du nez du lion. [457] Dans « Horapollon », le seul ouvrage ancien connu aujourd'hui qui tentait d'expliquer les hiéroglyphes égyptiens, le rat est représenté comme un symbole de destruction. Mais les Égyptiens considéraient également cet animal comme une sorte de bon jugement, car lorsqu'on lui donne le choix entre plusieurs morceaux de pain, il choisit toujours le meilleur. [458]

Selon une ancienne légende, les Teucri, ou fondateurs de la race troyenne, en quittant l'île de Crète pour fonder une colonie ailleurs, furent chargés par un oracle de choisir comme résidence l'endroit où ils seraient d'abord attaqués par les aborigènes de le pays. En campant pour la nuit, un essaim de souris apparut et rongea les lanières de cuir de leur armure. En conséquence, ils firent de cet endroit leur demeure et érigèrent un temple à Apollon Sminthée, [459] ce titre étant dérivé du mot signifiant « un rat ». » en dialecte éolique. Dans l'ancienne Troas, les souris étaient des objets de culte ; et l'écrivain grec Héraclide Pontique a déclaré qu'ils étaient particulièrement sacrés à Chrysa, une ville célèbre pour son temple d'Apollon. A Hamaxitus également, les souris étaient nourries aux frais de l'État. [460] Hérodote raconte, sous l'autorité de certains prêtres, que lorsqu'en l'an 699 AVANT JC l'Égypte fut envahie par une armée assyrienne dirigée par Sennachérib, il fut révélé dans une vision au roi égyptien Sethon, qu'il devrait recevoir de l'aide du dieux. Et à la veille d'une bataille attendue, le camp des Assyriens fut attaqué par une légion de mulots, qui détruisirent leurs carquois et leurs arcs, de sorte que, dépourvus d'armes utilisables, les envahisseurs s'enfuirent consternés le matin suivant. Et en souvenir de cet événement fabuleux, une statue de pierre du roi Sethon, tenant une souris à la main, fut érigée dans le temple de Vulcain à Memphis, avec cette inscription : « Celui qui me regarde, qu'il vénère les dieux. »

Cicéron, dans son traité sur la Divination, tout en commentant l'absurdité de la croyance répandue aux prodiges, remarquait que, si l'on devait se fier à des présages de ce genre, il devrait naturellement trembler pour le salut de la

République, parce que les souris avaient Il a récemment grignoté un exemplaire de la « République » de Platon dans sa bibliothèque. Pline a écrit que les rats ont prédit la guerre de Mars, en 89 AVANT JC , en détruisant les boucliers et les boucliers d'argent à Lavinium, une ville antique près de Rome ; et qu'ils ont également prédit la mort du général romain Carbo, en mangeant ses jarretières et ses lacets de chaussures à Clusium, l'actuelle Chiusi, en Étrurie. Le même écrivain, dans le huitième livre de son Histoire naturelle, consacre un court chapitre à une énumération de cas, fabuleux ou historiques, dans lesquels les habitants de plusieurs villes de l'Empire romain furent chassés de leurs maisons par des animaux nuisibles, des reptiles. , et les insectes. Il affirme, sous l'autorité du moraliste grec Théophraste (372-287 AV. J.-C.), que les indigènes de l'île de Gyaros, une des Cyclades, furent forcés d'abandonner leurs maisons à cause des ravages des rats et des souris, qui dévorèrent tout ce qu'ils pouvaient trouver, y compris même les substances ferreuses.

Lorsque les Philistins prirent l'arche de l'Éternel du camp des Israélites, comme cela est rapporté dans 1 Samuel iv., une plaie de souris fut envoyée pour dévaster leurs terres ; sur quoi les Philistins rendirent l'arche, accompagnée d'un sacrifice pour le délit, qui comprenait cinq souris d'or, en expiation pour leur acte sacrilège.

Dans les traditions légendaires médiévales, les rats figurent souvent comme vengeurs. Le roi polonais Popiel II, qui monta sur le trône en l'an 820, se rendit odieux à ses sujets par son immoralité et sa tyrannie, et, selon la tradition, le ciel envoya contre lui une multitude de rats qui le poursuivaient constamment. Le roi et sa famille cherchèrent refuge dans un château situé sur une île au milieu du lac Goplo, à la frontière prussienne. Mais les rats finirent par envahir cette place forte et dévorèrent le roi et tout ce qui lui appartenait.

Toujours en 970, selon la légende, Hatto II, archevêque de Mayence, qui s'était rendu odieux à son peuple à cause de son avarice et de sa cruauté pendant une période de famine, fut informé par un de ses serviteurs qu'un une grande multitude de rats avançaient le long des routes menant au palais. L'évêque se dirigea aussitôt vers une tour au milieu du Rhin, près de Bingen, encore connue sous le nom de « tour de la souris », où il chercha à se mettre à l'abri de ses poursuivants. Mais les rats ont nagé jusqu'à la tour, ont rongé ses murs et l'ont dévoré. Nous lisons également dans « Chronique des rois d'Angleterre » que, sous le règne de Guillaume le Conquérant, un grand seigneur fut attaqué par des souris lors d'un banquet, et « bien qu'il fut transporté de terre en mer et de mer en terre encore ", les souris l'ont poursuivi jusqu'à sa mort.

Les rats et les souris n'étaient cependant pas les seuls agents employés comme vengeurs. En l'an 350, pendant un long siège de la place forte romaine Nisibis, en Mésopotamie, par le roi perse Sapor II, les habitants supplièrent leur évêque Saint-Jacques de proférer une malédiction contre l'ennemi. En conséquence, le prélat, debout sur l'une des tours du mur, pria Dieu pour qu'une multitude de mouches soient envoyées pour attaquer les Perses, et la tradition veut que la prière fut immédiatement exaucée. Une multitude d'insectes fondirent sur les assiégeants, leurs chevaux et leurs éléphants ; et les hommes et les animaux, ainsi poussés à la frénésie, furent contraints de battre en retraite, et ainsi le siège fut levé. Les Philistins d'autrefois adoraient une divinité particulière, Belzébuth, à qui ils attribuaient le pouvoir de détruire les mouches. [461] Cette même région est encore infestée de fléaux d'insectes ; mais le voyageur moderne, qui n'a aucune confiance en Belzébuth, est plus susceptible d'employer des pièges à mouches et des mesures pratiques énergiques.

Tels sont quelques exemples de l'emploi surnaturel de la vermine et des insectes comme instruments de vengeance ; et il n'est guère étonnant qu'à l'inverse, les gens des temps anciens aient recours à des méthodes surnaturelles pour se protéger ou protéger leurs biens des ravages de ces créatures nuisibles.

Au Mexique, les rats étaient autrefois l'objet d'un respect superstitieux, car on leur attribuait une connaissance approfondie du caractère de tous les membres d'une maison, et ils avaient l'habitude de signaler publiquement les violations flagrantes de la moralité de la part de ces membres en rongeant divers articles. de meubles domestiques, tels que des nattes et des paniers. Il ne semble cependant pas que les rongeurs aient été assez sagaces pour désigner l'individu dont la conduite avait suscité leur mécontentement.

Les Mexicains avaient également une superstition selon laquelle quiconque consommait de la nourriture rongée par des rats serait faussement accusé d'un acte répréhensible. [462]

II. LES ESPRITS PRENDENT LES FORMES D'ANIMAUX NOIRS

La croyance en la possession démoniaque des animaux a prévalu en Europe pendant plusieurs siècles, et pour chasser les mauvais esprits, il était d'usage d'employer divers exorcismes et incantations, censés être infaillibles après approbation de l'autorité ecclésiastique. Reginald Scot, dans sa « Découverte de la sorcellerie », dit que, selon le témoignage d'auteurs fiables, les esprits avaient l'habitude de prendre la forme d'animaux, et spécialement de chevaux, de chiens, de porcs, de chèvres et de lièvres. Ils apparaissaient également sous l'apparence de corbeaux et de hiboux, mais prenaient le plus grand plaisir à ressembler à des serpents et à des dragons. Les animaux ensorcelés étaient généralement de couleur noire. Un chat noir est le compagnon traditionnel ou familier des sorcières du monde entier, et le chien noir est également associé à la sorcellerie dans le folklore de certains pays. Chez les Slaves, le démon noir Cernabog a cette forme, et la poule noire est un symbole diabolique courant dans la sorcellerie médiévale. Les bohémiens croient d'ailleurs que les chevaux noirs sont doués d'une vue surnaturelle, qui leur permet de voir des êtres invisibles à l'oeil de l'homme. [463] Les animaux noirs figurent en bonne place dans de nombreuses légendes de l'âge des ténèbres. Ainsi le Diable, sous la forme d'un cheval noir, dérangea une congrégation qui s'était rassemblée pour écouter un sermon prononcé par saint Pierre de Vérone au XIIIe siècle, mais qui fut mise en fuite par le signe de la croix. [464] Parmi les oiseaux, le corbeau est considéré comme une créature menaçante dans certains pays, et dans le nord-est de l'Écosse, il est toujours associé à « l'air noir ». [465] Le corbeau est également traditionnellement de mauvais augure et est parfois appelé l'oiseau du diable ; on dit que son plumage est passé du blanc au noir en raison de sa désobéissance. [466] Dans la légende suédoise, la pie partage la mauvaise réputation du corbeau et de la corneille et est caractérisée comme « un oiseau mystique, un véritable oiseau de sorcière, appartenant au diable et aux autres puissances de la nuit ». [467]

Les Kirghis, peuple nomade du Turkestan, sont très superstitieux à l'égard de la pie, et notent avec soin la direction d'où s'entend le son de son cri. S'il vient du nord, cela laisse présager le mal ; du sud, un phénomène remarquable ; de l'est, il dénote la venue des invités ; et de l'ouest, un voyage. [468]

Le révérend Alexander Stewart, dans son « Nether Lochaber », considère comme déraisonnable la méfiance universelle à l'égard de la pie. Il semble probable que cela soit dû moins à sa couleur qu'à certaines autres caractéristiques ; car la pie est un imitateur confirmé et un cleptomane, et en plus d'une extrême ruse.

À propos des corbeaux comme présages du bien ou du mal, on raconte l'histoire amusante d'un homme qui souhaitait tester par lui-même la vérité ou la fausseté d'une croyance populaire selon laquelle voir quelques corbeaux tôt le matin est un signe de chance. . Il ordonna donc à son serviteur de le réveiller au lever du jour chaque fois que deux corbeaux seraient aperçus. Un matin, le serviteur l'appela, mais entre-temps un des oiseaux s'était envolé. Alors le maître se mit en colère et donna une bonne raclée à son serviteur, lui reprochant d'avoir attendu qu'il ne reste qu'un seul corbeau. Le serviteur, cependant, sans se laisser intimider, répondit : « Voici, monsieur, n'avez-vous pas vu la chance qui m'est venue de voir deux corbeaux ? [469]

La superstition a été définie comme « une croyance non conforme aux faits », mais cela est manifestement incorrect. Une personne ignorante, qui pense que les chats noirs sont plus méchants que les chats blancs, entretient ainsi une idée erronée, mais n'est pas nécessairement superstitieuse. Si, cependant, il croit qu'un chat noir ou tout autre animal est doté d'une faculté surnaturelle d'exercer de mauvaises influences sur les êtres humains, alors il est non seulement ignorant, mais aussi superstitieux.

III. EXORCISME ET CONJURATION DE VERMINE

Les agriculteurs grecs avaient l'habitude de chasser les souris en leur écrivant un message sur un morceau de papier et en le collant sur une pierre dans le champ infesté. Un spécimen d'un tel message, commençant par une adjuration et se terminant par une menace, se trouve dans la « Geoponica », un traité agricole grec.

Dans la tentative de justifier l'emploi de mesures radicales contre la vermine, de curieuses questions de casuistique étaient impliquées. Les rats et les souris étant des créatures de Dieu, il ne faut pas leur donner la vie. Mais il était tout à fait convenable de les chasser de son propre domaine, tout en recommandant comme préférable la cave bien garnie d'un voisin. Les formules d'exorcisme, ou les phrases contenant des avertissements de départ, étaient écrites sur des bouts de papier, qui étaient ensuite bien graissés et roulés en petites boules, ou enveloppés dans des aliments empoisonnés et placés dans les trous à rats. [470]

Les conjurations de vermine étaient généralement au nom de sainte Gertrude, première abbesse de Nivelle en Belgique, et aussi patronne des voyageurs et des chats, et protectrice contre les ravages des petits rongeurs.

L'ecclésiastique espagnol Martin Azpilcueta, surnommé Navarre, affirmait que lorsqu'on exorcisait des rats, il était d'usage de les bannir formellement du territoire espagnol ; et les créatures se rendaient ensuite au bord de la mer et nageaient jusqu'à une île isolée, où elles avaient élu domicile.

Les archives publiques de Hameln, dans le royaume de Hanovre, déclarent qu'en 1284 un étranger, en tenue gaie et fantastique, visita la ville et se proclama chasseur de rats professionnel, proposant contre rémunération de débarrasser la place de la vermine. qui l'infestait. Les habitants ayant accepté sa proposition, l'étranger commença à jouer un air de sa flûte, après quoi les rats sortirent en masse de leurs cachettes et le suivirent jusqu'à la rivière Weser, où ils se noyèrent tous. Les habitants de Hameln se repentirent alors de leur marché et refusèrent de payer la totalité du montant convenu, sous prétexte que les rats avaient été chassés à l'aide de la sorcellerie. Pour se venger, le joueur de cornemuse joua le même air le lendemain, et aussitôt tous les enfants de la ville le suivirent dans une caverne sur le flanc d'une colline voisine, appelée le Koppenberg. Le joueur de cornemuse et les enfants entrèrent dans la caverne, qui se referma derrière eux ; et en souvenir de cet événement tragique, plusieurs monuments commémoratifs se trouvent à Hameln. En effet, certains auteurs soutiennent que la légende a un fondement historique, et telle semble avoir été l'opinion des habitants de la ville, dans la mesure où des années plus tard, des documents publics et juridiques datent de ce triste événement.

Une vieille tradition raconte que des souris sont tombées sur la terre depuis les nuages lors d'un orage, et par conséquent ces animaux sont emblématiques des tempêtes ; ce sont également des créatures mystiques et entretiennent une relation avec Donar, Wodan et Frigg. En Bavière, on pense que les grossièretés augmentent le nombre de souris dans une habitation, et leur apparition en grand nombre dans les champs indique une guerre, une peste ou une famine. [471] Les paysans de Bohême ont coutume de prendre certaines dispositions pour ces rongeurs elfes ; la veille de Noël et lors de la première fête de l'année, les restes de nourriture du repas de midi sont jetés sur le sol de la grange et la phrase suivante est répétée : « Ô souris, mangez ces restes et laissez le grain en paix ! » La veille de Noël également, on dépose des petits pois en tas, en forme de croix, aux quatre coins d'une pièce infestée de souris, de peur que la vermine ne prenne le dessus et que les lieux ne soient envahis. En Prusse orientale, lorsque la récolte est récoltée, la dernière gerbe de maïs reste debout dans le champ, tandis que les paysans l'entourent et chantent un hymne comme une incantation contre la dévastation future de leurs terres par les rats ou les souris. Ou bien, lorsque le maïs est récolté, trois gerbes inversées sont fixées sur le sol de la grange dans le même but. [472]

Selon une légende bohémienne, la souris serait à l'origine une création du Diable, à l'époque où Noé entra dans l'Arche, accompagné des membres de sa famille et suivi d'un nombreux cortège d'animaux. Le Diable, selon le récit, haïssait le patriarche pour sa piété et, avec de mauvaises intentions, créa la souris qu'il envoya ronger un trou dans le côté de l'arche, par lequel l'eau pourrait entrer. Mais Dieu créa alors le chat, qui poursuivit et dévora la souris, contrecarrant ainsi le dessein du Malin. [473]

Lors du siège d'Angers, l'ancienne capitale de l'Anjou, en 845, sous le règne du roi Charles le Chauve, les Français furent très inquiétés par des nuées de sauterelles d'une taille inhabituelle. Ils furent dûment exorcisés selon la coutume du temps, et, mis en fuite, se seraient précipités dans une rivière. [474]

L'écrivain français Saint-Foix, dans ses Essais historiques sur Paris, a rapporté qu'en 1120, l'évêque de Laon, dans le département de l'Aisne, prononça une injonction contre les mulots, à cause de leurs ravages ; et saint Bernard, contemporain de ce prélat, prêchant à Foigny dans le même diocèse, pour soulager sa congrégation des ennuis causés par une multitude de mouches, répéta contre elles une formule d'excommunication, où, selon les registres monacaux , les mouches tombaient mortes en tas et étaient ramassées à la pelle.

Les premiers Anglo-Saxons utilisaient non seulement des amulettes en bois ou en d'autres matériaux, sur lesquelles étaient gravés des caractères runiques, pour assurer leur protection contre les elfes et les démons, [475] mais ils emportaient avec eux l'herbe appelée pervenche, du genre botanique. *Vinca* , comme charme contre les serpents et les animaux sauvages. [476]

IV. CHARMES CONTRE LES ANIMAUX

Pour illustrer l'usage superstitieux des charmes et des exorcismes contre les animaux et les reptiles à différentes époques et pays, nous disposons d'exemples provenant de sources nombreuses et variées.

Les Égyptiens utilisaient, comme charmes contre les serpents venimeux, diverses formules magiques inscrites sur des bandes de papyrus, qui étaient enroulées et portées comme des talismans. On en voit un exemplaire parmi les manuscrits égyptiens de la collection du Louvre. Ce qui suit est la traduction d'une partie d'une de ces incantations, qui invoque l'aide d'un dieu pour protéger celui qui la porte contre les animaux sauvages et les reptiles :

Viens à moi, Seigneur des Dieux, chasse loin de moi les lions venant de la terre, les crocodiles sortant du fleuve, la gueule de tous les reptiles mordeurs sortant de leurs terriers. [477]

Pline recommandait une herbe particulière comme amulette contre les serpents et les vipères. Cette herbe, à laquelle il donne pas moins de cinq noms latins, semble identique à l' *Anchusa officinalis* des pharmacopées modernes, à la vipérine ou langue de bœuf du sud de l'Europe, plante aujourd'hui rarement utilisée en thérapeutique.

Les Grecs aussi étaient sans aucun doute accros à l'usage superstitieux des charmes contre les animaux, bien qu'il existe une bonne autorité pour affirmer que les citoyens de l'Athènes antique n'hésitaient pas à l'occasion à accélérer la fuite de « créatures menaçantes, comme les chats et autres ». en leur lançant des pierres ou d'autres missiles pratiques pendant la nuit, une méthode tout à fait banale et naturelle. [478] Et on peut citer à ce propos l'opinion du Révérend Père Pierre Le Brun, dans son « Histoire critique des pratiques superstitieuses » (Amsterdam, 1733). Le savant écrivain remarque

que, si l'on voulait chasser un chien étranger de sa chambre, il serait tout à fait inconvenant de *commencer* par la prière et l'usage de l'eau bénite. Il vaut mieux d'abord ouvrir la porte et s'emparer d'un bâton, ou jeter de la nourriture dehors ; et si ces mesures et d'autres mesures pratiques échouent, alors on peut recourir à des expédients surnaturels, à condition qu'ils aient la sanction ecclésiastique.

Dans un traité contre la superstition d'un *savant* français, Martin d'Arles, publié en 1650, il était dit que les frères du monastère des Ardennes avaient l'habitude de se vanter qu'aucun rat ne pouvait prospérer dans leur voisinage, et que ce fait était dû à la mérites de saint Ulric, évêque d'Augsbourg, dont certaines reliques furent déposées dans leur église. Dans ce monastère aussi, il était autrefois d'usage de répandre des miettes de pain bénit dans des endroits infestés de vermine, et les moines croyaient que ce procédé provoquait la mort des animaux ou les effrayait.

Les maisons de Thuringe sont parfois débarrassées des rats de la manière suivante : avant le lever du soleil le matin du Vendredi saint, le maître de maison, pieds nus et en manches de chemise, parcourt chaque pièce en soufflant sur un petit sifflet fabriqué avec l'os de la cuisse d'un patte arrière du rat. [479] Une autre méthode curieuse pour expulser la vermine d'une habitation est en vogue dans certaines parties de l'Empire autrichien. Avant l'aube d'une fête principale, il faut prendre une vieille chaussure qui n'a pas été récemment nettoyée et la déposer par terre à l'endroit où deux routes se croisent. Aucune parole ne doit être prononcée à haute voix, mais un *Paternoster* doit être répété en silence. La direction dans laquelle pointe la chaussure indique la direction que doivent prendre les rats dans leur vol. [480] Dans le village de Bechlin, à quelques kilomètres au nord de Prague, on s'attaque ainsi aux souris gênantes : très tôt un dimanche matin de Pâques, avant que les cloches n'aient sonné pour la première messe, la matrone paysanne rassemble et attache ensemble tous les les clés de la maison. Puis elle attend le premier coup de cloche de la grand-messe de midi, après quoi elle se rend à la cave, tout en faisant tinter vigoureusement les touches tant que les cloches de l'église sonnent ; quand ils cessent, elle revient sur ses pas, toujours en faisant tinter les clés ; et on pense que ces mesures effraient les souris de façon permanente. [481]

Vers le milieu du XVIIe siècle, une grande armée de criquets envahit les champs aux alentours de la ville de Mixco, au Guatemala. Ils étaient si nombreux qu'ils obscurcirent pendant un temps la lumière du soleil et brisèrent les branches des arbres auxquels ils s'accrochaient ; et ils dévorèrent rapidement le maïs et les autres récoltes. De plus, ils parcouraient les routes et effrayaient les mulets par leurs mouvements flottants. Sur ordre des magistrats, la population du pays se rassemblait dans les champs avec des trompettes et autres instruments afin d'effrayer les visiteurs indésirables. Des idoles furent exposées, notamment des images de la Vierge et de saint Nicolas Tolentin. Des campagnes proches et lointaines arrivaient les paysans espagnols à la ville de Mixco, avec des offrandes propitiatoires pour le saint, et tous apportaient avec eux des miches de pain à bénir. Ils rapportaient ces pains dans leurs fermes et les jetaient dans leurs champs de maïs ou les enfouissaient sous leurs haies, espérant ainsi protéger leurs récoltes des sauterelles. [482]

que le sorbier, ou sorbier des oiseleurs (le *roun-tree écossais*), tire son nom du mot latin *runa*, une incantation, en raison de son emploi dans les arts magiques. Malheur à la sorcière qui est touchée par une branche de cet arbre dans la main d'un baptisé ! [483]

On a beaucoup écrit sur le folklore du sorbier, et c'est en effet un puissant rival du fer à cheval dans ses vertus talismaniques, mais pas en tant que porte-bonheur.

Mais pour protéger le bétail des incursions des sorcières, même le fer à cheval ne peut prétendre usurper le prestige du sorbier. Les branches de cet arbre préféré, lorsqu'elles sont suspendues au-dessus des stalles des vaches ou enroulées autour de leurs cornes, sont puissantes pour détourner les regards ou les contacts maléfiques, qu'il s'agisse de sorcières ou de fées malveillantes. Et leur efficacité est renforcée si l'agriculteur prend soin de répéter à intervalles réguliers la fervente pétition suivante :

Des sorcières et sorciers, aux buses à longue queue, et aux créatures rampantes qui courent dans les fonds de haies, bon Dieu, délivre-nous !

Jamieson, dans son « Scottish Dictionary », remarque que cette pratique consistant à enrouler le sorbier autour des cornes des vaches présente une certaine ressemblance avec une ancienne coutume des Romains lors de leur Palilia, *ou* fête célébrée à la fin du mois d'avril, dont l'objet était le préservation des troupeaux. Il dit:-

Le berger, pour purifier ses brebis, devait au crépuscule du soir arroser le sol autour d'elles avec une branche mouillée, puis orner le bercail de feuilles et de branches vertes *et* couvrir la porte de guirlandes.

En Chine, il est d'usage que les prêtres taouistes accomplissent certains rites magiques après l'achèvement d'une nouvelle porcherie et avant l'admission des animaux dans leurs nouveaux locaux. Un autel est érigé en l'honneur des Chu-Lan-Too-Tee, ou génies des porcheries, et les murs des compartiments de la porcherie sont ornés de bandes de papier rouge sur lesquelles sont inscrits des caractères chinois signifiant : « Que les ennemis des chevaux, des

vaches, des moutons, des poules, des chiens et des cochons soient apaisés.
[484]

V. IMAGES D'ANIMAUX ET D'OISEAUX UTILISÉES
COMME CHARMES

La croyance selon laquelle les villes ou les villages peuvent être protégées des incursions d'animaux, d'oiseaux ou d'insectes nuisibles, par une image ou une figure représentant l'une de ces créatures, est d'une grande antiquité. Cela semble s'appuyer sur le principe de la doctrine homéopathique : « Le semblable guérit le semblable ». Une illustration simple de la même idée est fournie par le fermier avisé qui accroche un corbeau mort dans son champ de maïs pour protéger ses récoltes. D'un autre côté, l'écrivain français excentrique Antoine Mizauld recommandait ce qui suit comme charme efficace pour attirer un grand nombre de corbeaux en un seul endroit : Dès que la constellation de la Vierge s'élève au-dessus de l'horizon, la figure d'un demi-corbeau doit être peint sur un morceau de tissu, tandis que ces mots sont répétés : « Qu'aucun corbeau dans tout ce quartier ne s'éloigne sans venir à cette image, quel que soit l'endroit où elle soit enterrée. » Le morceau de tissu, avec sa figure magique, est ensuite enterré et le charme est complet. [485]

Apollonius de Tyane en Cappadoce, philosophe et prétendu magicien du premier siècle, aurait libéré Antioche des scorpions et des mouches au moyen de l'image effrontée d'un scorpion. L'évêque français Grégoire de Tours mentionne une ancienne croyance populaire selon laquelle on ne pouvait voir ni serpents ni loirs à Paris. Cependant, à son époque, ou vers la fin du VIe siècle, tandis que des ouvriers enlevaient la boue qui recouvrait une des arches du pont de Paris, ils trouvèrent incrustées dedans deux images d'airain d'un serpent et d'un loir, qui furent emportées. ; et dès lors, dit-il, la ville fut infestée d'un nombre prodigieux de loirs et de serpents. Dans le traité des Superstitions de Jean Baptiste Thiers (Paris, 1679), on trouve une allusion à un serpent d'airain de Constantinople, qui servit longtemps de talisman pour barrer l'entrée aux serpents vivants. Mais lorsque la ville fut prise par Mahomet II. en 1453, ce monarque brisa les dents de l'image à force d'un coup de flèche ; et aussitôt une légion de serpents attaqua les habitants, mais sans leur faire aucun mal, car tous les dents furent cassées. Sous le règne de Charlemagne, il était d'usage dans le Piémont d'utiliser une formule pour bénir l'eau bénite avec laquelle on chassait les animaux nuisibles des cultures, et avec un tel succès qu'on ne trouvait pas une seule taupe dans toute la ville d'Aoste, ni dans les environs. trois mille pas au-delà de ses limites.

M. Andrew Lang, dans son volume intitulé « Coutume et mythe », dit que, dans une église d'une certaine vieille ville saxonne, le verger a l'habitude d'exposer aux visiteurs une souris en argent dédiée à Notre-Dame ;

expliquant que la ville était infestée de souris jusqu'à ce que cette relique désormais précieuse soit présentée par certaines dames comme offrande propitiatoire, après quoi les créatures disparurent aussitôt.

Selon l'ancienne Doctrine des Signatures, les vertus thérapeutiques des plantes étaient indiquées par certaines particularités de leur aspect extérieur. Ainsi, *le Dracontium*, ou grand dragon, une plante qui ressemble à ce monstre mythique, était considéré comme un conservateur contre les serpents ; et l'herbe à scorpion (*Myosotis*), dont l'épi floral n'était pas sans rappeler la queue d'un scorpion, était considérée comme un antidote contre les piqûres d'insectes nuisibles.

En effet, les anciens herboristes d'Angleterre prétendaient par le seul usage des herbes, non seulement guérir tous les maux charnels, mais encore chasser ou éloigner les loups, les léopards et toutes les bêtes sauvages venimeuses. [486]

Au Tibet, selon L. Austine Waddell, MB, les féroces mastiffs sont autorisés à se promener en liberté la nuit, source de terreur pour les voyageurs, qui portent donc sur eux des charmes constitués de « l'image d'un chien muselé et enchaîné par une chaîne ». , terminé par le mystique et tout-puissant sceptre de la foudre », tandis que le long du corps du chien sont inscrites certaines phrases magiques sanscrites. [487]

VI. MOTS UTILISÉS COMME CHARMES

Le mot anglais « charme » est dérivé du latin *carmen*, un vers ; et l'on croyait que la puissance magique d'une phrase utilisée comme charme résidait dans les mots eux-mêmes, et non dans la personne qui les prononçait. De l'avis des magiciens cabalistiques du Moyen Âge, le pouvoir du charme des mots dépendait de leur inintelligibilité.

Le poète latin Varius a écrit au premier siècle AVANT JC que les vieilles femmes, par le seul usage de mots comme charmes, étaient capables non seulement de retenir et de soumettre les animaux sauvages et les serpents, mais aussi de chasser les créatures nuisibles et la vermine. Peu d'auteurs anciens font allusion à cette pratique, qui semble cependant avoir été très en vogue dans différents pays vers la fin de la période médiévale. Le théologien suisse Félix Hammerlein (1389-1457) parle d'un paysan vivant près de Zurich qui était capable, en répétant une formule magique, de débarrasser les locaux infestés des vipères, vipères, lézards et autres reptiles ; [488] et, dans certaines parties de la Normandie, on avait autrefois l'habitude de placer de petits rouleaux de foin sous les arbres fruitiers. Le foin était alors incendié au moyen de torches portées par de jeunes enfants, qui répétaient entre-temps : « Souris, chenilles et taupes, sortez de mon champ ; Je brûlerai ta barbe et tes os ; arbres et arbustes, donnez-moi trois boisseaux de pommes. Hampson remarque que cette incantation ressemble quelque peu à celle employée par les anciens Grecs contre les coléoptères, qu'ils tenaient pour responsables de la destruction de leur maïs. Ces lignes magiques se traduisent ainsi : « Volez, scarabées, le loup vorace vous poursuit. » [489]

On rapportait actuellement parmi les anciens que le célèbre philosophe Pythagore possédait non seulement la faculté de prédire les tempêtes et les tremblements de terre, mais qu'il avait pu, grâce à un mot magique, apprivoiser un ours daunien et avoir également empêché un bœuf de manger des haricots. en lui chuchotant à l'oreille. [490]

Antoine Mizauld, médecin et astrologue français, affirmait que, selon Ptolémée, pour chasser les serpents, il fallait préparer un talisman en gravant la figure de deux serpents sur un morceau carré de cuivre et en prononçant un charme de mots comme suit : "Avec cette image, j'interdis aux serpents de nuire à qui que ce soit et je leur ordonne de quitter le lieu où elle sera enterrée." De la même manière, dit la même autorité, pour expulser les rats et les souris, il suffit de représenter l'image d'une de ces créatures sur un morceau d'étain ou de cuivre, et au moment opportun, déterminé par l'astrologie, de leur ordonner de s'en aller. .

Afin d'expulser les serpents, les insectes et la vermine de leurs habitations, les femmes bulgares de Turquie, le dernier jour de février, s'efforcent d'effrayer les créatures en frappant des récipients en cuivre partout dans la maison, tout en criant : « Dehors vous, serpents ! , scorpions, mouches, insectes et puces ! » L'un des navires est alors emmené dans la cour, les nuisibles étant censés le suivre. Et à Serfo, île de l'archipel grec, au début des vendanges, on jette une grappe de raisin dans chaque maison pour en chasser la vermine, tandis que l'on répète cette formule : « Le raisin noir vous rendra malade ; le raisin noir va vous empoisonner ! Fini les rats et les puces ! » [491]

En Albanie, lorsque les criquets ou les hannetons dévastent les champs, un certain nombre de femmes, après avoir attrapé quelques insectes, forment un simulacre de cortège funèbre et se mettent à les noyer dans un ruisseau opportun. Et tandis qu'ils s'y rendent, ils chantent tour à tour le chant funèbre suivant, que tous répètent en chœur :

Ô sauterelles, ô hannetons, gentils parents,

Orphelin, tu nous as tous laissés derrière.

Et on pense que ce procédé est destructeur pour tout l'essaim d'insectes. [492]

Le charme suivant contre les renards était autrefois utilisé en France, et devait être répété trois fois par semaine :

Renards, mâles et femelles, je vous conjure au nom de la Sainte Trinité, de ne toucher ni d'emporter aucune de mes volailles, qu'il s'agisse de coqs, de poules ou de poulets ; ni manger leurs nids, ni sucer leur sang, ni casser leurs œufs, ni leur faire aucun mal. [493]

L'Église catholique romaine autorisait autrefois l'emploi de certaines phrases comme charmes contre les vipères, et les suivantes peuvent servir de spécimen : -

Je te conjure, ô serpent, en cette heure, par les cinq saintes plaies de Notre-Seigneur, de ne pas sortir de ce lieu, aussi certainement que Dieu est né d'une pure Vierge. Sinon, je te conjure, serpent, par Notre-Dame Sainte-Marie, de m'obéir, comme la cire obéit au feu, et comme le feu obéit à l'eau, de ne me faire de mal ni à aucun autre chrétien, aussi certainement que Dieu est né d'un Vierge immaculée, sous quel respect je te prends. *In Nomine Patris et Filii et Spiritus Sancti* ... Sinon, ô vermine, tu dois venir comme Dieu est venu vers les Juifs. [494]

Lorsqu'un Turc rencontre par hasard un serpent, il a coutume d'invoquer l'aide de Chah-Miran, le roi-serpent, et au nom de cette divinité, il ordonne au reptile de partir. Chah-Miran est mort depuis longtemps, mais le Turc astucieux explique que les serpents n'en sont pas conscients, car s'ils l'étaient, la race humaine serait impuissante face à leurs attaques. [495]

Pour préserver des piqûres d'insectes et pour empêcher le coassement des grenouilles, les musulmans utilisent des bouts de papier contenant des formules magiques, ou des phrases du Coran gravées sur des pierres ou des morceaux de métal ; [496] et une méthode autrefois en vogue en France, pour protéger les pigeons des incursions des scorpions, consistait à écrire le mot « Adam » sur chacun des quatre murs du pigeonnier. [497]

Les indigènes de Mirzapur, en cas de morsure de scorpion, récitent un charme signifiant comme suit : « Scorpion noir du calcaire, ta queue verte et ta bouche noire, Dieu t'ordonne de rentrer chez toi. Sortez, scorpion, au sort. Sortez, sortez ! [498]

Le charme suivant contre les insectes est en vogue à Lesbos : Le soir, un couteau à manche noir est planté dans un endroit où les insectes se rassemblent, et certains vers grecs sont répétés, dont voici une traduction :

J'ai trois vilains enfants ensemble,

Une guêpe, une chenille,

Et une fourmi grouillante, l'autre.

Quoi que vous mangiez, quoi que vous buviez,

Par conséquent, donc vanté,

Fuyez vers les collines et les montagnes,

Et à chaque arbre stérile.

Le couteau doit rester au même endroit jusqu'au lendemain matin, puis être retiré. Cela complète le charme et les insectes devraient partir immédiatement. [499]

En Grande-Bretagne, on croyait autrefois que les rats pouvaient être rimés à mort en les anathématisant dans des vers métriques, une pratique mentionnée par Shakespeare et les poètes contemporains, et qui n'est même pas totalement obsolète aujourd'hui. [500]

Dans le sud de l'Allemagne, pendant les campagnes de Napoléon Ier, des souris aux pattes encrées étaient placées sur la carte de l'Europe, et leurs traces étaient enregistrées pour prédire les routes par lesquelles avanceraient les soldats français. [501]

Les hindous considèrent le rat comme un animal sacré, et parmi les classes inférieures des indigènes de l'ouest de l'Inde, on trouve malchanceux d'appeler un rat par son propre nom, c'est pourquoi ils parlent de lui comme de « l'oncle-rat ». [502]

VII. RAPPORTS SUPERSTITIEUX AVEC LES ANIMAUX SAUVAGES

Lorsqu'il rencontrait un animal sauvage, les anciens considéraient qu'il était très important qu'un homme voie la bête avant que celle-ci ne se rende compte de la présence humaine. Si un loup, par exemple, apercevait l'homme le premier, la brute était maîtresse de la situation, et l'homme était également privé de parole et de force ; tandis que le loup, s'il était aperçu pour la première fois par l'homme, devenait une proie facile. Le côté par lequel une bête sauvage s'approchait était également important. Ainsi la « Geoponica » avertissait ses lecteurs de ne pas permettre à une hyène de s'approcher du côté droit, de peur que l'on ne soit rendu immobile par la fascination de sa présence ; mais s'il apparaissait du côté gauche, l'animal pouvait être attaqué avec confiance.

Diverses histoires merveilleuses circulent parmi les indigènes de la Sénégambie et d'autres régions de l'Afrique occidentale à propos du lion. Ce noble animal, dit-on, s'abstient d'attaquer un homme qui le salue d'un geste respectueux, et le même instinct vaillant retient la bête de faire du mal à une femme. [503] Dans la plupart des régions hantées par les lions, cependant, les indigènes n'ont pas une telle confiance implicite dans la courtoisie et la tolérance des animaux sauvages, mais font plutôt confiance à l'efficacité de diverses amulettes. Les Cafres de l'Afrique du Sud-Est, par exemple, lorsqu'ils rencontrent un lion ou un léopard dans la forêt, se mettent immédiatement à grignoter ce qu'on appelle un charme de lion, qui n'est qu'un petit morceau de bois ou de racine. Et si l'animal s'éloigne sans le molester, le Cafre attribue sa sécurité au pouvoir magique du charme, sans se rendre compte que sa fuite est due à la peur naturelle de l'homme qui caractérise les animaux en général. [504]

De même, les prêtres du Mexique avaient l'habitude de se frotter le corps avec une certaine pommade qu'ils croyaient être une protection efficace contre les bêtes sauvages, dont l'odeur âcre agissait comme un charme, de sorte qu'ils pouvaient errer sans encombre dans les solitudes les plus sauvages. . [505] Le chasseur habile, cependant, confiant en ses propres prouesses, ne dépend ni de la prétendue bravoure des lions ni de la puissance des amulettes, mais plutôt de son fidèle fusil.

La croyance aux charmes contre les animaux nuisibles est très répandue ; car cette forme de superstition ne prévaut pas seulement dans les jungles africaines : on la retrouve également parmi les peuples civilisés, et plus particulièrement dans les terres du sud ; en effet, partout où les créatures venimeuses abondent. Dans une collection d'amulettes appartenant au professeur Joseph Belucci, de Pérouse, en Italie, exposée à l'Exposition universelle de Paris en 1891, se trouvaient un certain nombre de pierres perforées et d'autres objets utilisés par les Italiens comme amulettes pour protéger le porteur contre les morsures de serpents et reptiles. [506]

VIII. POURSUITES JURIDIQUES DES ANIMAUX

Des poursuites judiciaires étaient autrefois intentées contre la vermine, qui était ainsi traitée comme s'il s'agissait d'êtres humains dotés de conscience et responsables de leurs actes. Les poursuites contre les animaux étaient courantes en France et en Suisse, en vue de protéger les communautés de leurs déprédations. Ainsi les rats et les souris, mais aussi les taureaux, les bœufs, les vaches et les juments ; moutons, chèvres, porcs et chiens ; les taupes, les sangsues, les chenilles et divers reptiles étaient passibles de punition par voie judiciaire. [507] L'Église catholique romaine revendiquait le plein pouvoir d'anathématiser toutes les choses animées et inanimées, fondant son autorité sur les précédents scripturaires de la malédiction prononcée sur le serpent dans le jardin d'Eden et de la malédiction du figuier stérile par notre Seigneur. . [508] La croyance en la responsabilité morale des animaux était également considérée comme justifiée par l'ancienne loi mosaïque telle qu'elle est déclarée dans Genèse IX. 5 :—

Et sûrement, j'exigerai le sang de votre vie ; je le demanderai à toute bête et à l'homme.

Également dans Exode XXI. 28 :—

Si un bœuf encorne un homme ou une femme et qu'il en meure, le bœuf sera sûrement lapidé et sa chair ne sera pas mangée ; mais le propriétaire du bœuf sera abandonné.

Dans le Code du législateur spartiate Lycurgue et dans celui du législateur athénien Draco, des dispositions étaient prévues pour le procès formel des animaux pour délits. [509] Un vestige de la croyance déraisonnable selon laquelle les brutes et même les objets inanimés étaient responsables de leurs actes se trouve dans ce terme désormais obsolète du droit anglais, *deodand* , signifiant, selon Blackstone, « un bien personnel qui était la cause immédiate de la mort d'une créature raisonnable, et pour cette raison donnée à Dieu ; c'est-à-dire confisqué au profit de la Couronne pour être utilisé à des fins pieuses. Le *déodand* était d'origine grecque, comme le montrent les cérémonies liées à l'offrande d'un sacrifice par les Athéniens. Lorsque l'animal ou la victime avait été abattu par une hache entre les mains du prêtre officiant, celui-ci s'enfuyait aussitôt, et pour échapper à l'arrestation, il jetait la hache. Cet instrument fut alors saisi par ses poursuivants, et une action fut intentée contre lui. L'avocat de la hache plaidait qu'elle était moins coupable que le broyeur qui l'aiguisait ; le broyeur rejeta la faute sur la meule dont il s'était servi ; et ainsi tout le processus est devenu une farce et une parodie de justice. [510]

Nous apprenons des écrits du moine bénédictin Léonard Vair que, dans certaines régions d'Espagne, au XVe siècle, lorsque les habitants voulaient chasser les sauterelles ou la vermine nuisible, ils choisissaient un prestidigitateur pour juge et nommaient un avocat pour les accusés, avec un procureur qui a demandé justice au nom de la communauté lésée. Les fauteurs de troubles furent finalement déclarés coupables, et soit dûment anathématisés, soit formellement excommuniés [511] , la distinction technique entre les deux phrases leur étant sans doute une question de profonde indifférence. A cette époque également, les poursuites contre des porcs ou des truies coupables d'avoir dévoré de jeunes nourrissons n'étaient pas rares.

Barthélémy Chassaneux, célèbre avocat français du XVIe siècle, s'est d'abord distingué par l'originalité de ses plaidoyers en faveur de certains rats lors d'un procès notable à Autun. Il a fait valoir au juge que ses clients éprouvaient d'extrêmes difficultés à obéir aux convocations qui leur étaient adressées par le tribunal, du fait qu'ils étaient obligés de parcourir une région regorgeant de chats, qui étaient d'ailleurs particulièrement vigilants en raison de la notoriété des animaux. poursuite judiciaire. [512]

Chassaneux écrivait que les habitants d'Autun s'interrogeaient depuis longtemps sur la meilleure manière de débarrasser la province de Bourgogne des criquets, et il exprimait la conviction qu'un moyen sûr d'atteindre un résultat aussi désirable était le paiement scrupuleux de toutes les dîmes et cotisations ecclésiastiques. et en faisant marcher une femme pieds nus dans les champs infestés. [513]

Après le XVIIe siècle, les poursuites contre les animaux et le recours aux incantations pour les expulser sont devenus moins courants. Le Rituel de Séez de 1743 interdisait de telles pratiques sans autorisation spéciale de l'Église, mais le même volume contient une formule pour chasser les sauterelles, les punaises de lit et autres insectes. MCG Leland déclare, dans son « Gypsy Sorcery », que l'exorcisme a été vigoureusement appliqué aux États-Unis, non seulement contre le doryphore et la chenille légionnaire, mais aussi pour supprimer les blizzards et la maladie de la vigne. Jusqu'à présent, cette initiative n'a pas eu beaucoup de succès, probablement à cause, comme il le remarque naïvement, du climat peu agréable.

LA CHANCE DES CHIFFRES IMPAIRS

« Car il y a de la chance dans les nombres impairs », dit Rory O'More. — SAMUEL LOVER.

I. PREMIÈRE SIGNIFICATION DES CHIFFRES

Dans la « Cabale », ou ancienne philosophie mystique des Juifs, une grande importance est attribuée à la combinaison de certains chiffres, lettres et mots. Selon une tradition, la première Cabale a été donnée par l'ange Raziel à Adam et transmise oralement à travers les générations jusqu'à l'époque de Salomon, par qui elle a été incarnée pour la première fois sous forme écrite. Un autre rapport prétend que les secrets cabalistiques de la nature ont été reçus de Dieu par Moïse sur la Montagne, et ensuite enseignés à Josué, qui les a communiqués aux soixante-dix anciens, et qu'ils ont depuis été conservés précieusement par les initiés parmi les Juifs.

Selon la doctrine des Pythagoriciens, l'unité ou monade était considérée comme le père des Nombres, tandis que le duad, ou deux, en était la mère ; et ainsi s'explique une des sources de la prédilection générale pour les nombres impairs, le père étant estimé digne d'un plus grand honneur que la mère, et les nombres impairs étant masculins, tandis que les nombres pairs étaient féminins. De plus, l'unité, étant l'origine de tous les nombres, représentait la Divinité, puisque Dieu était le créateur et l'initiateur de toutes choses. [514] C'était aussi le symbole de l'harmonie et de l'ordre, tandis que le duad signifiait la confusion et le désordre et représentait le diable.

Plutarque remarque dans ses « Questions romaines » que le commencement du nombre, ou de l'unité, est une chose divine ; tandis que le premier des nombres pairs, Deuz ou Deuce, est de caractère directement opposé. Quant au nombre pair, disait cet auteur, il est défectueux, imparfait et indéfini ; tandis que le nombre impair ou impair est fini, complet et absolu.

La croyance en la signification heureuse des nombres impairs est d'une grande antiquité, et Virgile y fait référence dans la huitième Églogue, et par Pline, qui commente sa prévalence à son époque, mais n'en propose aucune explication. Le roi romain Numa Pompilius aurait ajouté des jours à certains mois afin d'obtenir un nombre impair.

On raconte en outre que l'empereur Jules César (100-44 AV. J.-C.), ayant été une fois jeté hors de son char par quelque accident, refusa ensuite de se mettre en route ou en voyage avant d'avoir répété trois fois une formule magique ; et cette pratique semble avoir été couramment en vogue à cette époque. [515]

La persistance d'une croyance traditionnelle est illustrée par l'association moderne de la chance avec les nombres impairs ; et probablement la Déesse Fortune elle-même préférait un tabouret à trois pieds. Quoi qu'il en soit, il est évident que les légions de ses fidèles sont aujourd'hui fermement convaincues du charme mystique inhérent aux triplés. Les pagodes chinoises, ou tours sacrées, construites par des personnes dévotes dans le but d'améliorer le bonheur d'un quartier, ont toujours un nombre impair d'étages, allant de trois à treize étages. [516] Au Siam également, cette superstition a une influence universelle, et son influence dans la construction des bâtiments est particulièrement notable ; car les Siamois adhèrent religieusement à des nombres impairs en architecture, et chaque maison doit avoir un nombre impair de pièces, de fenêtres et de portes ; chaque escalier doit avoir un nombre impair de marches. [517]

Dans la littérature et la mythologie anciennes des nations du Nord, une grande importance était attachée aux nombres trois et neuf, qui étaient particulièrement sacrés et chers aux dieux. Ce fait se manifeste dans leurs cérémonies religieuses, et plus particulièrement dans leurs sacrifices, qui avaient lieu tous les neuvièmes mois. Chaque sacrifice durait d'ailleurs neuf jours, et chaque jour neuf victimes, hommes ou animaux, étaient offertes. [518]

II. LE NUMÉRO TROIS

Trois, emblématique de la Trinité, a toujours été considéré comme un nombre sacré et, bien avant l'ère chrétienne, Dieu était vénéré comme une triple divinité. Cela est vrai non seulement des Assyriens, des Phéniciens, des Grecs et des Romains, mais aussi des anciens Scandinaves, des Druides, des habitants du Mexique et du Pérou, ainsi que des Chinois et des Japonais.

Ainsi, depuis les temps les plus reculés, les hindous ont adoré leur triade de Brahma, Vishnu et Siva. Dans l'Écriture Sainte, nous trouvons trois vertus sœurs : la Foi, l'Espérance et la Charité ; et dans la mythologie classique se trouvent les trios de Grâces, de Destins et de Furies, l'éclair à trois fourches de Jupiter, le chien à trois têtes, Cerbère et le trident de Neptune. Le trépied était autrefois un symbole de prophétie et d'autorité divine, et le triangle était à l'origine l'emblème païen d'une sainte triade.

La signification particulière du nombre trois était due en partie au fait qu'il était le premier nombre impair contenant un nombre pair ; et de l'importance qu'on lui attribuait autrefois peut être à l'origine du dicton familier : « La troisième fois ne manque jamais ».

Dans les divers codes des anciennes lois galloises, il existe de nombreuses soi-disant triades, dont voici de curieux exemples :

Trois choses qu'un méchant n'est pas libre de vendre sans la permission de son seigneur ; un cheval, un porc et du miel. Trois choses qui ne sont pas payées, même si elles sont perdues dans un hôtel ; un couteau, une épée et un pantalon. Il y a trois animaux dont la queue, les yeux et la vie ont la même valeur ; un veau, une pouliche pour valeur commune, et un chat, à l'exception du chat qui gardera la grange du roi.

Chez les anciens Irlandais également, une importance considérable était attachée au chiffre trois. Ainsi, nous lisons que parmi les fonctionnaires de la maison du haut roi d'Erin se trouvaient trois jongleurs royaux, trois bouffons, trois conducteurs de char, trois écuyers, trois porchers, trois concierges et trois porteurs de boissons.

Les multiples du nombre mystique trois étaient très employés par les sorcières dans leurs incantations, et ils sont encore aujourd'hui les favoris des Chinois, qui disent que un en produit deux et deux en produit trois, tandis que trois en produisent toutes choses. Cette partialité est illustrée par les dimensions du Temple du Ciel à Pékin, où trois et neuf reviennent constamment.

Dans un livre intitulé « Varieties », de David Person (Londres, 1635), étant « une étude des matières rares et excellentes, nécessaires et délicieuses pour toutes sortes de personnes », l'auteur commente assez longuement la signification de certaines triades. Entre autres choses, il mentionne trois choses propres à l'homme : tomber dans le péché, qui est humain ; en sortir à nouveau, ce qui est angélique ; et mentir dans le péché, qui est diabolique. Encore une fois, trois ennemis puissants, le monde, la chair et le diable, qui assaillent constamment l'homme, doivent être combattus par trois armes efficaces, le jeûne, la prière et l'aumône. Thomas Vaughan, dans son « Anthroposophia Theomagica », a beaucoup à dire sur les vertus des nombres. « Chaque composé, quel qu'il soit, dit-il, est trois en un et un en trois. » En parlant d'une triplicité naturelle, cependant, il ne souhaite pas être compris comme faisant référence à « des trucs de cuisine, ces trois principes favoris, l'eau, l'huile et la terre, mais à des natures célestes cachées, connues uniquement des magiciens absolus ».

Dans le Northumberland, les feuilles de houx lisses, cueillies tard le vendredi, sont rassemblées dans un mouchoir à trois coins et ramenées à la maison. Ensuite, neuf des feuilles sont attachées dans un mouchoir avec neuf nœuds et placées sous l'oreiller du futur devin, ce qui permet d'anticiper avec confiance des révélations intéressantes du pays des rêves. Lors d'une autre cérémonie magique, une jeune fille, avant de se retirer, pose trois seaux d'eau sur le sol de sa chambre et épingle trois feuilles de houx sur son sein gauche. Elle sera alors, conformément à la croyance populaire, réveillée de sa première sieste par trois grands cris, suivis de trois rires de cheval, après quoi la forme de son futur époux lui sera révélée. [519]

L'efficacité supposée de ces rites dépend sans doute principalement de l'usage du houx magique, mais la répétition de nombres impairs est aussi caractéristique des charmes, des incantations et des procédés mystiques de toutes les époques et à travers le monde.

III. LE NUMÉRO SEPT

Le nombre sept a toujours été considéré comme ayant une signification mystique particulière, et ses multiples vertus ont fait l'objet de monographies élaborées. Aussi bien dans les Saintes Écritures que chez les premiers peuples historiques, dans l'Antiquité classique et dans les mythologies de nombreux peuples, ce nombre a été le plus important, et c'est à ce fait qu'on peut raisonnablement attribuer une partie de la chance associée aux nombres impairs en général. Une énumération complète des exemples familiers d'utilisation de ce numéro favori, bien que pertinents à notre sujet, dépasserait le cadre de cette esquisse, mais quelques exemples peuvent être donnés de manière appropriée.

L'origine du respect accordé à ce nombre par les nations de l'Antiquité était probablement astronomique, ou plus proprement astrologique, et provenait de leur observation des sept grandes planètes et des phases lunaires, changeant tous les sept jours.

Saturne est premier, ensuite *Jupiter*, *Mars* troisième à la place ;

Le *Soleil* au milieu, la cinquième *Vénus* fait sa course,

Mercure sixième, *Lune* la plus basse et la dernière du groupe,

Les planètes se tiennent de cette manière et de ce rang. [520]

C'était une parole d'Hippocrate que le nombre sept, en raison de ses vertus mystiques, tendait à l'accomplissement de toutes choses, et était le dispensateur de la vie et la fontaine de tous ses changements ; car, de même que la lune change de phases tous les sept jours, de même ce nombre influence tous les êtres sublunaires. [521] L'expression « être au septième ciel » dérive des sept planètes, que les Babyloniens croyaient être transportées sur autant de globes de cristal, la septième étant la plus haute. [522] Dans les écrits des kabbalistes anciens sont également représentés sept cieux, les uns au-dessus des autres, et le septième ou le plus élevé était la demeure de Dieu et des anges supérieurs. La source ultime du caractère sacré du nombre sept a cependant été attribuée aux *septentriones* , les sept bœufs de labour, étoiles de la constellation de la Grande Ourse.

Une raison ingénieuse mais peu plausible invoquée pour expliquer la popularité de ce nombre est le fait qu'il est composé de *trois* , le nombre de côtés d'un triangle, et *de quatre* , le nombre de côtés d'un carré, représentant ainsi deux des formes géométriques les plus simples. Les figures. [523]

Certains critiques bibliques d'un état d'esprit spéculatif ont conclu que son importance en tant que symbole est due à la signification emblématique de ses éléments constitutifs, trois et quatre ; le premier représente la Divinité, et le second l'Humanité : en d'autres termes, « l'union entre Dieu et l'homme, telle qu'affectée par les manifestations de la Divinité dans la création et la révélation ». [524]

Dans certaines parties d'un grand ouvrage sur la magie, découvert par MAH Layard parmi des fragments de tablettes d'argile dans les ruines d'un palais de l'ancienne Ninive, se trouvent de nombreuses incantations, formules et conjurations dans lesquelles le nombre sept apparaît à plusieurs reprises. [525]

Comme exemples familiers de l'importance de ce nombre dans les temps anciens, on peut citer les sept sages de Grèce, les sept portes de Thèbes et la légende des sept dormeurs d'Éphèse.

D'autres exemples sont donnés dans les « sept vers héroïques » suivants envoyés par un certain M. Michelburn à un certain M. Crisp, qui devait les sept shillings précédents :

Ami Crisp, je t'envoie des vers seulement sept,

Le nombre est od, Dieu les nombres aime invraisemblablement ;

Sept collines à Rome, sept bouches du *Nilus* sont,

Sept'n Arts sacrés, les sept'n merveilles du monde rares,

La semaine sev'n dais, le spectacle Heav'ns sev'n Trions.

Mais une chose reste, sept shillings pour moi,

Que vous paierez, sept versets que je vous accorde. [526]

Dans l'ancienne Irlande, chaque fermier aisé possédait sept propriétés principales : une maison, un moulin ou une part dans celui-ci, un four, une grange, une bergerie, une étable à veaux et une porcherie.

Le chiffre sept apparaît plus de trois cents fois dans les Écritures. Dieu a créé le monde en six jours et s'est reposé le septième, et tout au long de l'Ancien

Testament, ainsi que dans l'Apocalypse, la récurrence constante de ce nombre sacré est remarquable. Ainsi, nous lisons à propos des sept vaches grasses et des sept vaches maigres du rêve de Pharaon, ainsi que dans le récit de la chute de Jéricho (Josué VI, 4) : « Et sept prêtres porteront devant l'arche sept trompettes de cornes de bélier ; le septième jour, vous ferez sept fois le tour de la ville, et les prêtres sonneront des trompettes.

Selon une tradition médiévale populaire, Adam et Ève ne restèrent que sept heures en Éden.

Sept archanges sont mentionnés dans la Bible et dans les écrits juifs : *Michel*, qui était le gardien et protecteur spécial des Juifs, et en l'honneur duquel la fête de Saint-Michel est célébrée le vingt-neuvième jour de septembre par les anglicans et les catholiques romains. des églises; *Gabriel*, le messager apparu à la Vierge Marie et à Zacharie ; *Raphaël*, évoqué dans le Livre de Tobie comme le compagnon et gardien de Tobie, et vainqueur du démon Asmodée ; *Uriel*, un ange mentionné dans le Livre d'Esdras ; *Chamuel*, qui, selon la tradition juive, lutta avec Jacob ; *Jophiel*, qui chassa Adam et Ève de l'Éden, et qui était le gardien de « l'arbre de la connaissance du bien et du mal » ; et *Zadkiel*, l'ange qui est censé avoir retenu la main d'Abraham alors que ce dernier s'apprêtait à sacrifier son fils Isaac. [527]

La force de Samson résidait dans sept mèches de cheveux, représentant les sept rayons de Lumière, la source de la Force. Et la tonte de ces sept mèches par Dalila, une femme de faible caractère, a été décrite comme un triomphe du Mal dans la suppression de la Lumière. [528]

Selon Hérodote, les Arabes du désert avaient une méthode particulière pour confirmer un vœu d'amitié. Deux hommes se tenaient de chaque côté d'un troisième, qui faisait des incisions avec une pierre pointue sur la paume de leurs mains, et après avoir trempé dans le sang une partie d'un vêtement de chacun, il entreprit d'en humidifier sept pierres posées dessus. le sol. [529]

L'âge du monde, selon l'opinion des savants des temps anciens, était proprement divisé en sept grandes époques ; à savoir, le *premier*, depuis la création d'Adam jusqu'au déluge ; *deuxièmement*, depuis ce dernier événement jusqu'à l'époque d'Abraham ; *troisièmement*, depuis Abraham jusqu'à l'Exode des enfants d'Israël ; *quatrièmement*, depuis cette époque jusqu'à la construction du Temple de Salomon ; *cinquièmement*, depuis lors jusqu'à la captivité babylonienne ; *sixièmement*, la période entre cela et la venue de notre Seigneur ; et *septièmement*, du début de l'ère chrétienne jusqu'à la fin du monde.

Selon les astrologues, l'âge de l'homme était divisé en sept parties, gouvernées par sept planètes. La première partie, *l'Enfance*, durait quatre ans et était gouvernée par la Lune, un corps faible, humide et changeant. Vint ensuite *l'Enfance*, période de dix ans gouvernée par Mercure, planète indifféremment bonne ou mauvaise, selon le caractère des planètes auxquelles il était associé. Ensuite vint *Youthhead*, de quatorze à vingt-deux ans, présidé par Vénus. Vint ensuite *l'Adolescence*, qui dura vingt ans et gouvernée par le Soleil, et à cette époque l'homme atteignit sa pleine force et sa vigueur. La cinquième, de quarante-deux à cinquante-six ans, s'appelait *Virilité*, et était sous la domination de Mars, une mauvaise étoile. A cette époque, les hommes commençaient à devenir colériques, impatients et avares, mais étaient plus sobres dans leur alimentation et plus discrets. La période suivante de douze années fut appelée *Vieillesse*, gouvernée par Jupiter, noble planète, dont l'influence rendait les hommes religieux, chastes et justes. La septième était *la Vieillesse Décrépite*, gouvernée par Saturne et comprenant les années de soixante-dix-huit à quatre-vingt-dix-huit. [530]

Dans la Bibliothèque du Palais de Lambeth, il existe un manuscrit du XVe siècle dans lequel les sept heures canoniques sont comparées aux sept périodes de la vie humaine, comme suit :

Matin,	Enfance.
Mi-demain,	Enfance.
Sous,	Âge scolaire.
Midi,	l'âge chevaleresque.
Aucun, ou midi,	l'âge royal.
Milieu de l'après-midi,	Âge âgé.
Evenson,	Âge en déclin. [531]

Dans les « Secrets des nombres », de William Ingpen, Gand. (Londres, 1624), le nombre sept est décrit comme le plus excellent de tous pour plusieurs raisons notables et curieuses, et parmi celles-ci se trouvait le fait allégué que l'âme se compose de sept parties, à savoir l'acuminie, l'esprit, la diligence, le conseil, Raison, sagesse et expérience.

IV. LES CHIFFRES IMPAIRS DANS LA SORCELLERIE

Les nombres impairs sont intimement associés à l'art noir, car les incantations des sorcières sont généralement répétées trois ou neuf fois. Qui a déjà entendu parler d'une sorcière accomplissant l'un de ses rites mystiques exactement quatre ou six fois ? A propos de cela, on peut citer l'histoire suivante, tirée des premières feuilles d'un ouvrage intitulé « Golspie », édité par Edward WB Nicholson, MA, bibliothécaire de Bodley à l'Université d'Oxford, en Angleterre, et prêté par lui à l'écrivain. Le livre contient beaucoup de folklore intéressant de l'extrême nord de l'Écosse :

Une femme qui vivait près de Golspie disait toujours à ses voisins qu'une femme qu'ils croyaient tous être une sorcière avait jeté un mauvais œil sur la vache et sur elle-même. « Son lait et son beurre étaient gâtés, dit-elle ; et elle leur raconta aussi que dans un rêve elle avait vu la sorcière en forme de lièvre entrer dans sa laiterie et boire le lait. Un jour qu'elle était dans le bois pour chercher des bâtons, ses voisines entrèrent dans son étable, et voyant un jupon sur un clou, y coupèrent plusieurs croix et le mirent dans l'étable de la vache. Ensuite, ils attachèrent neuf clous rouillés à une corde comportant neuf nœuds. Ils attachèrent cette corde à la chaîne autour du cou de la vache, puis ils s'en allèrent. Peu de temps après que la femme soit rentrée à la maison, elle entra dans l'étable et, voyant le jupon, les clous, etc., elle courut vers ses voisins en criant et en les appelant pour qu'ils aillent voir ce que la sorcière lui avait fait. Pour s'assurer que c'était bien l'œuvre de la sorcière, elle leur montra le *nombre inégal* de clous et de nœuds. Puis elle prit tout ce qu'elle pensait que la sorcière avait manipulé et en fit un feu, disant qu'elle ne pouvait plus faire de mal à personne, parce que son pouvoir était détruit par le feu.

L'emploi des nombres impairs dans les formules magiques est illustré dans la recette suivante pour une boisson contre toutes les tentations du diable, utilisée par les Saxons en Angleterre :

Prenez la bétoine, le moût d'évêque, les lupins, le githrife, l'attorlothe, la crête de loup, l'achillée millefeuille ; déposez-les sous l'autel, chantez neuf messes dessus, grattez les moûts dans l'eau bénite, donnez à l'homme à boire le soir, à jeun, une coupe pleine, et mettez l'eau bénite dans toute la viande que l'homme prend. Travaillez ainsi un bon baume contre les tentations du démon. [532]

Une femme hindoue, revenant avec son jeune enfant d'un village étranger, a soin, avant d'entrer dans sa propre demeure, de passer sept fois sept petites pierres autour de la tête du bébé, et de les jeter dans des directions différentes, afin de disperser ainsi tout mal qui a pu être contracté lors de son voyage. [533]

Et comme préalable à d'autres procédés mystiques, pour conjurer le mauvais œil, les Hindous agitent autour du visage du malade sept cailloux pris à l'endroit où se croisent trois routes, sept feuilles de dattier et sept bouquets de feuilles de palmier. arbre *à fruits* . [534] Il n'est peut-être pas surprenant que de tels rites mystérieux, dont l'efficacité dépend principalement de la puissance magique de certains nombres impairs, soient populaires parmi les indigènes de l'Inde, mais il est remarquable que ces nombres aient également une influence dans les pays chrétiens. Une multiplication d'exemples pourrait servir à souligner ce fait, mais prendrait trop de place. Les charmes et les formules sont généralement répétés trois fois, probablement en référence à la Sainte Trinité.

De tous les nombres arithmétiques,

Le numéro trois est guéri pour le principal,

Aussi bien en philosophie naturelle,

Comme théologie surnaturelle. [535]

Le paysan bavarois, en passant par un lieu hanté, se croit amplement fortifié contre le mal s'il prend la précaution d'emporter trois choses ; à savoir : 1° un couteau neuf qui n'a jamais rien coupé, marqué sur la lame de trois croix ; (2) une miche de pain cuite la veille de l'Épiphanie ; (3) un chat noir. [536]

V. LES NOMBRE IMPAIRS DANS LA MÉDECINE POPULAIRE

Dans un volume contenant une grande variété de charmes anciens et de remèdes magiques, rassemblé par Marcellus Empiricus, un écrivain latin du quatrième siècle après JC , dans lequel diverses mesures correctives sont décrites avec une grande minutie, les nombres pairs apparaissent rarement. Ainsi, pour enlever une substance étrangère de l'œil, il faut frotter l'organe affecté avec les cinq doigts de la main du même côté, et répéter trois fois un charme de mots. Encore une fois, pour soigner un orgelet sur la paupière, prenez neuf grains d'orge et piquez l'orgelet avec chacun séparément, tout en répétant une formule magique en grec. Ensuite, jetez les neuf et faites de même avec sept, jetez les sept et faites de même avec cinq, et ainsi de suite avec trois et un.

Les premiers médecins saxons d'Angleterre semblent également avoir eu foi dans les vertus particulières du nombre neuf, comme le montrent nombre de leurs prescriptions, dont le préfixe suivant à un long charme latin est un bon spécimen :

Pour le venin volant et tout gonflement venimeux, le vendredi, barattez le beurre qui a été traite d'une bête ou d'une biche d'une seule couleur, et ne le mélangez pas avec de l'eau. Chantez dessus neuf fois une litanie et neuf fois le *Paternoster* , et neuf fois cette incantation. [537]

Dans un ancien manuscrit anglais (Harleian Collection, n° 585), de fréquents exemples sont donnés de l'emploi des nombres impairs en thérapeutique. Ainsi, pour les affections hydropiques, une boisson contenant de l'alexandre, de la bétoine et du fenouil doit être bue quotidiennement pendant sept jours. «Pour expulser le venin», la centaurée doit être prise pendant quinze jours, et une potion préparée à partir de graines de cresson est vantée pour ses qualités curatives si elle est prise fidèlement pendant trois jours. [538]

En effet, les nombres impairs occupent une place importante dans les annales de la médecine populaire à travers la Grande-Bretagne. Les trois devoirs principaux d'un médecin étaient les suivants : restaurer la santé lorsqu'il est perdu, son amélioration lorsqu'il est faible et sa conservation lorsqu'il est rétabli. De même, trois qualités étaient requises chez un chirurgien ; à savoir, un œil d'aigle, un cœur de lion et une main de dame, attributs également essentiels à l'habile opérateur d'aujourd'hui.

Les indigènes des Hébrides héritent du vieux penchant scandinave et celtique pour certains nombres impairs. Ainsi, à Tiree, un remède favori contre la jaunisse consiste à porter une chemise préalablement trempée dans de l'eau prise au sommet de neuf vagues et dans laquelle neuf pierres ont été bouillies. Ces mêmes personnes employaient autrefois une méthode particulière pour soigner le bétail malade. Le vétérinaire, tenant dans ses mains une tasse de crème et un gâteau d'avoine, s'assied sur l'animal et répète un charme celtique de mots « neuf fois neuf fois », en prenant « un peu et une gorgée » avant chaque répétition. [539]

En Cornouailles, pour guérir les affections inflammatoires, l'invocation de trois anges est répétée trois fois sur chacune des neuf feuilles de ronce ; et un remède populaire contre la coqueluche consiste à faire passer un enfant neuf fois sous et au-dessus d'un âne de trois ans. [540] Dans le sud de l'Angleterre, pour les fièvres intermittentes, il est recommandé au malade de manger sept feuilles de sauge sept matins successifs, en jeûnant entre-temps ; et dans le nord de l'Écosse, on pense que les affections scrofuleuses cèdent au contact d'un septième fils, lorsqu'elles sont accompagnées d'une invocation de la Trinité. [541]

La croyance dans les qualités magiques et curatives du chiffre neuf ne se limitait pas aux nations du Nord. Ainsi, l'habitant de l'ancienne Pouilles, mordu par un scorpion, faisait neuf fois le tour des murs de sa ville natale.

Le Dr DG Brinton, dans son « Nagualism, a Study of Native American Folk-Lore and History », remarque que le chiffre neuf revient très souvent dans les conjurations des magiciens mexicains.

Les femmes de Canton, en Chine, attribuent des propriétés magiques pour la guérison des affections cutanées à l'eau puisée après minuit le septième jour du septième mois.

Lorsqu'un enfant gitan se cogne la tête, on appuie d'abord la lame d'un couteau sur la tuméfaction, après quoi une incantation est prononcée trois, sept ou neuf fois, et le couteau est enfoncé dans la terre autant de fois. De nombreux charmes employés par les gitans pourraient être mentionnés pour illustrer l'évitement des nombres pairs dans tous leurs rites mystiques. [542]

VI. LE NOMBRE TROIS

En ce qui concerne la chance des nombres impairs, l'exception, qui est communément censée confirmer la règle, est le très décrié treize.

Dans la mythologie scandinave, Loki, le principe du mal et l'auteur principal des malheurs humains, accompagnait les douze Ases, ou demi-dieux, et était considéré comme le treizième d'entre eux. De plus, les Valkyrs, ou Vierges, qui servaient les héros du Valhalla, étaient au nombre de treize, et on pense que de ces sources est née la superstition très courante concernant la malchance et la fatalité du nombre treize, surtout en relation avec un groupe d'invités à table.

L'explication la plus généralement reçue sur l'origine de cette croyance populaire la fait référence à la Dernière Cène de Notre Seigneur, où Judas est parfois représenté comme le treizième invité. Mais pourquoi Judas plutôt que Jean, le disciple bien-aimé ? Cependant, c'est le point de départ généralement accepté de cette superstition notable. De même que pour les Juifs, le treizième mois et pour les chrétiens le treizième jour de l'année, qui commençait par Noël, étaient considérés comme de mauvais augure, de même, pour les habitants de l'Inde, la treizième année était considérée comme de mauvaise importance. Il est donc évident que la source de cette croyance presque mondiale ne peut être attribuée entièrement ni à la mythologie du Nord ni à la Cène pascale. [543]

Lorsque l'année était comptée comme treize mois lunaires de vingt-huit jours chacun, le nombre treize, selon une opinion, était considéré comme de bon augure ; mais quand, avec la méthode actuelle du temps solaire, le nombre de mois fut réduit à douze, la réputation de treize fut altérée. [544]

Dans les premiers temps, la fête de l'Épiphanie, qui a lieu le treizième jour après la veille de Noël, était redoutée parce qu'à cette époque les trois déesses Berchta, Holle et Befana, avec leurs compagnes fantomatiques, étaient particulièrement actives ; et, pour se prémunir contre leurs machinations, les premières lettres des noms des trois rois, ou sages, étaient écrites sur de nombreuses portes.

Parmi l'ancien trio, Berchta était représenté comme un monstre hirsute, dont le nom était utilisé comme un épouvantail pour effrayer les enfants. On lui confia la surveillance de la filature et, la veille de l'Épiphanie, elle visita les maisons des paysans, distribuant des bobines vides, qu'elle exigea qu'elles soient remplies dans un délai déterminé ; si ses demandes n'étaient pas satisfaites, elle ripostait en emmêlant et en souillant le lin.

Holle, ou Holda, était une déesse bienveillante et miséricordieuse, d'un caractère obligeant, qui se montrait généralement très indulgente, sauf lorsqu'elle remarquait du désordre dans les affaires d'une maison. Ses lieux de villégiature favoris étaient les lacs et les fontaines, mais elle avait également la responsabilité des affaires domestiques et partageait avec Berchta la surveillance du filage. Parfois, cependant, elle apparaissait comme une vieille sorcière, avec des cheveux hérissés et emmêlés et de longues dents.

Befana, la troisième déesse, était d'origine italienne et son nom signifie Épiphanie. Ce jour-là, les femmes et les enfants plaçaient une poupée de chiffon à la fenêtre en son honneur. D'apparence personnelle, elle était noire et laide, mais son caractère n'était pas hostile.

La superstition concernant le nombre de treize à table a été si universelle qu'il a longtemps été une question d'étiquette en France d'éviter d'avoir exactement ce nombre de convives aux dîners. Le *pique-assiette parisien* , personne dont le titre correspond à l'anglais « trencher Friend » ou « sponger », est également connu sous le nom de *quatorzième*, sa mission principale étant d'occuper le quatorzième siège lors d'un banquet.

Les anciens, apprend-on, avaient leurs propres idées sur la taille appropriée des rassemblements festifs, leur nombre préféré de *convives* étant compris entre trois et neuf, respectivement le nombre des Grâces et des Muses. [545]

Les opinions ont divergé quant à savoir si le malheur risquait de s'abattre sur toute la compagnie de treize personnes assez téméraires pour dîner ensemble, ou seulement sur celle qui quittait la salle la première après le repas. Cependant, tout mal était censé être évité si l'ensemble de la compagnie se levait ensemble. On a fait remarquer avec humour que la seule occasion où treize assiettes à table devraient causer de l'inquiétude, c'est lorsque la nourriture n'est suffisante que pour douze personnes.

Lors du treizième dîner annuel de cette organisation unique, le Thirteen Club, tenu à New York le 13 janvier 1895, à 19 h 13, le GARDIEN a prononcé un discours dans lequel ont été racontées les circonstances de la formation du club. La crainte du mal susceptible de résulter de la réunion de treize personnes était si répandue que, lorsque le nombre requis fut enfin assis à table, il fut jugé souhaitable de verrouiller les portes de la salle de banquet, de peur qu'une âme faible ne se retire. brusquement.

Le maréchal Lord Roberts, dans ses « Quarante et un ans en Inde » (vol. ip 24), mentionne une circonstance survenue dans sa propre expérience, qui fournit la preuve, s'il en était besoin, de la fausseté de la superstition en question. Le jour du Nouvel An, 1853 APRÈS JC , Lord Roberts faisait partie d'un groupe de treize personnes qui dînaient ensemble dans un mess des officiers d'état-major à Peshawer, à la frontière afghane. Onze ans plus tard, tous ces officiers étaient en vie, la plupart ayant participé à la répression de la grande mutinerie des cipayes de 1857, au cours de laquelle plusieurs d'entre eux furent blessés.

En Italie, des directeurs de théâtre astucieux ont jugé opportun de changer le numéro de la case 13 en 12 A , et dans de nombreuses rues de Rome et de Florence, on peut chercher en vain des numéros de maison compris entre 12½ et 14. Un monsieur de la connaissance de l'écrivain, vivant à Washington, DC, a adressé une pétition officielle aux autorités demandant l'autorisation de changer le numéro de sa maison, pour la seule raison qu'il contenait des chiffres inquiétants.

Pour illustrer la méfiance populaire à l'égard du nombre treize parmi les villageois du département d'Ille-et-Villaine, en France, on peut citer la coutume suivante, qui est en vogue dans ce district. Les enfants y apprennent généralement l'art du tricot par des femmes âgées pieuses. Les petits sont d'abord assis en cercle, et, pour faciliter le travail, à la fin du premier tour de tricot, on leur fait répéter les mots suivants : « *Un* , le Père » ; à la fin du second tour : « *Deux* , le Fils » ; et ainsi de suite, comme suit : « *Trois* , le Saint-Esprit ; les *quatre* évangélistes ; les *cinq* plaies de notre Seigneur ; les *six* commandements de l'Église ; *sept* sacrements; *huit* béatitudes; *neuf* chœurs d'anges ; *dix* commandements de Dieu; *onze* mille vierges ; *douze* apôtres ; » et à la fin du *treizième* tour, les enfants mentionnent le nom de Judas. [546]

Ce préjugé remarquable et déraisonnable contre un nombre innocent semble envahir toutes les classes et toutes les communautés. La possession d'intelligence et de culture ne constitue pas une barrière efficace contre ce phénomène. Les arguments et les raisonnements sont également vains. Même au moment où j'écris ces lignes, un journal du soir rapporte que lors d'une récente réunion d'un conseil d'échevins nouvellement élus dans une ville éclairée de l'est du Massachusetts, l'un des membres s'est opposé au tirage au sort pour les sièges parce qu'il n'aimait pas l'idée de tirer au sort le numéro treize. . Cependant, ses scrupules étant en quelque sorte surmontés, il fut très soulagé de constater que le nombre onze, qui est à la fois inégal et heureux, était tombé entre ses mains. [547]

Brand cite ce qui suit dans « Mixt Contemplations » (1660) de Fuller en référence à ce sujet :

Un courtisan cupide se plaignit au roi Édouard, sixte de Christ Colledge à Cambridge, qu'il s'agissait d'une fondation superstitieuse, composée d'un maître et de douze compagnons, à l'imitation du Christ et de ses douze apôtres. Il conseilla également au roi de supprimer une ou deux bourses, afin de dissiper ce nombre superstitieux. "Oh non!" dit le roi, j'ai un meilleur moyen que cela de gâcher leur vanité ; Je leur ajouterai une treizième bourse ; » ce qu'il fit en conséquence, et cela reste ainsi jusqu'à ce jour.

Les Perses considèrent le nombre treize comme si malchanceux qu'ils s'abstiennent de le nommer. Lorsqu'ils souhaitent faire allusion à ce nombre, au lieu de mentionner le terme propre, ils utilisent des mots signifiant « beaucoup plus » ou « rien ». [548]

Les Maures ou Arabes de l'Afrique du Nord ont des préjugés similaires, tandis que le nègre américain, d'ordinaire un être des plus crédules, semble tout à fait indifférent aux influences néfastes du nombre fatidique ; [549] Mais en Turquie, l'aversion populaire à son égard est si grande que le mot pour treize est rarement utilisé. [550]

En Écosse, ce nombre est connu sous le nom de « Deil's Dozen », une expression qui est censée avoir un certain lien avec le jeu de cartes, il y a treize cartes dans chaque couleur des « Deil's Books ». John Jamieson, dans son Scottish Dictionary, avoue son incapacité à retracer la superstition jusqu'à sa source, mais estime qu'elle inclut l'idée que le treizième est le sort du Diable. Le nombre treize est aussi parfois appelé «douzaine du boulanger», car il était autrefois courant de donner treize pains pour douze, le morceau supplémentaire étant appelé «in-bread» *ou* « *to-bread»* . Cette coutume serait née à une époque où de lourdes amendes étaient imposées pour les petits poids, le pain supplémentaire étant donné par les boulangers par mesure de précaution. [551]

Dans certains cas, contrairement à la règle générale, treize est considéré comme un chiffre heureux, voire doté de vertus extraordinaires.

Le Dr Daniel G. Brinton, dans « A Primer of Mayan Hieroglyphics » (p. 25), dit que dans l'ancienne langue des Mayas, une tribu aborigène du Yucatan, les nombres neuf et treize étaient utilisés pour désigner la grandeur indéfinie et la grandeur suprême. excellence. Ainsi, un homme très chanceux possédait neuf âmes, et l'expression « treize générations » transmettait l'idée de perpétuité. Le « Démon aux treize pouvoirs » était une figure marquante de la mythologie des Tzentals, une tribu maya.

Selon une impression populaire largement répandue, une couvée est généralement en nombre impair et c'est donc une folie de pondre un nombre pair d'œufs sous une poule. Malgré la fausseté de cette idée, il est encore d'usage de pondre treize œufs, un nombre pair étant dans ce cas considéré comme malchanceux.

Gerald Massey, dans « The Natural Genesis », remarque qu'« il y avait treize sortes d'épices présentées dans le service religieux juif, ainsi que le nombre zodiacal de douze pains de proposition. Il y a treize articles dans la foi hébraïque, et les kabbalistes ont treize règles par lesquelles ils peuvent pénétrer les mystères des Écritures hébraïques. Treize sont les canons dialectiques des docteurs talmudiques pour déterminer le sens de la loi dans tous les cas civils et ecclésiastiques.

En Angleterre, la journée de vingt-quatre heures était autrefois divisée en treize parties, comme suit :

1. Après minuit.

2. Chant du coq.

3. Entre le premier chant du coq et le lever du jour.

4. L'aube.

5. Matin.

6. Midi.

7. Après-midi.

8. Coucher de soleil.

9. Crépuscule.

dix. Soirée.

11. L'heure des bougies.

12. Heure du coucher.

13. Mort de la nuit.

Revenant maintenant aux notions répandues concernant le caractère sinistre et inquiétant de ce nombre, on peut très bien se demander très sérieusement si le fait d'héberger cette idée et d'autres fantaisies superstitieuses fermement enracinées est compatible avec une foi chrétienne profonde et inébranlable. La réponse est clairement négative. Il est donc sans doute vrai – et la vérité devrait nous rendre libres – que plus notre indifférence à l'égard des divers présages et augures présumés qui nous assaillent si facilement est grande, plus nous acquerrons et conserverons facilement une dépendance ferme et durable à l'égard de la Divine Providence.

NOTES DE BAS DE PAGE

[1] *Nouveau Cabinet Cyclopaedia.*

[2] *Archæologia* , vol. iii. 1775.

[3] John Kitto, DD, *Cyclopaedia of Biblical Art* .

[4] John Beckman, *Une histoire des inventions* .

[5] Carmen XVIII. 26.

[6] Suétone : « Soleis mularum argenteis ».

[7] Pline : « Jumentis suis soleas ex auro induere. »

[8] Fosbroke, *Dictionnaire des Antiquités* .

[9] *Dictionnaire mécanique de Knight.*

[10] Alexandre Adam, LL. D., *Antiquités romaines* .

[11] *Archæologia* , vol. xlvii.

[12] *Magazine Scribner* , novembre 1894.

[13] John Beckman, *Une histoire des inventions* .

[14] Fosbroke, *Archæologia* , vol. iii.

[15] *Notes et requêtes* , série 3, vol. v.1864.

[16] *Notes et requêtes du Leicestershire et du Rutland* , vol. je. 1889-91.

[17] Margaret G. Finch, *L'histoire du château d'Oakham* . Oakham, 1897.

[18] *Journal des chambres* , 10 mars 1866.

[19] Cameron *à travers l'Afrique* .

[20] W. Crooke, BA, *Folklore de l'Inde du Nord* .

[21] Clara Erskine Clément, *Naples* .

[22] George Borrow, *Le Zincali* .

[23] A. Certeux et E. Henry Carnoy, *L'Algérie traditionnelle* , tome ip 159.

[24] *Folk-Lore* , juin 1896, p. 148.

[25] Lieutenant-colonel N. Prejevalsky, *Mongolie* , vol. ii. p. 207.

[26] William M. Thomson, DD, *La terre et le livre* .

[27] SS Thorburn, *Bannú* .

[28] Sir John Bowring, FRS, *Le Royaume et le peuple du Siam* , vol. IP 145.

[29] Clara Erskine Clément, *Naples* .

[30] Elworthy, *Mauvais œil* , p. 261.

[31] *Popular Science Monthly* , novembre 1896.

[32] Goblet D'Alviella, *La migration des symboles* , p. 25.

[33] Rennell Rodd, *Les coutumes et les traditions de la Grèce moderne* . 1892.

[34] *Revue des traditions populaires* , tome VIII. 1892.

[35] *Mélusine* , tome VIII. N° 4. 1896.

[36] *Cyclopædia* de M'Clintock et Strong , art. "Coiffure."

[37] Lucy MJ Garnett, *Les femmes chrétiennes de Turquie* .

[38] *L'Algérie traditionnelle* , tome IP 159. 1884.

[39] H. Clay Trumbull, *The Threshold Covenant* , p. 74.

[40] *Folk-Lore* , mars 1898, p. dix.

[41] *Mélusine* , tome VIII. N° 3. 1896.

[42] *L'Algérie traditionnelle* , tome IP 159. 1884.

[43] Richard Folkard, Jr., *Plant-Lore* .

[44] Révérend Timothy Harley, *Moon-Lore* , p. 192.

[45] Isaïe iii. 18.

[46] *Cornhill* , mars 1877.

[47] Thomas Inman, MD, *Les croyances anciennes incarnées dans les noms anciens* .

[48] Barclay V. Head, *Historia Numorum* . Oxford, 1887.

[49] *Un dictionnaire des monnaies romaines.* Londres, 1889.

[50] *Magazine des gentlemen* , vol. 84. 1814.

[51] *Popular Science Monthly* , novembre 1895.

[52] *Journal de l'Institut anthropologique de Grande-Bretagne et d'Irlande* , vol. 19. 1890.

[53] Bernard de Montfaucon, *L'antiquité expliquée* .

[54] Ph. Charles Berjean, *Les chevaux de l'Antiquité, du Moyen Âge et de la Renaissance* . Londres, 1864.

[55] Théodore Andrea Cook, BA, *Vieille Touraine* .

[56] Professeur CH Rochholz, *Alt-deutsches Bürgerleben* .

[57] Richard Folkard, Jr., *Plant-Lore* .

[58] Laisnel de la Salle, *Croyances et légendes du centre de la France* . Paris, 1875.

[59] Merlin, *Livre des Charmes* .

[60] William A. Craigie, MA, *Folklore scandinave* , p. 396.

[61] Rudolph Keyser, *La religion des hommes du Nord* , p. 299.

[62] *Mensuel de vulgarisation scientifique* , vol. 44. 1894.

[63] Dr Karl Sittl, *Archäologie der Kunst* , p. 210. 1895.

[64] Edward B. Tylor, LL. D., *Culture primitive* .

[65] William S. Walsh, *Livre pratique de curiosités littéraires* .

[66] Révérend Justus Doolittle, *La vie sociale des Chinois* .

[67] *Rennell Rodd* , p. 165.

[68] William George Black, *Médecine populaire* . Londres, 1883.

[69] JB Friedrich, *Die Symbolik und Mythologie der Natur* .

[70] F. Nork, *Mythologie der Volkssagen und Volksmärchen* . Stuttgart, 1848.

[71] Paul Sébillot, *Légendes et curiosités des métiers* .

[72] *Le journal du folklore* , vol. vii. 1889.

[73] Jacob Larwood et John C. Hotten, *L'histoire des panneaux* .

[74] William Mackay, *Urquhart et Glenmoriston* , p. 434.

[75] Daniel Wilson, *L'archéologie et les annales préhistoriques de l'Écosse* .

[76] Thomas Keightley, *La mythologie des fées* , p. 352.

[77] FS Bassett, *Fantômes marins* .

[78] James W. Mackinlay, *Folk-Lore of Scottish Lochs and Springs* , p. 6.

[79] William Jones, *Crédulités passées et présentes* .

[80] Giuseppe Pitré, *Usi e costumi, credenze, e pregiudizi del popolo Siciliano* . Palerme, 1889.

[81] A. Wuttke, *Der deutsche Volksaberglaube* , p. 92.

[82] *Cornhill* , Nouvelle-Écosse, vol. XIX. 1892.

[83] Dr H. Ploss, *Das Kind in Brauch und Sitte der Völker* , p. 122.

[84] A. Wuttke, *Der deutsche Volksaberglaube* , p. 336.

[85] *Histoire naturelle* , livre XXVIII. ch. 81.

[86] Dr G. Lammert, *Volksmedizin in Bayern* , p. 120.

[87] Campbell.

[88] W. Crooke, BA, *Religion populaire et folklore du nord de l'Inde* .

[89] Lettre à l'écrivain de H. Clay Trumbull.

[90] *Le journal du folklore* , vol. vi. p. 77.

[91] Jones et Kropf, *Contes populaires des Magyars* , p. 410, remarque.

[92] Thomas Keightley, *La mythologie des fées* , p. 148.

[93] Moïse Schuhl, *Superstitions et coutumes populaires du Judaïsme* .

[94] John Gregorson Campbell, *Les Fians* , p. 52.

[95] Fräulein Hélène Raff.

[96] *L'Initiation* , 19e volume , avril 1893.

[97] JC Brown, LL. D., *Le peuple finlandais à l'époque archaïque* , p. 112.

[98] WA Craigie, *Folklore scandinave* .

[99] TF Thiselton Dyer, MA, *Coutumes populaires britanniques* , p. 424.

[100] *Mélusine* , tome IV. p. 367.

[101] RG Haliburton, *Les nains du mont Atlas* .

[102] Dr Ludwig Beck, *Die Geschichte des Eisens* , p. 879.

[103] A. Wuttke, *Der deutsche Volksaberglaube* , p. 263.

[104] Pour cette légende, et pour d'autres informations concernant les traditions et coutumes de la paysannerie bavaroise et tyrolienne, l'écrivain est redevable à Fräulein Helene Raff, de Munich.

[105] Crooke, p. 199.

[106] Gregor, *Folklore écossais* , p. 45.

[107] E. Daumas, *Les Chevaux du Sahara* , pp. 150 *et suiv.*

[108] Révérend James Macdonald, *Religion and Myth* , p. 92.

[109] Dr O. Schrader, *Antiquités préhistoriques* .

[110] Richard Andrée, *Ethnographische Parallelen und Vergleiche* , p. 155.

[111] *Encyclopédie* des Chambres .

[112] Banier, *Mythologie* , vol. ii. p. 570.

[113] Brinton, *Religions des peuples primitifs* , p. 142.

[114] Henry Yule, *Cathay et le chemin à parcourir* .

[115] *Magazine des gentlemen* , vol. 281, p. 514. 1896.

[116] *Le pèlerinage comique du pèlerin en Irlande* , 1723, p. 92.

[117] Dyer, *Coutumes populaires britanniques* , p. 322.

[118] WK Kelly, *Curiosités de la tradition indo-européenne et du folklore* , p. 48.

[119] Campbell, p. 24.

[120] Campbell, p. 318.

[121] L. Maria Child, *Le Progrès des idées religieuses* , vol. IP276.

[122] Theophilus Hahn, Ph. D., *Tsuni-Goam* , p. 77.

[123] The Werner Company, *Trésors d'art de l'Exposition universelle* . Chicago, 1895.

[124] *Toute l'année* , NS vol. xxxix. 1887.

[125] *Antiquaire indienne* , vol. XV. 1886.

[126] *Magazine Cornhill* , vol. XIX. 1869.

[127] EG Squier, AM, *Le symbole du serpent* .

[128] Sir John Lubbock, *L'origine de la civilisation* .

[129] Marc Monnier, *Les contes populaires en Italie* .

[130] *Lexique universel des Grosses.*

[131] Astley, *Collection de voyages* .

[132] Dr Friedrich S. Krauss, *Sréca, Glück und Schicksal im Volksglauben der Südslaven* . Vienne, 1886.

[133] AW Buckland, *St. Paul's Magazine* , vol. je. 1874.

[134] *Amer. Antiquité.* , vol. XVIII. p. 141. 1896.

[135] Lucy MJ Garnett, *Les femmes chrétiennes de Turquie* .

[136] *Mensuel de vulgarisation scientifique* , vol. 35. 1889.

[137] *Mélusine* , tome VIII. N° 2. 1896.

[138] *Les mythes du nouveau monde* , p. 132.

[139] John Newton, *Notes et requêtes* , 7e série, vol. iii. Avril 1887.

[140] W. Crooke, BA, *Religion populaire et folklore du nord de l'Inde* .

[141] Jacob Grimm, *Deutsche Mythologie* .

[142] Friedrich Creuzer, *Symbolik und Mythologie der alten Völker*, vol. iv. p. 380.

[143] *Le Kloster*, vol. ix. p. 97.

[144] Friedrich, p. 454.

[145] L. Austine Waddell, MB, *Le bouddhisme du Tibet*, p. 413.

[146] Campbell, p. 457.

[147] Schuyler, *Turkistan*, p. 30.

[148] *Mélusine*, tome VIII. N ° 1, p. 17. 1896.

[149] Max Jähns, *Ross et Reiter*, i. 371.

[150] *Journal d'archéologie d'Ulster*, vol. vii. p. 69.

[151] *Cornhill Magazine*, article sur « Comparative Folk-Lore », vol. lxxvi.

[152] Thomas A. Wise, MD, *Histoire du paganisme en Calédonie*.

[153] Mallet, *Antiquités du Nord*, p. 154.

[154] *Magazine des gentlemen*, vol. 278, p. 417. 1895.

[155] Fräulein Hélène Raff.

[156] Professeur Dr Sepp, *Die Religion der alten Deutschen*, p. 340. 1890.

[157] Jähns, i. pp. 294-296.

[158] Wuttke, p. 185.

[159] Wuttke, p. 423.

[160] Richard Andrée, *Braunschweiger Volkskunde*, p. 128.

[161] Grimm, vol. IP 47.

[162] S. Baring-Gould, MA, *Survies étranges*.

[163] J. Scheible, *Das Kloster*, Bande ix. p. 101 ; Thomas Carlyle, *Premiers rois de Norvège*, p. 8.

[164] Dr Karl Weinhold, *Altnordisches Leben*, p. 145. 1856.

[165] Marque, vol. ii. p. 664.

[166] Fräulein Hélène Raff.

[167] JB Friedrich, *Die Symbolik und Mythologie der Natur*.

[168] E. Rolland, *Faune populaire de la France*, tome iv.

[169] CG Leland, *La sorcellerie gitane*.

[170] Gerald Massey, *Un livre de commencements*.

[171] *Folklore* , vol. iv. p. 6. 1893.

[172] *Mélusine* , tome VIII. N ° 1, p. 17. 1896.

[173] Professeur Dr Sepp, *Die Religion der alten Deutschen* , p. 263. 1890.

[174] Jähns, vol. IP 373.

[175] *Das Buck der ritterlichen Reutterkunst.*

[176] Heinrich von Wlislocki, *Aus dem Volksleben der Magyaren* , pp. 9, 10.

[177] Heinrich von Wlislocki, *Volksglaube und religiöser Brauch der Zigeuner* .

[178] *Encyclopédie* de M'Clintock et Strong , art. « Chamanisme » ; EB Tylor, *Culture primitive* , vol. ii. p. 142.

[179] *Magazine des gentlemen.* 1867.

[180] Révérend T. Thiselton Dyer, *Connaissances folkloriques domestiques* .

[181] *Musée des littératures étrangères* , vol. xxvi. 1835.

[182] Le révérend E. Cobham Brewer, LL. D., *Dictionnaire de l'expression et de la fable* .

[183] Robert Ford, *Thistledown* .

[184] *Transcription de Boston* , 9 mai 1898.

[185] *Les Anglo-Saxons* de Turner .

[186] John Brooks Felton, *The Horse-Shoe* , un poème. Cambridge, 1849.

[187] James Napier dans *Folk-Lore* .

[188] H. Clay Trumbull, *The Threshold Covenant* , chap. je.

[189] Ralston, *Chants du peuple russe* , p. 136.

[190] Bonami, *Ninive et ses palais* , p. 159.

[191] *Mensuel de vulgarisation scientifique* , vol. 44, p. 520. Février 1894.

[192] CG Leland, *Restes romains étrusques* , p. 282.

[193] Petersen, *Hufeisen* , p. 7.

[194] Waddell, p. 484.

[195] Edmond O'Donovan, *L'Oasis Merv* , vol. ii. p. 141.

[196] A. Featherman, *Histoire sociale de l'humanité* .

[197] Révérend Charles Rogers, DD, *Social Life in Scotland* , vol. iii. p. 229.

[198] Robert Ford, *Thistledown* , p. 262.

[199] Gregor, *Folklore écossais* .

[200] A. Wuttke, *Der deutsche Volksaberglaube* . Berlin, 1869.

[201] Robert Thorne, MA, *Un dictionnaire d'informations rares et curieuses* .

[202] *Les tracts Denham.*

[203] *Revue bimensuelle.*

[204] Sidney Oldall Addy, MA, *Contes familiaux* . 1895.

[205] Edward WB Nicholson, MA, *Golspie* . Édimbourg, 1897.

[206] *Notes et Requêtes* , 5e série, vol. ix. p. 65. janvier 1878.

[207] Révérend James Macdonald, *Religion and Myth* , p. 92.

[208] *Novellenzeitung* , sechster Jahrgang, n° 51, p. 812.

[209] CG Leland, *Vestiges romains étrusques* .

[210] Thomas A. Wise, MD, *Histoire du paganisme en Calédonie* .

[211] *L'Encyclopédie gallovidienne écossaise.* Londres, 1824.

[212] Petersen, *Hufeisen* , p. 8.

[213] *Britannia* de Camden .

[214] *Mythologie nordique* de Thorpe .

[215] Francis Parry, FRGS, *Les symboles et chiffres sacrés de l'Amérique autochtone dans les temps anciens et modernes* .

[216] *L'Antiquaire américain* , vol. XII. p. 356 ; vol. XIII. p. 58.

[217] Léopold Wagner, *Mœurs, coutumes et observances* .

[218] SH Killikelly, *Questions curieuses* .

[219] *Notes et requêtes du Leicestershire et du Rutland* , vol. ii. 1891-93.

[220] Grimm, p. 34.

[221] J. Scheible, *Das Kloster* , vol. ix. p. 422.

[222] Arnold Frost, *La Ballade du vent, du diable et Lincoln Minster* . Lincoln, 1897.

[223] JW Wolf, *Beiträge zur deutschen Mythologie* , p. 91.

[224] Ignaz V. Zingerle, *Sitten, Bräuche und Meinungen des tiroler Volkes* . Innsbruck, 1857.

[225] Herman Schmid et Karl Stieler, *Les hauts plateaux bavarois et le Salzkammergut* .

[226] Anton Birlinger, *Sagen, Legenden und Volksaberglauben* , vol. IP 49.

[227] *Belgravia* , vol. iv. 1887.

[228] *Histoires de Noël* , édité par Benjamin Thorpe. Londres, 1853.

[229] J. Scheible, *Das Kloster* .

[230] *Mythologie nordique* de Thorpe , vol. ii. p. 190.

[231] Ernst Meier, *Deutsche Sagen, Sitten und Gebräuche aus Schwaben* . Stuttgart, 1852.

[232] Friedrich Panzer, *Bayerische Sagen und Bräuche* , vol. IP 127.

[233] *Cyclopédie des Arts*. Crême Philadelphia.

[234] F. Allègre, *Étude sur la déesse grecque Tyché* . Paris, 1889.

[235] *Opinions des philosophes* de Plutarque .

[236] Lyon, *Nouveau dictionnaire historique* . 1804.

[237] *Histoire de Rome.*

[238] George Crabb, *Synonymes anglais* .

[239] Andrew Tooke, AM, *Le Panthéon* . Dublin, 1792.

[240] *Dictionnaire classique* d'Anthon .

[241] F. Noël, *Dictionnaire de la fable* . Paris, 1803.

[242] P. Galtruchius, *Histoire des dieux païens* . 1671.

[243] Daniel Watson, AM, *Une histoire des dieux et des déesses* .

[244] *Questions romaines* de Plutarque .

[245] Roscher, *Lexicon der griechischen und römischen Mythologie* , p. 1523.

[246] *Le Répertoire Antiquaire* , vol. iv. p. 256. Londres, 1784.

[247] Basil H. Chamberlin, *Choses japonaises* .

[248] L. Austine Waddell, BA, *Le bouddhisme du Tibet* , p. 512.

[249] *Mythologie et monuments de l'Athènes antique.*

[250] Rodolfo Lanciani, *Rome païenne et chrétienne* .

[251] Thomas Wright, *Le Celte, le Romain et le Saxon* .

[252] Lu lors de la réunion annuelle de l'American Folk-Lore Society, New York, 29 décembre 1896.

[253] *Mythologie* de Banier . Londres, 1739.

[254] Bancroft, *Races autochtones* , vol. ii. p. 353.

[255] JJL Ratton, MD, MC, *Un manuel du sel commun* .

[256] JB Friedrich, *Die Symbolik und Mythologie der Natur* .

[257] Dictionnaire Calmet *de la Sainte Bible* .

[258] Philemon Holland, *La Morale ou Œuvres diverses de Plutarque* .

[259] Horst, *Démonomagie* . Francfort, 1818.

[260] Richalmus, *Liber Revelationum de Insidiis et Versutiis Dæmonum adversus Homines* .

[261] Dr Heinrich von Wlislocki, *Volksglaube und religiöser Brauch der Magyar* , p. 151.

[262] W. Mannhardt, *Germanische Mythen* . Berlin, 1858.

[263] W. Crooke, BA, p. 147.

[264] Alexandre Adam, LL. D., *Antiquités romaines* .

[265] *Lexique universel des Grosses.* Leipzig et Halle, 1742.

[266] John Borrow, FRS, *Voyages en Chine* .

[267] *Histoire naturelle* , livre xxxi. ch. 41.

[268] Elias Artista Hermetica, *Das Geheimniss vom Salz* .

[269] *Il a répandu le sel à pleines mains dans ses écrits.*

[270] Baret, 1580.

[271] *Dictionnaire des phrases et des fables* de Brewer .

[272] *Magazine mensuel d'Édimbourg* , juin 1817.

[273] Chevalier d'Arvieux, *Mémoire* . Paris, 1735.

[274] JJ Manley, MA, *Sel et autres condiments* , p. 90.

[275] Karl Baedeker, *Les Alpes orientales* , p. 124. 1895.

[276] *Spectateur* , vol. 66. 1891.

[277] *Gentleman's Magazine* , partie I. 1833.

[278] Félix Liebrecht, *Die Symbolik und Mythologie der Natur* .

[279] Owen sur *les Serpents* .

[280] L'auteur est redevable de cette traduction à John P. Hopkinson, Esq.

[281] Félix Liebrecht, *Zur Volkskunde* . 1877.

[282] Shakespeare fait référence à ce sujet dans plusieurs passages, et parmi eux les suivants :

Comment ses yeux sont-ils si brillants ? Pas avec des larmes salées.

Le Songe d'une nuit d'été.

Avec des larmes aussi salées que la mer.

2 Henri VI.

[283] *Superstitions actuelles* , édité par Fanny D. Bergen.

[284] Clifton Johnson, *Ce qu'ils disent en Nouvelle-Angleterre* , p. 92. 1896.

[285] MJ Schleiden, *Das Salz* , p. 73.

[286] *L'étude de la sociologie* , p. 5.

[287] *Revue des traditions populaires* , tome I. 1886.

[288] *Un traité théologique et philosophique sur la nature et la bonté du sel.* Imprimé par Felix Kyngston pour Richard Boyle à Londres, 1612.

[289] James Napier, *Folklore* , p. 33.

[290] Pitré, vol. iv. p. 102.

[291] RT Hampson, *Medii Ævi Kalendarium* . Londres, 1841.

[292] Pitré, vol. ii. p. 161.

[293] Dr Heino Pfannenschmid, *Das Weihwasser im heidnischen und christlichen Cultus* .

[294] *Notes et Requêtes* , 6e série, vol. ix. p. 428. Mai 1884.

[295] *Dictionnaire du siècle.*

[296] Francis Grose, *Superstitions populaires* .

[297] *Faerie Queene* de Spenser .

[298] Clara Erskine Clément, *Naples* .

[299] *Mythologie teutonique* de Grimm .

[300] *Le journal du folklore* , vol. vii. 1889.

[301] *Journal of American Folk-Lore* , n° xviii. 1892.

[302] *Le Washington Post* , 27 novembre 1894.

[303] William Henderson, *Notes sur le folklore des pays du nord de l'Angleterre* .

[304] *Journal of American Folk-Lore* , n° 19. 1892.

[305] *La mythologie des fées* de Keightley .

[306] Giuseppe Pitré, *Usi e costumi, credenze e pregiudizi del popolo Siciliano* , vol. iii. p. 426. Palerme, 1889.

[307] *Leechdoms, Wortcunning et Starcraft* , édité par le révérend Oswald Cockayne. Londres, 1865.

[308] Révérend Charles Rogers, LL. D., *Écosse, social et domestique* .

[309] *Journal of American Folk-Lore* , n° 13. 1891.

[310] James M. Campbell, *Notes sur les fondements spirituels de la croyance et de la coutume* .

[311] Lady Wilde, *Légendes anciennes, charmes mystiques et superstitions d'Irlande* .

[312] *Revue des traditions populaires* , tome vi. p. 43. 1891.

[313] *Zeitschrift für deutsche Mythologie und Sittenkunde* , Bande iv.

[314] *Sitzungberichte der kaiserlichen Akademie der Wissenschaften.*

[315] Abraham Fornander, *Récit de la race polynésienne* , vol. je.

[316] *Aus dem Volksleben der Magyaren* , p. 111.

[317] William Elliot Griffis, AM, *L'Empire du Mikado* .

[318] Rogers, vol. iii. p. 288.

[319] Henderson, p. 217.

[320] *La Nubie* de Burkhardt .

[321] MJ Schleiden, *Das Salz* .

[322] *Histoire* de Waldron .

[323] Pitré.

[324] MJ Schleiden, *Das Salz* , p. 71.

[325] *L'heure des loisirs* , vol. xliii. p. 805. 1894.

[326] *Le livre de Ser Marco Polo.* Londres, 1874.

[327] Lieutenant-colonel N. Prejevalsky, *Mongolie* , vol. IP 122.

[328] JJ Manley, MA, *Sel et autres condiments* .

[329] JJ Manley, p. 13.

[330] *Glossaire de Nares* , vol. ii. p. 763.

[331] *Cosmopolite* , vol. XX. p. 94. 1894.

[332] *Revue contemporaine* , vol. xxxi.

[333] RH Busk, *Légendes romaines* .

[334] Schleiden, p. 73.

[335] M. Dacier, *La Vie de Pythagore* , p. 60. Londres, 1707.

[336] Feu M. Jean François Buddeus, *Traité de l'athéisme et de la superstition* .

[337] Thomas Wright, *Une histoire des mœurs domestiques en Angleterre au Moyen Âge* .

[338] Richard Boyle. 1612.

[339] *Livre des jours* de Chambers .

[340] Emily S. Holt, *Ye Olden Time* , p. 130.

[341] Fosbroke, *Encyclopédie des antiquités* .

[342] *Leges Curiales Régis Canuti; apud Bartholin* , p. 583 ; JS Forsyth, *Le portefeuille de l'antiquaire* . Londres, 1825.

[343] Elizabeth Hodges, *Quelques anciennes maisons anglaises* .

[344] Rogers, vol. IP 233.

[345] PH Ditchfield, MA, FSA, *Anciennes douanes anglaises* . 1896.

[346] Martin Schoock, *De Sternutatione Tractatus Copiosus* . Amsterdam, 1664.

[347] Jean. Gerhardus Menschen, *Disquisitio Philologica de Ritu Salutandi Sternutantes* . Kiloni, 1704.

[348] John Potter, DD, *Antiquités de Grèce* .

[349] Francis Rous, *Archæologiæ Atticæ* . Londres, 1685.

[350] *Encyclopédie méthodique.* Paris, 1788.

[351] *Gazette littéraire* des États-Unis , vol. iv. 1826.

[352] Eustace Neville Rolfe, BA, *Pompéi, Populaire et pratique* . Londres, 1888.

[353] Gérald Massey, *La Genèse naturelle* , vol. je. p. 83-85.

[354] Henderson, p. 128.

[355] *Mélusine* , vol. iv. 1888-89.

[356] William Jones, *Crédulités* .

[357] John Beaumont, Gent., *Un traité des esprits* . Londres, 1705.

[358] *Douzième rapport annuel du Thirteen Club of New York* , janvier 1894. L'auteur a également consulté le manuscrit original.

[359] *Mythologie teutonique* de Grimm .

[360] A. Featherman, *L'histoire sociale des races humaines* .

[361] RH Codrington, DD, *Les Mélanésiens* .

[362] *Notes et Requêtes* , 1ère série, vol. XII.

[363] Révérend Charles Rogers, LL. D., FSA, *Écosse, Social et Domestique* .

[364] Alexandre Desrousseaux, *Mœurs populaires de la Flandre française* .

[365] *Magazine des gentlemen* , vol. 252, p. 237. janvier 1882.

[366] Wuttke, p. 243.

[367] *Philadelphia Inquirer* , 24 février 1898.

[368] Eugène Schuyler, *Turkistan* , p. 29.

[369] Griffis, *Japon* , p. 187.

[370] *Journal du folklore américain* , vol. XP 272. 1897.

[371] Henderson, p. 206.

[372] Vol. 73, pages 41, 42. 1896.

[373] *Magazine Cornhill* , vol. 76.

[374] Conférence du Dr DG Brinton, au Lowell Institute, Boston, Massachusetts, 9 novembre 1896.

[375] Elijah M. Haines, *Les Indiens d'Amérique* , p. 416.

[376] DG Brinton, *Mythes du Nouveau Monde* , p. 307.

[377] Andrée, *Ethnographische Parallelen* , p. 177.

[378] Herbert Spencer, *Principes de sociologie* , vol. iii. p. 186.

[379] Révérend William Wyatt Gill, BA, *Mythes et chants du Pacifique Sud* .

[380] L. Maria Child, *Le Progrès des idées religieuses* , vol. IP276.

[381] Schuyler, *Turkistan* , p. 29.

[382] Isabella L. Bishop, *Parmi les Tibétains* , p. 104.

[383] Révérend JA Graham, MA, *Sur le seuil des trois terres fermées* , p. 76.

[384] G. Maspero, *L'aube de la civilisation* . 1894.

[385] Professeur EP Evans, *Popular Science Monthly* , novembre 1895.

[386] W. Crooke, BA, *Religion populaire et folklore du nord de l'Inde* .

[387] S. Baring Gould, *Légendes des patriarches et des prophètes* .

[388] *Le monde catholique* , vol. iii. 1866.

[389] *Antiquités populaires de Grande-Bretagne* de Brand .

[390] *Encyclopédie des arts et des sciences.* Philadelphie, 1798.

[391] Pedro Mexio, *Le trésor des temps anciens et modernes* . 1613.

[392] *Légendes d'Islande* , recueillies par Jón Arnason, 2e série, p. 646.

[393] Edward B. Tylor, *Culture primitive* .

[394] *Temple Bar* , vol. 43. 1875.

[395] *Dictionnaire des sciences occultes.*

[396] William S. Walsh, *Handy-Book of Literary Curiosities* .

[397] Edward William Lane, *Les Égyptiens modernes* .

[398] James Owen Dorsey, « A Study of Siouan Cults », *onzième rapport annuel du Bureau of Ethnology* , Washington, DC

[399] *Anciens remèdes, charmes et usages de l'Irlande* de Lady Wilde .

[400] M. l'Abbé Bertram, *Dictionnaire de toutes les religions* .

[401] *Magazine Cornhill* , vol. 76.

[402] Marque, vol. IP 361.

[403] CF Gordon-Cumming, *Chez soi aux Fidji* , p. 105.

[404] E. Henry Carnay, *Littérature orale de la Picardie* . Paris, 1883.

[405] Ernst Meier, *Deutsche Sagen, Sitten und Gebräuche aus Schwaben* . Stuttgart, 1852.

[406] François Lenormant, *La Magie Chaldéenne* .

[407] Adolf Erman, *La vie dans l'Égypte ancienne* , p. 351.

[408] F. Chabas, *Le calendrier des jours fastes et bénéfiques et de l'année égyptienne* , p. 124.

[409] M. Court de Gebelin, *Monde primitif* , vol. iv. Paris, 1776.

[410] Jean Baptiste Thiers, *Traité des superstitions* . Paris, 1679.

[411] *Histoire littéraire* , vol. ii. Londres, 1731.

[412] Monsieur Danet, *Dictionnaire des antiquités grecques et romaines* . Londres, 1700.

[413] Chabas, p. 124.

[414] Révérend Edward Cockayne, MA, *Leechdoms, Wortcunning et Starcraft of Early England* .

[415] *Antiquités populaires* de Brand .

[416] Dr C. Edward Sachan, *La chronologie des nations anciennes* . Londres, 1879.

[417] Israel Abrahams, MA, *La vie juive au Moyen Âge* , p. 184.

[418] Bowring, *Siam* , vol. IP 158.

[419] *Antiquités nordiques* de Mallet .

[420] Mallet, p. 426.

[421] Clifford Howard, *Culte du sexe* , p. 119.

[422] Mélusine, tome IV. 1888-89.

[423] Cockayne, vol. iii. p. 163.

[424] « Superstitions populaires », *Gentleman's Magazine Library* , vol. je.

[425] William Jones, *Crédulités passées et présentes* .

[426] TF Thiselton Dyer, *Coutumes populaires britanniques* .

[427] Isaac Disraeli, *Curiosités de la littérature* , vol. IP 280.

[428] Sir William Muir, KCSI, *La vie de Mahomet* .

[429] John J. Pool, *Études sur le mahométanisme* , p. 103.

[430] M. l'Abbé Bertrand, *Dictionnaire universel de toutes les religions* .

[431] Thomas Patrick Hughes, BD, MRAS, *Un dictionnaire de l'Islam* .

[432] SS Thorburn, *Bannú* .

[433] Israel Abrahams, MA, *La vie juive au Moyen Âge* , p. 186.

[434] Gérald Massey, *La Genèse naturelle* , vol. ii. p. 298.

[435] Moritz Busch, *Deutscher Volksglaube* .

[436] Rogers, vol. iii. p. 278.

[437] Lady Wilde, *Légendes anciennes, charmes mystiques et superstitions d'Irlande* , p. 136.

[438] Lady Wilde, *Anciens remèdes, charmes et usages de l'Irlande* .

[439] PG Heims, *Seespuk* , p. 135.

[440] Wilhelm Kolbe, *Hessische Volks-Sitten und Gebräuche* .

[441] *Histoire populaire du Shropshire* , p. 260.

[442] « Wily Beguiled », *le drame anglais de Hawkins* , vol. iii. p. 356.

[443] Dr Adolf Wuttke, *Der deutsche Volksaberglaube* . Berlin, 1869.

[444] EL Rochholz, *Alt-deutsches Bürgerleben* , p. 52, 53.

[445] Wlislocki, *Aus dem Volksleben der Magyaren* , p. 68.

[446] *Zeitschrift des Vereins für Volkskunde* , vol. iv. p. 307. 1894.

[447] Giuseppe Pitré, *Usi e costumi, credenze e pregiudizi del popolo Siciliano* . 1889.

[448] M. Jean-François Bladé, *Contes populaires de la Gascogne* . Paris, 1886.

[449] M. l'Abbé Migne, *Dictionnaire des superstitions populaires* .

[450] Giuseppe Pitré, *Il venerdì nelle tradizioni popolari italien* .

[451] Busch, *op. cit.*

[452] *Un monde de merveilles* , édité par Albany Poyntz.

[453] *Zeitschrift für deutsche Mythologie* , iv. 147.

[454] *Boston Herald* , 1er mai 1898.

[455] WRS Ralston, MA, *Contes populaires russes* .

[456] Larousse, *Grand dictionnaire universel* .

[457] MD Conway, *Démonologie et histoire du diable* .

[458] Le P. Noël, *Dictionnaire de la fable* .

[459] Dictionnaire Danet *des antiquités grecques et romaines* . Londres, 1700.

[460] Andrew Lang, *Coutume et mythe* .

[461] Ermete Pierotti, *Coutumes et traditions de Palestine* .

[462] *Journal du folklore américain* , vol. X. N° 39, p. 274. 1897.

[463] *La sorcellerie gitane* de Leland .

[464] *Dictionnaire des Miracles* de Brewer .

[465] Révérend Walter Gregor, MA, *Notes sur les traditions populaires du nord-est de l'Écosse* .

[466] Hulme, *Connaissances et légendes d'histoire naturelle* , p. 241.

[467] Thorpe, ii. p. 84.

[468] Schuyler, *Turkestan* , p. 30.

[469] Edward Jewitt Robinson, *Contes et poèmes de l'Inde du Sud* , p. 378.

[470] E. Rolland, *Faune populaire de la France* . Paris, 1877.

[471] Wuttke, p. 118.

[472] Wuttke, p. 276.

[473] Dr Joseph Virgil Grohmann, *Aberglauben und Gebräuche aus Böhmen und Mähren* , p. 232.

[474] *Encyclopédie théologique* , tome « Sciences occultes ».

[475] John Thrupp, *La maison anglo-saxonne* . Londres, 1852.

[476] *Leechdoms, Wortcunning et Starcraft* , édité par le révérend Oswald Cockayne.

[477] Francis Lenormant, *Magie et sorcellerie chaldéenne* .

[478] Francis Rous, *Archæologiæ Atticæ* . Londres, 1635.

[479] Grohmann, *Apollon Smintheus* , p. 60.

[480] Grohmann, *Aberglauben* , vol. IP 59.

[481] Grohmann, *Aberglauben* , vol. IP 61.

[482] Thomas Gage, *Une nouvelle enquête sur les Antilles* . Londres, 1677.

[483] Révérend Hilderic Friend, *Flowers and Flower-Lore* , p. 554.

[484] John Henry Gray, MA, LL. D., *Chine* , p. 169.

[485] Martin Frederick Blumber, *Une histoire des amulettes* .

[486] Richard Folkard, Jr., *Plant-Lore* , p. 160.

[487] *Le bouddhisme du Tibet.*

[488] *La nation.* 15 juin 1866.

[489] RT Hampson, *Medii Ævi Kalendarium* . Voir également l'article de WW Newell dans *Journal of American Folk-Lore* , vol. v. n ° 14.

[490] *Dictionnaire classique* d'Anthon .

[491] Garnett, p. 340.

[492] Lucy MJ Garnett, *Les femmes de Turquie* , p. 286.

[493] Jean Frédéric Bernard, *Superstitions anciennes et modernes* , tome ip 101. 1733.

[494] *Découverte* écossaise de la sorcellerie .

[495] *Le Folk-Lorist* , vol. je. Juillet 1893.

[496] William Jones, *Crédulités passées et présentes* .

[497] JB Thiers, *Traité des superstitions* .

[498] W. Crooke, BA, *Folk-Lore de l'Inde du Nord* .

[499] *Folklore.* Juin 1896.

[500] WW Newell, *Journal of American Folk-Lore* , n° 16. 1892.

[501] MD Conway, *Démonologie et histoire du diable* .

[502] James M. Campbell, *Notes sur la base spirituelle de la croyance et de la coutume*
.

[503] *Bulletin de la société d'ethnographie.* Juillet 1887.

[504] Révérend JG Wood, MA, *Les races non civilisées des hommes* .

[505] *Les Sciences Occultes* , du français d'Eusebe Salverte.

[506] *Journal of American Folk-Lore* , n° 13. 1891.

[507] L. Lalanne, *Curiosités des traditions* . Paris, 1847.

[508] EP Evans, *Atlantic Monthly* , vol. 54. 1884.

[509] W. Lander Lindsay, MD, *L'esprit chez les animaux inférieurs* .

[510] *Mythologie* de Banier .

[511] JB Thiers, *Traité des superstitions* .

[512] Louis Duval, *Rôle des croyances populaires dans la protection des animaux* .
1889.

[513] *L'étudiant et observateur intellectuel* , vol. iii. 1869.

[514] Révérend G. Oliver, DD, *Le Triangle de Pythagore* .

[515] Pline, *Histoire naturelle* , livre XXVIII.

[516] *Dictionnaire du siècle.*

[517] Sir John Bowring, FRS, *Le Royaume et le peuple du Siam* , vol. IP 139.

[518] *Antiquités du Nord* de Mallet , p. 112.

[519] Folkard, p. 377.

[520] Robert Vilvain, d'Excester, *Enchiridium Epigrammatum* , p. 148. 1654.

[521] T. Wain, *Le merveilleux numéro sept* .

[522] Charles De B. Mills, *L'Arbre de la Mythologie* .

[523] *La Cyclopédie internationale* , vol. XIII. p. 360.

[524] *Dictionnaire de la Bible* de Smith , art. "Sept."

[525] F. Lenormant, *Magie et sorcellerie chaldéenne* .

[526] *Enchiridium Epigrammatum* , p. 141. 1654.

[527] T. Wain, *Le merveilleux numéro sept* .

[528] S. Pancoast, MD, *La Kabbale* , p. 247.

[529] *La Revue nationale* , vol. XXI. p. 199. 1893.

[530] D. Personne, *Variétés* .

[531] *Toute l'année* , vol. iii. 1870.

[532] Cockayne, vol. ii. p. 335.

[533] Crooke, p. 199.

[534] Campbell, *Base spirituelle de la coutume et de la croyance* , p. 208.

[535] *Le sifflet du temps.*

[536] Fräulein Hélène Raff.

[537] *Leechdoms, Wortcunning et Starcraft* , édité par le révérend Oswald Cockayne.

[538] *Archæologia* , vol. xxx. p. 427. 1844.

[539] *Magazine celtique* , vol. viii. p. 252.

[540] William G. Black, *Médecine populaire* .

[541] *La vie sociale en Écosse* , vol. iii. p. 227.

[542] CG Leland, *La sorcellerie gitane* .

[543] *Das Kloster* , Bande XII. p. 771 ; *Mythologie nordique* de Thorpe , vol. IP 227 ; *Mythologie teutonique* de Grimm , vol. je. pp. 272 *et suiv.*

[544] Gérald Massey, *Luniolâtrie* , p. 17.

[545] JB Salgues, *Des erreurs et des préjuges* .

[546] *Zeitschrift des Vereins für Volkskunde* , vol. iv. p. 250. 1894.

[547] *Transcription de Boston* , 30 décembre 1897.

[548] Chirurgien général Edward Balfour, *L'Encyclopédie de l'Inde* .

[549] *Journal of American Folk-Lore* , n° 17, avril 1892.

[550] *Dictionnaire des expressions et des fables* des brasseurs .

[551] *Le dictionnaire du siècle.*